宮脇 昇 [編著]

浦部浩之

小泉直美

山上亜紗美

中川洋一

玉井良尚

大中 真

山本武彦

稲葉千晴

小泉 悠

玉井雅隆

足立研幾

ウクライナ侵攻は なぜ起きたのか

国際政治学の視点から

早稲田大学出版部

はしがき

　ウクライナ侵攻が世界を変えた。むき出しの地上軍が隣国を征服する姿勢に、世界は驚愕した。無辜の人々が命を落とす道理はどこにもない。人々の平和を奪う権利は、誰にもない。ロシアの行為が責められる理由は数えきれない。また主権国家には同盟や中立を自ら選ぶ権利がある。これはウクライナやロシアが参加する OSCE（欧州安保協力機構）の首脳会議で 1999 年、2010 年と繰り返し言及されていることである。具体的に言えばロシアは、ウクライナの NATO（北大西洋条約機構）加盟の希望を妨げてはならないことに、自ら同意しているのである。

　同時に、次のような疑問が浮かぶ。今次の大規模な軍事行動は、一夜にして準備されたものではないのに、誰も予想しえなかったのか。実際にウクライナ侵攻を地で行くような軍事小説が 1990 年代に世に出されていた（例えば、キャスパー・ワインバーガー他『ネクスト・ウォー』二見書房、1997 年）。ウクライナ侵攻を、世界の叡智と力が事前に抑止したり回避したりできなかったのはなぜか。あるいはそれは不可避な性質のものなのか。バイデンの言を信じれば、それは回避可能であったはずだ。侵攻の 8 日前（2022 年 2 月 16 日）にバイデンは「外交と緊張緩和の余地は十分残されている」との見解を表明していた。また横暴な権力者の意思を制御するのが不可能だとすれば、ロシアと類似の大国が別の地域で同じような軍事行動をおこすことも結局防げず、戦争以外の選択肢はなくなってしまうということに帰結するのではないか。歴史に「もしも」（if）は禁忌であると言われるが、政策の過程を考える立場としては if が重要である。運命として割り切れることと割り切れないことがある。

　振り返ってこの 20 年間、世界は平和に包まれていたと回想される。冷戦は既に前世紀のものであり、今世紀はアメリカ一極の時代から中国の台頭を経つつも、世界の政治・経済秩序は比較的安定しているように思われた。911 のテロ後のアフガンへの軍事介入、イラク戦争、ジョージア戦争、中東の内戦、第

2次ナゴルノ・カラバフ紛争、こうした多くの血を流した悲惨な戦争は、比較的「小さな」ものであった。いずれも戦場は、欧米から離れたところにあり、1990年代のユーゴスラビア内戦、とりわけボスニアとコソボの戦争でNATOが空爆した時代に比べれば、欧州秩序への脅威が小さかった。

　2022年春にバイデンはウクライナ侵攻を目にして「第2次大戦後初めての大規模な戦争だ」と語った。しかしそれは誤りである。アメリカ自身が参戦した朝鮮戦争、ベトナム戦争を忘れてはならない。地域大国が隣国を侵略するのは、湾岸危機（1990年）の先例によるまでもなく、多くの地域でみられたことであった。歴史を顧みない発言は、歴史に残らないであろう。

　ともあれウクライナ侵攻は、世界を驚かせた。そして今なお多くの犠牲を強いている。大国による戦争を裁いたり抑えたりすることが容易ではないことも、歴史が示すとおりである。プーチンによる戦争は野放図に続くのであろうか。

　こうした雑感の延長からだけでは、ウクライナ侵攻の深層は見えてこない。そこで我々がよって立つべき地点は、戦争の責任を問うことと、戦争の原因を考えることの峻別である。人間としては前者を求め、国際政治の学徒としては後者の研究にも邁進せねばならない。編者とてこの心理的葛藤から逃れることはできないが、たとえ同時代の人々に誤解を受けて非難されようとも、世界を相対化する責務から逃れてはならない。

　例えば第1次世界大戦、第2次世界大戦ともに世界史的な「原因」は存在する。第2次世界大戦の責任は、連合軍の軍事法廷により、敗者であるヒトラーなど枢軸国の政治指導者や軍に帰せられた。同時にその原因は、政治的には多論があるものの、学術的にはおおむねベルサイユ体制の苛酷さ、ワイマール民主主義の脆弱さ、大国アメリカの孤立主義、国際連盟の無力などに帰せられる。司法や行政に限らず、責任と原因を峻別することは理性の産物であり学術的に必要なことである。この峻別が敵を利するがゆえに原因を追究しない立場を是とする一部の世論にあわせた単純な発想では、学問はその社会的意義をかえって見失うであろう。戦争が終わるまで原因追求に沈黙すればよいというものでもない。

　こうした観点から、本書『ウクライナ侵攻はなぜ起きたのか』を世に問うこととした。ウクライナ侵攻の背景は、複雑である。例えばマイダン革命の契機

となったのは、EUとウクライナの連合協定であった。ウクライナ憲法にNATO加盟の希望が挿入されたことはロシアを刺激した。それほどまでにEUやNATOは魅力的なのである。2014年以降の対ロシア経済制裁は、現在から遡って考えれば生ぬるいものであり、本書所収のシャギーナ博士の卓見に富む指摘のようにロシアに誤ったシグナルを送ってしまった。逆にロシア側の誤算の原因となった2014年以降のウクライナ政治の成熟は、国際機構による選挙監視によって大いに促進された。さらに侵攻後の国際人道法違反は、この戦争が前世紀の冷戦期に逆戻りしたことを示唆している。プーチン自身は「冷戦」を否定するにもかかわらず、その思考が冷戦的であることは、多くの識者が指摘するところである。

　ロシア・東欧の地域研究だけでは足りず、国際関係の理論だけでも及ばない深甚なテーマに対して多角的視点から挑むことに、本書の大きな意義がある。むろん上記のような考えは、執筆者、登壇者が完全に共有しているものではないことをお断りしたい。多様な姿勢、意見があるのが民主主義の利点であり、学界の健全さをも示していよう。このような考えに依って、本書前半では、地域研究者を含む各分野の専門家に寄稿いただき侵攻までの経緯と侵攻後の状況について丹念に掘り下げてもらった。座談会では、日本の学界を率いる気鋭の研究者たちを交えてウクライナ侵攻の原因と今後について自由闊達に座談会で議論をしてもらった。とりわけ座談会では、より柔軟な発想に基づいて議論を求めているため、各論者は、学術的でありつつも自由闊達な議論に資するようなアプローチをしている。ゆえに本書前半と本書後半（座談会）は重なりあい、その基底には国際政治学がある。もちろんこれらの論稿や議論は、本書執筆・討論時点（2022年夏）のものであり、その後の展開を追えていないことをお断りしたい。なお読者諸氏の便宜を図り巻末に年表を付し、執筆者の協力を得て写真を掲載した。

　新たな冷戦の時代における世界の民主主義と学界の未来を信じて、本書を世に問うことにより、ウクライナ侵攻が早期に終結する一助となれば幸甚である。

　2022年12月

編　　者

目　次

●執筆者一覧 （掲載順） ···

宮脇 昇
立命館大学政策科学部教授

浦部 浩之
獨協大学国際教養学部教授

小泉 直美
元防衛大学校国際関係学科准教授

山上 亜紗美
京都府立大学非常勤講師

中川 洋一
立命館大学講師

玉井 良尚
立命館大学立命館グローバル・イノベーション研究機構専門研究員

大中 真
桜美林大学リベラルアーツ学群教授

山本 武彦
早稲田大学名誉教授

稲葉 千晴
名城大学都市情報学部教授

小泉 悠
東京大学先端科学技術研究センター講師

玉井 雅隆
東北公益文科大学国際教養コース教授

足立 研幾
立命館大学国際関係学部教授

マリア・シャギーナ博士の
インタビュー

日本のみなさんへ

シャギーナ博士は、ドイツ戦略問題国際研究所のダイヤモンド・ブラウン経済制裁・スタンダード・戦略リサーチフェロー。ウクライナ生まれ。伝統あるキーウ・モヒーラ・アカデミー国立大学を卒業。欧州での研究を経て、2017-18年に日本学術振興会外国人特別研究員として立命館大学に滞在。経済政策、制裁、エネルギー政治を専門とし、特に旧ソ連圏の事例について世界をリードする新進気鋭の学者である。これまで西側の対ロシア制裁、ユーラシアのエネルギー政治経済学や対外政策の論文を発表し、『ワシントン・ポスト』などでも紹介される。

本書刊行に際して、ウクライナ人の政治学者で経済制裁に詳しいシャギーナ博士に2022年8月11日にオンライン・インタビューを行った。なお一部編集の上で掲載していることをお断りしたい。

───おはようございます。現在、ウクライナは交戦状態にあり、あなたの家族が未だにその渦中にいらっしゃいます。一日でも早く、ウクライナに平和な時が戻ることを祈念いたします。

(シャギーナ) おはようございます。本書掲載の機会をいただき、そして再会できたことを大変うれしく思います。

8年間でウクライナは変わりました
───ウクライナは、2014年のクリミア占領、2022年のウクライナ全土に対するロシアの攻撃に対して、いかに闘ってきましたか？

　脅威が異なれば対応も異なります。2014年の当時、世界はロシアによるウクライナへの主権侵害が起こりえることに衝撃を受けました。しかし、2014年のロシアによる介入と、2022年現在、ウクライナで起こっている残虐行為とは、決して比較することはできません。

　2014年当時のウクライナ軍では、現在のような対応はできなかったでしょう。2014年以降のクリミア占領やドンバス地域での戦争によって、ウクライナ軍は強化されていきました。これらは、カナダ、イギリス、アメリカ、その他NATO（北大西洋条約機構）諸国といった協力国との軍事演習の賜物です。ある意味では、ウクライナ人はこの8年を通して戦う準備ができていったといえるでしょう。軍事面では、あらゆる侵略にも対応できるように多くの改革が行われました。この議論の中心は、ドンバス地域での戦闘についてでした。そのため、現在ドンバス地域で防戦に従事している戦闘員は最高の訓練を受けた世界最高の戦闘員です。

　社会的な面でいえば、マイダン革命がおこった2014年以降、ウクライナでは大規模な改革が実施されています。ウクライナはロシアとは全く異なる形に変貌を遂げました。一人ひとりが自分だけの事を考えるという、独善的な社会ではありません。見知らぬ人に対しても助け合う、横のつながりが非常に大きい社会です。そのため、見知らぬ人に対しても信頼します。これは、ポスト・ソビエト社会においては、珍しいものです。

　マイダン革命やそれに連なる危機によって、ウクライナ人はお互いを信用することにつながったのです。ウクライナ東部の人々を受け入れて、物資や金銭を寄付した例が多く見受けられました。このような国内の地域内での結びつきが強化されたことで、ウクライナという国がより強固になり、自分たちのアイデンティティを明確にすることができました。

　しかし、経済的な面では、準備不足の点が見受けられます。ロシア側は「要塞」のようになっており、つまり多くの外貨準備が蓄積されていました。ロシア経済は度重なる金融制裁を受けた後であっても、この戦争を自前の戦争として戦える潤沢な備えがあります。一方で、ウクライナ側の経済のレジリエンスははるかに弱く、ここで西側からの支援が非常に重要になります。

　この戦争がどのような終結を見せるにせよ、この戦争はウクライナに対して

国家アイデンティティをさらに強化するものとなったといえます。

―――2004 年のマイダン革命以降と 2014 年以降に関する歴史、そして今回の戦争について、博士の見解を頂戴しました。それらは異なり、ロシアやソ連の遺産から脱却するというものであったといえるでしょう。

マイダン革命の舞台となった独立広場〔2014 年 5 月〕（撮影：浦部浩之）
マイダン革命からまだ 3 か月後には、親欧派の人びとがキーウ中心部の独立広場にバリケートを築き、いくつものテントを構えて立て籠っていた。

2014 年の国際社会の対応は積極的でなかった
―――ウクライナ人としてシャギーナ博士は、2014 年、そして 2022 年以降、ロシアに対する見方がどのように変わりましたか？

　残虐行為や侵略の度合いに関係しますが、確かに変わったといえます。2014 年に、私自身が衝撃的であったことは、ロシア語話者が居住している、あるいは歴史的にかつてそこを領有していたといった何等かの主張のために、他国の領土を簡単に侵害するということがあり得たということです。これは、明らかに、国際規範の侵害です。また、国際情勢の応答についても、大きな憤りを覚えました。確かに、経済制裁は実施されたものの、クリミア返還への動きの支援や欧州の安全保障の再構築、そしてロシアとの関係性の見直しについて、国際社会は積極的ではありませんでした。その結果、現在、ロシアによるウクライナでの残虐行為は 10 倍にもなってしまったのです。そして、これは私を含めた多くのウクライナ人のロシアに対する見方にも反映されています。

関係の修復には時間がかかるでしょう

　2014年当時、ロシア帝国の「遺産」について、特に近隣諸国についてどのように見ているのか、言いかえれば、ロシアの影響範囲に属する国々をどのように見ているのか、そしてロシアがどのように影響力を維持したいのかについて議論がなされました。しかし、現在の、具体的に、ブチャやマリウポリで見られたような、ロシアによるウクライナ人に対する憎悪の度合いは、まさに異次元です。兄弟国であったはずの2か国を完全に決別させるものです。歴史的に見れば、この2か国は長い間同じ歴史を共有してきたのです。そのため、このような蛮行は文化的、個人的な関係を予見可能な将来にわたって破壊したのです。これらの出来事は、ウクライナ人にとって個人にとってもトラウマとなり、また世代間を超えた大きな心の傷となり、プーチン政権を恐れてロシアから脱出している一般的なロシア人にさえも、それはつきまとうでしょう。これらは簡単に解決できる問題ではないため、2014年以前のように私たちがお互いを理解しあうためには、かなりの時間がかかると思われます。

　最近ゼレンスキーがとても良い例えを挙げていました。彼が指摘していることは、2014年当時、ウクライナ人はロシアの侵略行為に対して、悪いことではあるが何とか解決することができ、2022年現在のロシアによるウクライナ侵攻に比べるとまだ解決の余地があると理解されていたということです。しかし、今や2つの民族、2つの国家は完全に決裂しており、それを解決するには長い時間を要します。

　しかし、ロシアの外交政策の目的に鑑みると、第2次世界大戦後のドイツで見られたような再教育なしでは、解決は難しいと考えられます。例えば、ドイツ語にはBeziehungen（「関係」）という特別な言葉があります。これはドイツ・ポーランドの関係修復にも用いられます。私が考えるに、このような歴史を理解し、反省するという関係修復が起こりうるのは、ウクライナ─ロシアにおいては大変遠い未来のことでしかありません。

西側に期待すること

──侵攻後、ウクライナ人として西側諸国には何を期待していますか？

侵攻中の現在、西側から見てまず重要なことは、例えばロシアに対するさらなる経済制裁、ウクライナに対する軍事支援、ウクライナ政府に対する資金援助といった様々な手段が西側自身で自由に行えるということです。そしてそれらの西側からの援助は、ウクライナの停戦協定での立場を形成するものになるでしょう。ウクライナ政府は戦争を交渉によって終結することを目指しています。そのため、交渉においてロシアよりも強い立場になること、つまりロシアが提示した条件を承諾するのではなく、ウクライナが自身の領土を決め、ロシアに抵抗することができるか否かが、ウクライナにとって重要になります。

　経済制裁は、ロシアの戦争資金調達能力を制約するものです。また、より迅速かつ大規模な軍事支援は、ロシア軍がどれだけ領土を侵害するのか、あるいはウクライナ軍が反攻することができるのかを決定づけます。さらに経済の回復も重要です。戦争が続いている今、ウクライナ経済は非常に脆弱になっています。IMF（国際通貨基金）はウクライナのGDP（国内総生産）が45％減少することを予測しています。そのため、特に今年末から来年にかけては様々な経済支援が必要です。

　これらは、現在のウクライナ侵攻に対して西側が実施できることです。侵攻開始後は、西側諸国がどのような方向でウクライナとかかわり、どのような条件と認識で見ているのかが重要です。ウクライナの復興に向けた支援は重要です。ウクライナをどのように復興させるかについては、すでに多くの議論が始まっています。最近スイスで行われた会議では、復興に関する支援の担当、資金の配分、管理の方法について話し合われました。現在、ウクライナでは汚職が深刻な問題となっています。そのため、復興がどのように実施されるかによって、ウクライナの今後が変わっていくでしょう。また、最近EU（欧州連合）はウクライナを加盟候補国と認めるという決定を行いました。これは、ウクライナをヨーロッパの歴史を共有する国であると認め、ヨーロッパの一員として位置づけるものです。そして、このEUの決定は侵攻後のどの段階においても重要です。ロシアの立場からすれば、ウクライナは緩衝地帯であり、中立的である必要があります。ウクライナの改革や、ウクライナのEU加盟には長い時間がかかりますが、加盟候補国としての地位はウクライナ政府にとって地政学的に重要なものです。なぜならば、ウクライナはヨーロッパの一員に「復帰」

することができ、緩衝地帯ではなく正式に西側諸国の一員になるためです。

プーチン大統領を揶揄するトイレットペーパー
〔2014年10月〕（撮影：浦部浩之）
キーウ中心部の露店で売られていた商品。ト
イレットペーパーにくそ（ХУЙЛО）プー
チンと書かれている。

西側のロシア観

　もう1点重要なことは、西側諸国がロシアをどう認識するかです。ロシアが
クリミア半島を占領して年月が経ちますが、ロシアと西側諸国の取引は通常の
ように続いてきました。クリミア占領から数年後には、ノルドストリーム2が
建設されました。その他、エネルギー分野での取引が多く見受けられます。私
は政治学者として、西側がロシアとの関係に対してどのように変化したか、ウ
クライナで起きている残虐行為を考慮するとロシアを大国と定義することがで
きるか、そして一般的にどのような対処をするのがよいかを示すことは大変重
要であると考えます。

　また、この戦争がどのように終結するのか、また、欧州の安全保障の問題に
対処できるのかどうかも、EUとロシアという2つの大国の関係にとって重要
です。

　――ありがとうございます。ウクライナのEU加盟、そして西側ブロックへ
の加入のプロセスが他のヨーロッパ諸国の新たな希望となるでしょう。
　戦争はいつまで続き、またどのような終結が予測されるでしょうか？

東欧のイスラエルのようになるでしょう

　ウクライナ人は、プーチンが侵攻を止めたいところで侵攻が止まると考えて
います。そのため、今のところロシアがどこまで領土を侵害してくるかについ

ては予測できません。ロシア軍はいけるところまで侵攻するのではないでしょうか。そのため、先ほど指摘した通り、国際社会からの経済制裁のようなロシアの資金力を抑える外交手段だけではなく、短期的にウクライナが反攻作戦を実施できる武器の提供が重要です。なぜならば、ロシア軍はどこまでも領土を侵害していくでしょう。ウクライナの半分がなくなって分割されたら、満足かもしれませんが。

　北朝鮮と韓国が事例として挙げられることがあります。もしかするとこれは良い例えかもしれません。なぜならば、たとえ停戦や交渉によって今回の侵攻が停止した場合でも、ロシアの脅威は常にウクライナに存在し続けるのです。ロシアを軍事的に打ち負かすのか、あるいは停戦協定に持ち込むのかといった、終結方法も重要でしょう。残念ながら停戦協定が無意味であることは2014年以降の事例から明らかです。彼らは、再編成し、再武装し、再攻撃してくることがわかっています。

　ウクライナ人としての私の見方として、ウクライナは東欧のイスラエルになるという可能性を考えています。自国を軍事化しあらゆる攻撃に備えなければなりません。そして、プーチンがいなくなった後もその脅威は存在するでしょう。なぜならば、ウクライナは国家ではないという認識がロシアのエリート層の根深いところで醸成されているといえるからです。この認識は、一般的なロシア人の中にはないでしょう。しかし、ロシアのエリートの間では、ウクライナが自分たちの安全保障のための緩衝地帯だと考えられています。そのため、ロシアの脅威を排除することは非常に難しく、またどんな攻撃にも備えなければなりません。そしてこの長期的な脅威に対して、どのように戦い続けるのかを考える必要があります。

日本人に伝えたいこと
――最後に日本の人々へのメッセージを

　まず、最初に、ウクライナ人全員から日本に対して感謝を申し上げます。日本の立場はウクライナにとって大変重要です。日本は、2014年、そして私が滞在し日本のロシアに対する制裁を研究していた時期と、対応が変わっていま

す。個人的には、今回のロシアに対して、強固で今までと異なる対応に驚きました。そして、それは私にとって、日本の地政学的、経済学的な認識が変化していることを示しています。大きな違いは、経済安全保障担当大臣が任命されていることです。2014年以降、日本でも様々な変化があったといえるでしょう。そして、日本がより機敏になり、良い意味で自己主張をするようになり、そして自己主張を恐れていないことを示しています。日本のこれまでの、ロシアとの北方領土に関する対話を通じて、なんらかの変化を期待する姿勢とは一線が画されています。このことは、最近の日本が大胆な政策を打ち出し、ロシアに対して意見する可能性を示したと考えます。それは、日本の他の脅威にとっても重要であると考えられます。日本にはロシア以外の脅威が多く存在しています。

また、人道支援の側面からも、経済支援の重要な提供者である日本に対して大きな感謝を申し上げます。日本は最大の援助国の1つでしたし、クリミア占領の2014年以降も最大の援助国でした。また、地理的に遠方であるにも関わらず、1,500人以上の避難民を受け入れています。これは日本人にとって、前例のないことでしょう。日本は普段は同質性の高い国であり、遠方からの難民・避難民を受け入れることがきわめて珍しいためです。

加えて、日本の復興に関する知見もとても重要であると考えられます。広島・長崎の原爆の被害からの復興や、地震や災害の被害からの復興という、徹底的に破壊された状態から国家をよりよく再建するという伝統は、多くの国が学ぶべきものです。そして、この復興の考え方と方法をウクライナも学ぶべきです。なぜならば、ウクライナには復興するべきインフラや住宅が多く存在するためです。

───ありがとうございました。ご指摘のように、日本人は復興を誇りに思っています。日本は戦後・震災後、何度も復興を遂げてきました。ウクライナも同様になることを願います。日本は、その支援をすることができると確信しています。

貴重な時間を頂戴し、大変感謝いたします。ありがとうございました。

（聞き手　宮脇昇、和訳　山上亜紗美）

第1章
ウクライナ侵攻と冷戦 ver.2.0

宮 脇 　昇

はじめに

　「ロシアに対して我々が求めたことについて、モスクワから何の反応も導き出せなかった」。これはウクライナ侵攻の 20 年前、2002 年にベラルーシに常駐していた OSCE（欧州安保協力機構）の現地代表ビークの言である[1]。OSCEの現地使節団（ミッション）は、ベラルーシの民主化を促し、政権側と対立していた。この任期延長をめぐっては、隣国ロシアが「拒否権プレーヤー」的な行動をしていた。OSCE がロシアに任期延長等を求めたものの、回答を得られなかったことを嘆息したものである（宮脇 2003 : 216）。

　これと似たような対立が旧ソ連地域や東欧のあちこちで見られていた。とりわけ、エリツィン政権末期の 1999 年 3 月から 6 月にかけて NATO（北大西洋条約機構）軍によって行われたユーゴスラビア空爆はその最初の事例である。NATO の空爆にとどまり地上軍こそ派遣されるに及ばなかったものの、1999年は、冷戦後の欧州の安全保障の転機の年であった。コソボのアルバニア系住民に対するセルビア側の民族浄化を止める目的でなされた NATO のユーゴ空爆は、確かにその目的を達成したものの、セルビアやモンテネグロの無垢の市民を犠牲にし生活やインフラを破壊した。ロシアはそれに反発した。冷戦後初めての明確な米露対立である。ユーゴと NATO の合意により、コソボはUNMIK（国際連合コソボ暫定行政ミッション）が暫定統治することとなった。

1）　ビークは、ドイツの外交官で OSCE の AMG（諮問監視グループ）の代表を務めていた。

その一環としてコソボに KFOR（コソボ治安維持部隊）が入域する直前に、ロシア軍がコソボのプリシュチナ空港を占拠（1999 年 6 月 10 日）したことは、軍事的側面におけるロシアの反発、具体的にはユーゴ空爆後の安全保障秩序の意思決定過程への反発を強く示唆するものであった。

　それ以降 NATO とロシアの断絶は、次第に明確になってきた。そしてその断絶の地溝帯は、いわゆる翡翠の道（バルト海からバルカン半島にかけて）[2] とその東部、そしてコーカサスであった。地政学的な説明は抜きにしても、ロシアと NATO の安全保障上の利害対立は、主に地理的な要因と論点に関するものであった。

　ウクライナ侵攻は 1990 年代末以降の歴史的な断層の結果として、地理的要因によって説明することは可能である[3]。むろん第 2 次世界大戦をヒトラー個人の偏執的な思考によって説明することが可能であるのと同様に、今次の戦争もプーチン一人の問題に帰して説明する議論は否定されない。しかし国際政治の観点からは、たとえプーチンの意思決定が合理的思考によるものではなかったとしても、国益、制度、価値、そして地理や歴史といった諸要素にしたがって説明づけられねばならない。

　本章では、ウクライナ侵攻がなぜ止められなかったのか、回避できなかったのかという問いを定め、それに対する 3 つの答えを考えたい（なおこれらの問いは、本書第 2 部で編者が司会として登壇者に問うているものと共通する）。第 2 に、今後の時代状況を説明する概念として一般名詞としての「冷戦」を 20 世紀に続いて用い（第 2 次冷戦）、その概念が状況を説明しやすい理由を述べる。第 3 に、この第 2 次冷戦にいたる「冷戦間期」におけるウクライナ侵攻の萌芽が段階的に大きくなった状況を時を追って説明したい。

2）　「翡翠の道」は、歴史的にはローマ帝国時代に地中海からバルト海南部を接続したものである。詳細は、Michael Romanowski（2017）を参照。

3）　ウクライナ問題をロシア・ウクライナの二国間関係ではなくアメリカを含めた三国間関係としてとらえた新著として、Eugene M. Fishel（2022）がある。

1　ウクライナ侵攻の責任と原因の峻別

　2022 年 2 月 24 日に開始されたウクライナ侵攻の主体であるロシアのプーチン大統領は、侵攻翌日の会見において次のように述べた。

　ウクライナは「われわれの歴史的な土地」である。「2014 年にウクライナでクーデタを起こし権力を得た勢力は、お飾りの選挙で力を保持し、平和解決の道を放棄した。」「なぜこんなことが起きているのか。答えは明瞭だ。1980 年代後半、ソ連は弱体化し、その後崩壊した。その結果、古い条約や合意はもはや有効ではなくなった。覇権国家の権力者たちに都合が悪いものは、古くさく時代遅れで役に立たないものとして非難される。」（プーチン演説　2022 年 2 月 25 日）

　この言説を是とする立場は、ウクライナにも西側にもない。この演説の内容には数々の誤りがあり、また国際法違反、1975 年の CSCE のヘルシンキ宣言違反である今回の軍事侵攻を正当化する論拠となりえない。
　このプーチン演説を受けて侵攻開始から数か月の間、多くの識者はこう語っていた。いわく「ウクライナ侵攻をとめることはできなかった」。怒濤のような大軍による非道な行為の連続を目にして、プーチンの意思決定は理解不能なようにみえた。それは次の 2 つの言説にまとめられる。
　（A）　侵攻は「プーチンによる不可抗力」であるため、止められなかった。
　（B）　プーチンが理由として挙げていた NATO 東方拡大以降の米欧との断絶や対立を理由とすることは、侵攻の正当化につながるからこの議論に与してはならない。

　これら 2 つの議論は、被害国であるウクライナの政治的立場からすれば、一見もっともなように思われる。しかしこの立場が正当性をもつのは、特定の政治的・社会的な状況においてであり、たとえ人道規範を研究者個人が共有するのは当然にせよ、客観的立場を是とする学術的議論として冷静に観察する必要

があることを妨げない。この 2 つの議論について、学術的観点から反論してみよう。

A' 侵攻を抑止できなかったと結論づけることはできない。たとえ仮定 (if) の条件にもとづく議論が歴史的にはタブーであるにせよ、政策論としてはそうではない。if がタブーとするならば、過去の政治的事象について別の選択肢を考えることが不可能になる。しかし現実にも、そして政治過程・政策過程の理論でも、オルタナティブは議論されつづけてきた。

まず第 1 にアメリカ政府高官は侵攻前の時点で経済制裁が侵攻を抑止するためのものであると明言している（それは失敗したが、そのような意図をもっていた）。フランス、ドイツ、ウクライナ、そしてプーチン側近も直前まで交渉を続けており、ウクライナの NATO 加盟断念の内容で暫定合意が達成されていたという。これらの努力は、もともと無駄であり必要がなかったと結論づけられるだろうか。

それは否である。これまで歴史的に、多くの侵略の意図をもった政権の意図が抑止されたことが外交史料で明らかになっている。例えば 1975 年に金日成は、再度南進を狙っていたが中国によって拒否されたため断念した[4]。また、一般論として軍事侵攻の試みに対して抑止できないならば、北東アジアをはじめ他の地域でも将来的な各国の軍事侵攻を止めるための政策や議論は意味がないことになる。

B' プーチンの挙げる理由を研究の対象とすることは、必要である。

プーチンの掲げた侵攻の理由が、たとえ妄想的であれ、たとえ非人道的であれ、発せられた言葉にもとづいて考察・分析を行い、批判的に論じることは可能であり、また必要である。同時に、一般に戦争の責任と原因は別である[5]。ヒトラーであれスターリンであれ、いかなる政治家の言動に対しても政治的分析は必要かつ可能である。その内容が社会的・国際的正義に反するか否かは、

---

4) たとえば下斗米伸夫 [2004]，『アジア冷戦史』中公新書、137 頁。
5) 責任・原因の峻別については、佐藤優氏の対談が詳しい。『毎日新聞』2022 年 7 月 17 日。

別の問題である。

　2001 年の 911 テロ攻撃（米国同時多発テロ）の際に、アルカイダのテロ攻撃の理由として、パレスチナをはじめ中東の貧富の格差が参照された[6]。もちろんいかなる理由があれテロ攻撃を正当化することはできない。しかし、テロ攻撃の理由として掲げられてしまった社会的状況が存在することもまた事実である。このような非道な攻撃に、社会的状況が利用（悪用）されていることは問題であるが、悪用されてしまう問題が存在し多くの場合放置されてきたことを無視することもできない。国内の重大な犯罪行為においても、加害者の生活状況や生い立ちに焦点があてられることがあり、それらは刑事裁判で弁護側から刑罰の重みに対する「酌量の余地」が認められるかどうかの論点となりうるのと同じである。

　A' と B' の議論を結合するならば、ウクライナ侵攻の政治的責任がプーチンにあるのは明白であるにせよ、侵攻自体は分析可能であり、その原因についても検討可能である。

　ウクライナ侵攻の原因については、3 つのレベルで論じることができる。すなわち、素因、誘因、主因である。侵攻の素因は、ロシアのおかれている政治的状況、地理的状況である。ソ連崩壊後の混乱を経て新生ロシアは、冷戦期の戦略的な対米対抗力や優位性を次々と失った。誘因は多様であるが、ロシア国内ではプーチン政権のもと民主化が後退し、軍備強化を促す原因となった。ロシアの外部環境として 1990 年代後半から NATO との関係が徐々に悪化したこと、とりわけロシアと NATO 原加盟国及びドイツの間の軍事的な緩衝地帯が狭まってきたこと、ウクライナの政治的不安定、ロシアの東方シフトと中国の台頭とロシアとの戦略的パートナシップの強化、道具としての原油・ガス輸出の拡大などが挙げられよう。そして主因は、プーチン政権の独裁的な意思決定手法である。今次の侵攻においても多くの側近が反対あるいは消極的であっ

---

6)　例えばアメリカの「中東政策研究所」の 2004 年の報告では、911 テロの背景として、中東諸国の政治改革の遅れ、イラン・ヒズボラ、イラク、イスラエル等を挙げている。"The 9-11 Commission Report: The Middle East Dimension," Aug 6, 2004　https://www.washingtoninstitute.org/policy-analysis/9-11-commission-report-middle-east-dimension

たにもかかわらずプーチンの意思がすべてに優先された。

　素因・誘因・主因のうち一般的には、誘因が縮減可能性が高い[7]。ロシア、ウクライナ、第三国の外交政策や内政の選択肢を丹念にとらえ、ウクライナ侵攻を止めることはできなかったのかという問いに再度戻りたい。今回の危機は、まったく突発的なものではなくその兆候は政治的にも軍事的にも存在したのであり、危機や開戦を防ぐのが外交の役割のはずである。

2　ウクライナ侵攻を抑止できなかった3つの失敗

(1)　経済制裁の失敗と相互依存の限界

　本書所収のシャギーナ博士のインタビュー（コラム）にあるように、2014年のクリミア占領（併合）・東部介入に対する不十分な制裁がロシアに対する誤ったシグナルとなったと考えるのは、自然な考えである。ロシア側は対抗制裁を行うことで、国内の引き締めを図り、貿易の東方シフトを加速させた。その一方でEU（欧州連合）とロシアとの相互依存は、2014年の制裁以降も続き、いわば双方が「経済的相互確証依存」の域に達していたといわれ、EUはそのストレステストまで行っていた。ノルド・ストリーム2の工事は再開（2018年）され、2021年にはほぼ完工したのである。これに対抗心を示しEUへの制裁をちらつかせたのは、シェールオイルの輸出拡大に躍起になっていたアメリカであった。

　加えて、2022年2月の侵攻直後、制裁は侵攻を抑止するためと高官が述べる。しかしバイデン大統領はそれを否定する（3月24日）というアメリカ外交政策の不一致が随所で見られた（本書巻末の関連年表参照）。

　ウクライナ侵攻後、ノルド・ストリーム2の稼働停止、プーチンの個人制裁、空路・海路の制裁、スポーツ制裁、SWIFT決済の停止などの経済制裁は、戦争の拡大を止めることができなかった（長期的にボディ・ブローを与えるとしても）。EUの対露制裁は、ロシアからのパイプラインによる原油輸入を全面停

---

7)　テロ対策研究の観点から防衛大学校の宮坂直史教授の示唆による。

図1-1 ロシアから欧州へのパイプライン（2010年代）

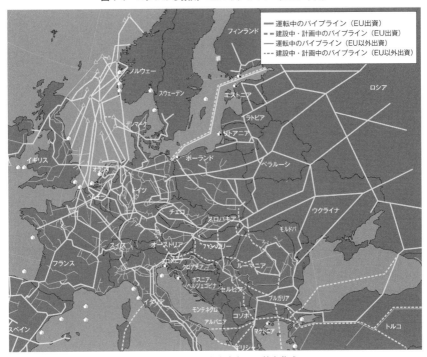

（出所）eurogas「STATISTICAL REPORT 2015」をもとに、筆者作成。

止する決議を採択するはずが（2022年5月）、ロシアへの原油依存度が極めて高いハンガリーの反対により陸上パイプラインが例外とされた。陸上のパイプライン、古くはドルジバ（友好）ラインに始まるソ連の対欧ガス・原油網は、インフラによる東欧支配であったとともに西欧諸国への資源貿易の手段として貴重な外貨獲得源であり、20世紀のデタント以降の米欧分断の始まりであった。

　原理的に経済が戦争を止められるか、という問いが存在する。マルクス主義を持ち出すまでもなく戦争の素因が経済的側面にあると考えるのは、理解しやすい公式である。しかし同時に、ウォルツ（1979）が第1次世界大戦前の英独貿易の拡大を挙げるように、貿易拡大が戦争を止めなかったことも歴史的事実である。

　帝政ロシアの事例を挙げよう。ロシアの貿易に占める対独貿易の割合は

1860年前後に輸入で28%、輸出で16%だったのが第1次世界大戦開戦の1914年には輸入47%、輸出29%にまで増大した[8]。対独依存度が高まったにもかかわらず大戦が勃発したことは、現代のロシアあるいは中国との関係を占う上でも示唆的事実である。すなわち経済的相互依存は、戦争抑止の手段としては緩い手段にすぎない。このため以下では経済的依存の拡大をめぐる説明は、最低限にとどめたい。

　それでは逆に、経済制裁は戦争を止められるだろうか。これまでの制裁の「成功」例をみると、1980年代の国連のアパルトヘイト制裁（対南アフリカ）のような事例がみられるが、アパルトヘイトは戦争ではない。イタリアのエチオピア侵略に対する国際連盟の制裁はイタリアの脱退を招き、1941年の日本の南部仏印進駐はアメリカの対日石油禁輸を招いたが、それはさらに日本の真珠湾攻撃と東南アジア侵攻の決定を加速させた。出稼ぎ労働の禁止や石炭貿易の停止をはじめ北朝鮮に対する数次にわたる国連安保理制裁が十分には機能せず、ミサイル実験や核実験をとめられないのは、周知の事実である。1979年のアフガニスタン侵攻に対して、アメリカは対ソ経済制裁を実施し、西側同盟国にも追随を求めた。アメリカの対ソ貿易は激減した。しかし西欧諸国はアメリカに対する「面従腹背」により対ソ貿易を逆に増やし、カナダまでも対ソ穀物貿易の新協定を締結するありさまであった。西欧諸国の対ソ貿易依存度はアメリカのそれに比して大きく、また二度にわたる石油危機を受けた国内経済にとって対ソ貿易は雇用維持のために必要であるがゆえに「政経分離」の策をとり、それはアメリカから「制裁破り」的批判を受けることとなる（山本1982：88-91）。

　2022年の対ロシア経済制裁も「抜け穴」と「制裁破り」が顕著である。2022年の対ロシア制裁は、史上最大規模の経済制裁であるといわれ、ロシア経済に多面的に打撃を与えた。図1-2のとおり経済成長率は前年比10%以上低下し、輸入は前年比40%以上縮小し、インフレ率は14%を超える見込みである（EU infographic）。しかし今次の経済制裁とそれに対する対抗制裁の制裁合戦では、一般にロシアのほうが打撃が大きいといわれるものの、それでもロ

---

8)　Office of Technology Assessment (1981：179).

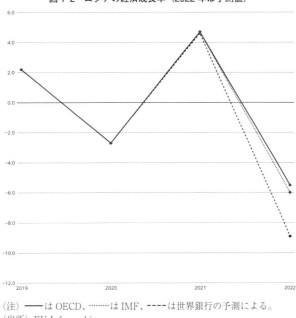

図 1-2　ロシアの経済成長率（2022 年は予測値）

（注）━━ は OECD、……… は IMF、━━ は世界銀行の予測による。
（出所）EU Infographic.

シアの政策決定（侵攻継続）を早期に断念させるにいたらなかった。これは強靭な政治的意思に対する、制裁という手段の本質的限界による。

　経済的相互依存と経済制裁という経済的なアメとムチの２つの手段は、今次の侵略を防止することができなかった。このことは米中新冷戦のもと、米中が相互依存にある中で、一方の軍事的挑発に対する他方の経済制裁の効果に疑問符をつけることにつながる。

(2)　外交の失敗

ミンスク合意の仏独外交の失敗

　ウクライナは、1991 年の独立後、大まかにいえば親欧派、親露派（実際には中立的な政権も含む）、親欧派と政権が入れ替わるたびに外交路線が変わった（本書第２章参照）。しかし 2014 年のマイダン革命後の大統領選挙（前倒し）で

はポロシェンコが全州で勝利する（クリミアなどロシア系武装勢力の支配地域を除く）。2014年のクリミア占領は、ロシアにとって戦略的意義があったが、ウクライナで親露派大統領の誕生を永遠に阻むこととなった。ロシア（系勢力）による力による現状変更を契機に仏独主導で実現したミンスク合意は、東部2州への特別な自治権を求めたが、不評で実行されていない面もあった。

　ここでみられるのは、政治体制としての民主主義と、言語にもとづく民族主義（言語ナショナリズム）の不調和である。東部住民の自治権の問題は、ロシア語話者の「民族」の問題としてとらえることも可能である[9]。これはソ連崩壊後のバルト諸国やモルドバでみられたことであった。東部ウクライナの場合は、少数派というより時にはクチマ政権のように多数派として権力を得た。このことは、リトアニアのような国籍取得のゼロ・オプションをもたらしたとともに、ロシア語の地位について論争を収斂させないまま2014年に到らせることとなった。ミンスク合意は、ウクライナとロシアの双方の主張の妥協点であったとしても、双方ともに抱いた強い不満により期待が収斂しにくい合意であった。これは「守られない約束」問題として考えることができる[10]。

NATOとロシアの誤算

　ウクライナ侵攻開始後のNATOの対応は、多国間同盟の脆さを示唆するものであった。すなわち侵攻開始の2月24日直後、確かにNATOはロシアを強く指弾し、自らの緊急態勢を整え、その姿勢を明確にした。しかし、「史上最強の結束」を誇るはずのNATOの首脳会議開催（対面では3月24日）が侵攻開始から1か月を要したことは、NATOという多国間同盟が内包する対立の収拾に時間を要したことを意味する（ただしオンラインでは2月25日に開催）。

　NATO加盟国のドイツとアメリカには誤算があった。実際にドイツは侵攻当初、ややロシア寄りの姿勢を示していた（本書第5章参照）。アメリカもまた、ウクライナへの関与に当初、慎重な姿勢を示していた。アメリカの誤算は、ロ

9）　例えば、OSCEのHCNMは、ウクライナ語の普及がロシア人に「ウクライナ化」の脅威を与えない形で行われるようウクライナに提案している。この点について詳しくは末澤（2000:251）。

10）　この点の理論的考察として、宮脇（2012:15-33）。

26

シア勝利を確信していた「ふし」から示唆される。例えば、キーウのアメリカ大使館が撤退準備を始めたのは、侵攻の1か月以上前の2022年1月22日のことであった。確かに当時ロシア軍はウクライナ国境に13万人以上の大軍を集結させていたが、大使館撤退の決断はゼレンスキーとイギリスから大いに批判された（年表参照）。

　ロシア側の最大の誤算は、長らく中立を標榜していたスウェーデンとフィンランドのNATO加盟申請であろう。侵攻から数か月もたたない2022年7月に2カ国の加盟は認められ、ロシアは結果的にサンクトペテルブルクの南（バルト三国）に加えて、北（フィンランド）でもNATOと国境を接することになってしまった。この軍事的意味は、ウクライナでたとえ勝利したとしても、相殺できるものではないという見方も成り立つほどである。当面はこれら2カ国にNATO軍としての新規の配備等がなされないにせよ、軍事的な挑発行動が大戦にエスカレートする危険は地理的に拡大してしまった。

OSCEの失敗

　OSCEは、欧州の安全保障と協力に関する機構として、冷戦期のCSCE時代から安全保障の論争と合意形成の場であった。軍事演習の事前通告をはじめとするCSBM（安全保障信頼醸成措置）も段階的に合意され、また民族紛争をはじめ不安定化する諸国をOSCEの規範（人権、民主主義、市場経済など）に即して支援してきた。CSBMは戦争の危険を減少させる効果をもち、一般にOSCEのCSBMは遵守されてきたといわれる。1990年以降「ウィーン文書」（CSBMを具体的に規定）の度重なる改定を経て1999年のイスタンブール首脳会議では、政治面・安全保障面の実施要領（Code of Conduct）が採択された。しかし2010年代前半からロシアの反対によりその規範の深化はとまり、信頼醸成の歩みは止まった。2014年のクリミア侵攻の前である。CSBMが国家間の軍事的対立を回避するという考え方は、1975年以来根強くあったものの、それは2014年のクリミア侵攻を阻止できず、その後のミンスク合意の履行プロセスでも疑問符がなげかけられ、2021年にはG7外相会議がロシアの行動がウィーン文書違反であると指摘したにもかかわらず、2022年のウクライナ侵攻に対して無力であった。

写真 1-1　ウクライナの OSCE プロジェクト調整官事務所

（出所）2006 年、筆者撮影。

　理論的に説明するならば 20 世紀末の国際政治の理論のうち、現実主義者は
主権国家の諸国益が国際制度を規定するとし、新自由主義制度論者は国際制度
（共通の利益）が国家（国益）を拘束することを重視した。21 世紀の欧州を観察
する最適な方法は、上記の後者から前者に移行する過程であったのであろう。
OSCE の CSBM の国際制度は、ロシアの国益に反するようになり、結果的に
麻痺したのである。

　CSBM とは別に、OSCE はウクライナに 1992 年以来ミッション（後にプロ
ジェクト調整官）を派遣し、民主化支援、法の支配の充実、経済プログラムの
支援にあたってきた（宮脇 2007：42-45、玉井 2021）。2014 年のウクライナ東部
占領の後には、OSCE の SMM（特別監視団）がロシア・親露派・ウクライナ
軍の監視にあたってきた。地域の紛争と防止に定評の高い OSCE の努力が水
泡に帰したことは、OSCE の他の地点での活動に深刻な課題を投げかけている。

(3)　軍事的誤算

　ウクライナ侵攻におけるロシアの軍事的作戦が失敗したことは明らかである。
陸・空両面から電撃的にキーウを占領する計画は、ロシアにとって想定外のウ

クライナ軍の抵抗により失敗に帰した。ウクライナ軍の抵抗が成功した理由としては、2014年のクリミア占領以降のウクライナ軍に対するNATO軍の訓練の成果や装備・指揮系統の近代化が挙げられている。

これに対して、キーウ占領を断念したロシア軍は、東部2州と南部ヘルソン州の占領、そしてウクライナ東南部マリウポリ陥落をめざし猛攻した。その過程でロシア軍は、ダム攻撃（本書第6章参照）、港湾施設への爆撃など大規模なインフラ破壊を戦略的に行った。また2022年10月にはクリミア大橋でのトラック爆破テロによりクリミア半島とロシア本土の物流・交通が大打撃を受け、対抗してロシアがウクライナの発電・水道施設を攻撃したが、これらのインフラ破壊攻撃は戦況を深刻にしている。これらを総称して本章では「インフラサイド」（Infrastructure-cide）と呼ぶ。インフラサイドとは、軍事行動による水・電気・鉄道のインフラ破壊による大規模な人命喪失であり、ジェノサイド、エコサイドに通じる大規模な殺戮効果をもたらす。インフラサイドは、敵国民の生活基盤を破壊することで敵側の継戦意思と能力を無力化し、戦況を有利に導こうとしている。

インフラサイドは、3つの作戦に大別される。①敵側の戦意を喪失させ政治的に敗北させるための心理的作戦、②敵の軍事的供給や補給路に打撃を与えるためのロジスティクス作戦、③敵の進軍を止めたり農地や市街地を浸水させるための道具化としての作戦である

ウクライナ侵攻においてクリミア半島に到る運河がロシア軍に早々に占領されたのは、ロジスティクス作戦即ちクリミア半島のロシア占領下の住民の水道水確保のためであった（本書第6章）。これに対してクリミア・タタール系住民は、ウクライナが「水制裁」（後述）をしたとしても戦略的に賛同するとの声明を発表している。ロシア軍がウクライナの原発を何度も攻撃するのは、ロシアの心理的作戦である。1999年のNATOによるユーゴスラビア空爆において戦況を打開するためにNATO軍がベオグラード近郊の発電施設を爆撃した（1999年5月）のは心理的作戦であり、朝鮮戦争での米軍の水豊ダムの爆撃（1952年）はロジスティクス作戦、ウクライナ軍による堤防破壊は道具化の作戦である。こうしたインフラサイドは、戦時に必ず発生するわけではない。ユーゴスラビア空爆では開戦当初から多くの鉄橋がピンポイント爆撃され接続性

（出所）2006 年、筆者撮影。

が破壊されたが、ウクライナ侵攻では鉄道インフラはほぼ無傷のままポーランド、スロベニア、チェコの三国首相のキーウ訪問（2022 年 3 月）をはじめ西側首脳のキーウ訪問に鉄路が用いられる結果となっていた。ユーゴスラビア空爆ではダム攻撃は行われていないがウクライナ侵攻では早期のうちにそれがなされた。即ち戦時のインフラサイドは、戦争遂行に必須の手段ではなく、選択的なものである。

　このようなインフラサイドが戦闘において選択肢となりうるのは、戦況が膠着し相手側に決定的打撃を与えられない場合である。抑止効果との関連でいえば、20 世紀の冷戦終了後も抑止力の強化が図られてきたことがその背景にある。通常戦力においては極超音速兵器の開発にみられるように、空間的抑止に加えて「時間」的抑止も戦略化されてきた。また米軍をはじめ各国の精密誘導兵器すなわちピンポイント爆撃の能力が向上し、半数必中界（CEP）も縮減してきた。このことがインフラサイドを容易にし、選択肢として残る理由である。

　同時に、START1, START2 のように核軍縮が進みつつも、技術的には米露ともに核兵器の技術開発も進んだ。手段としての兵器の種類は一層多様化してきた。

　2022 年 3 月以来、プーチンが再三にわたり核兵器の使用を示唆・言及して

いることは、通常戦力で劣勢にある核大国の「あがき」の現れである。バイデンは、10 月 7 日になってこの状況を「キューバ危機以来」の核戦争の危機として認識しロシアを批判した[11]。しかし劣勢の大国が核兵器を使用しようとする軍事戦略は、何もロシアに限らない。20 世紀の冷戦後期において NATO の軍事ドクトリンでは、ソ連軍を中心とするワルシャワ条約機構軍の陸軍力の優位に対して、核兵器の使用によって進撃を阻止することが検討されてきた。西側を「ヒロシマ、ナガサキ」に続く先制核使用に追い込むことは、ソ連にとって軍事的に打撃でも政治的には核の先制使用を西側が行ったという宣伝材料となる。つまり通常戦力が劣位にある大国が核兵器使用の可能性を示唆することで「核抑止」を行い、これに対する陣営がその非道さを宣伝することは、20 世紀の冷戦期でもみられたことであった。相互核抑止の状況が崩壊し第 3 次世界大戦になれば、人類の生存さえ脅かされる。この危機において人類は正義よりも生存、即ち「冷たい平和」を望むべきだとエアハルトは述べている（Ehrhart 2022）。

　経済、外交、軍事の 3 つの側面で「誘因」に該当する 3 つの失敗や誤算を概観してきた。これらが生じた背景には、国際政治状況の構造的変動、すなわち第 2 次冷戦と、それまで（冷戦間期）の大国間外交の緩慢があった。その詳細は本章の 4 節で後述するとして、その前にウクライナ侵攻を促した時代状況としての米露冷戦に焦点をあてよう。

3　新しい冷戦論

(1) 冷戦の一般化

　一般的に国家間関係は、次のような大きなサイクル論で論じることができる。それは戦争→講和→協商（アンタント）→同盟→冷戦→（危機→デタント→再

---

11)　バイデンは「プーチン氏が戦術核兵器や生物・化学兵器を使う可能性に言及するのは、冗談で言っているわけではない。ロシア軍の戦果は期待を大きく下回っていると言えるからだ」との見解を示した（AFP ニュース）。

冷戦）→戦争、である。このサイクルの細部においてはいくつかのパターンが
あり、協商→冷戦のこともあれば、冷戦→危機→デタント（緊張緩和）→再冷
戦という小さなサイクルが発生することもある。この大小のサイクル論では、
国家間関係が安定的ではなく変遷するものであるという前提に基づいて冷戦を
1つの国家間関係の類型とみなす（例えば、山本 1988：187）。冷戦と同盟を分か
つのは、友敵関係である。冷戦と戦争を分かつのは、実際の直接の戦闘（熱戦）
の存否である。デタントは協商と一見似ているが、協商が軍事的な友敵関係
（仮想敵国としてみなす）を背景としないのに対し、デタントは友敵関係のもと
での緊張緩和である。このような文脈で、冷戦は 20 世紀の特別な時代を指す
だけでなく、19 世紀以前も、そして 21 世紀以降も発生する国際関係であると
考えることができる。

　そこで考えると、冷戦の定義が問題となる。冷戦論を概観した佐々木（2011）
によると、「平和は不可能であるのに戦争も起こりえない」「全面戦争を回避す
る形をとった慢性的な紛争」といったアロンや武者小路公秀の定義が紹介され
ている。本章でもこれらの定義を引継ぎたい。

　20 世紀の冷戦が終わり 30 年余りがたち、世界はこの時代を「冷戦後」と呼
んだ。それは「絶対王政の時代」「正統主義の時代」「戦間期」「戦後」と同じ
ように時代をとらえるものであった。この冷戦後の世界は、ブッシュ（父）と
ゴルバチョフが冷戦終焉を宣言したマルタ会談（1989 年 12 月）に始まる。米
ソ首脳が協調・協力することにより、世界は第 3 次世界大戦の恐怖から解き放
たれた。地域紛争の解決、エネルギー問題、地球環境問題にも米ソ・米露共通
の姿勢がみられた。それは国連にも力を与え、グローバル・ガバナンスの概念
を豊かにした。こうしたバラ色の時代から 911、イラク戦争、ジョージア戦争
を経てクリミア占領に到る過程は、冷戦後のバラ色が褪せ褐色になる過程であ
った。そして再び白と黒の冷戦に転じるのである。

　冷戦期を経験した筆者たちは、今の状況が「あのとき」の冷戦とは違う、と
考えがちである。しかし、第 1 次世界大戦と第 2 次世界大戦、日清戦争と日露
戦争が異なるがそれぞれに共通項があるのと同じく、20 世紀の冷戦と 21 世紀
の冷戦にも共通項があると考えられよう。冷戦後の時代は、「第何次」を付す
ことに学界やジャーナリズムが躊躇する時代であった。1990 年代以降何度も

原油価格が急上昇したが「第3次石油危機」とは呼ばない。湾岸戦争もイラク戦争もイスラエルが参戦しなかったことを理由に「第5次中東戦争」とは呼ばなかった。そのイラク戦争も「第2次湾岸戦争」と呼ぶ声があったにもかかわらず、定着しなかった。『歴史の終わり』的な新時代観は、歴史的連続性を捨象し、過去と未来の連続から視線を背けようとするものであった。

　冷戦を20世紀の特殊な用語法から解放し、21世紀にも通じる名詞としてとらえてみると、21世紀の現下の状況を「第2次冷戦」と呼ぶことができるか否か検討してみよう。その際21世紀の新しい冷戦がどの程度続くのかはむろん予想できない。すでに「米中新冷戦」は2010年代後半から始まっており、短期間で終わったとしてもそれは冷戦の定義を変えるものではない。実際、1979年のデタント崩壊後から1985年前後までは「新冷戦」「第2次冷戦」と呼ばれたがそれは5、6年の期間に過ぎない。20世紀の冷戦期全体も1947年から89年までであり半世紀に及ばない。それは歴史のサイクルのなす結果である。

　2010年代のこと、20世紀の米ソ冷戦と21世紀の米中冷戦を学生が比較しはじめていた。比較は、共通性があるから初めて可能である。日本と韓国は、アジアと民主主義という共通点がある。鎌倉幕府と江戸幕府、高橋是清と宮澤喜一、日本円とドイツマルク、元寇と日本海海戦、これらには関東の武家政権、改革派の蔵相、敗戦国から強くなった通貨、対馬周辺での戦争、という共通点がある。共通点があるからといってどのような枠組みでも比較可能というわけではない。ある場合には歴史学、別の場合には地理学、政治史、経済学といった、適した学術領域がそれぞれに存在する。

　それでは、現在の米露関係は冷戦であろうか。2022年6月にNATO首脳会議は新しい「戦略概念」を採択し、ロシアと交戦していないものの、「最も重大で直接的な脅威」として扱うことを宣言し、ロシアもまた同様に対応した。この関係は、協商でもなければ戦争でもない。先述のサイクルの中でこの関係を説明できる概念は、「冷戦」しかないのである。実は冷戦が冷戦である限り、戦争でも平和でもないという意味で、もともとその関係は曖昧なのである。先述の通り筆者のように冷戦を経験した世代のほうが、冷戦を知らないはずの今世紀生まれの世代に比べて、現在を説明する際に冷戦という用語の利用（援用）

に慎重であることに気づく。そこには、かつての米ソ冷戦の対立の原因が複雑であり、鉄板のように冷たく堅い「構造」と核戦争の恐怖で人々を支配したことを思い出したくない心理も働く。同時に、ゴルバチョフという一人の指導者の意思を契機として大きく溶解したという理解への違和感や未消化感への「気まずさ」がある（宮脇 2022）。それでも冷戦という用語を用いることで理解可能な現象がある。本章では冷戦という言葉を敢えて用いて、20 世紀の冷戦（第 1 次冷戦、あるいは冷戦 ver.1.0 とする）との比較をしながら、ウクライナ侵攻前後の国際政治を 21 世紀の冷戦（第 2 次冷戦、あるいは冷戦 ver.2.0 とする）の観点から説明したい。

(2) 米ソ冷戦 ver.1.0

20 世紀の「冷戦」の言葉の出自は、周知のとおりアカデミックなものではない。一説にはフランスのジャーナリズムから諜報や心理戦争の意味で la guerre froide（冷たい戦争）という用語が 1930 年代に初めて出されたといわれる。その後冷戦という用語は、アメリカで広まりスターリンとの戦中の合意に固執した国務省を抑える形でトルーマンが対ソ外交のイニシアチブをとる 1947 年から 50 年にかけて、ソ連の拡張主義に対して受け身的な意味で使われ始めた（モーゲンソー 1951＝2022：122）。その後 1954 年のジュネーブ四巨頭会談にみられる「雪どけ」、1970 年代の SALT（戦略兵器制限交渉）や CSCE にみられる「デタント」（緊張緩和）の時期を経て、冷戦の米ソ対立には山と谷があった。しかし冷戦のもう一方の当事者のソ連は「冷戦」という用語の使用を、西側の好戦的なプロパガンダとして終始一貫して批判し、この用語を用いる場合にもクオーテーションマークつき（引用の体裁をとる）であった。

冷戦を軍事、政治、経済、文化と多面的なもの、長期的なものとして考えるようになってきたのは、1950 年代後半からの核戦争の危機が高まってきたころ、とりわけキューバ危機の衝撃を受けてからである。1962 年のキューバ危機の後に米ソのホットラインが開通し、1971 年の米中和解、72 年の米ソデタントにより、日本でも冷戦終焉論が一時拡がった（小此木・赤木 1987：3）。しかし 1979 年のアフガニスタン侵攻、1981 年のポーランド戒厳令発令にみられ

る東西対立により冷戦的状況が復活するとそれを「新冷戦」あるいは「第2次冷戦」と呼ぶこととなった。サビジャー『新冷戦とデタント』（1987=1991：201）はその代表例であろう。ウォルツ（1979）は当時の時代状況をもとに、国際政治の構造的理解をもとに、構造的現実主義（新現実主義）の理論を提示した。それでもゴルバチョフの新思考外交以降の脱冷戦、1989年の米ソのマルタ首脳会談による冷戦終結宣言により冷戦は公式に終焉を迎え「冷戦後」の世界となった。構造と思われたものがゴルバチョフのイニシアチブによって5年を経ずして崩壊したのはなぜか。そこに冷戦を構造ではなく虚構として考える余地を生む（鴨武彦、カルドーなど）。

　20世紀の冷戦の終焉が始まった契機には諸説ある。1975年のCSCEヘルシンキ宣言で人権尊重に東側も合意したこと[12]、1980年代のアフガニスタン侵攻の失敗、同時期の自主管理労組「連帯」とヨハネ・パウロ二世のポーランド訪問を契機としたカトリックの動き、米ソの核軍拡競争を通じて軍事費が予算の25％に達したとさえ言われたソ連の経済的疲弊、東西に拡がった軍縮運動と1986年のチェルノブイリ原発事故による大規模な環境汚染に対する抗議などである（カルドー 2003=2007：v-vi）。

　第1次冷戦は3つの位相における対立であった（宮脇 2021：130）。第一にイデオロギー対立は、マルクス・レーニン主義を基礎とする社会主義思想が18世紀以来米欧で広がっていた自由主義思想に対抗するものとして形成・発展した。その対抗軸は、経済的には資本主義と共産主義、政治的には自由主義と社会主義の体制の対立となる。イデオロギーの対立は、理論的な膠着をみた。左翼側ではマルクスやレーニンの著作にもとづく教義的な古典還元主義がみられるようになり、「マルクスは……と言っている」ことが権威付けや言論の正当性を高めることとなった。右翼側では、共産主義批判にとどまらずソ連や社会主義国の民族性まで否定することが多くなり、ソ連成立以前の帝政ロシアの時代に生まれたロシア語やロシア文化を敬遠したり、あるいは歴史的事績を顕彰することを避けたりした。また例えば日本では、江戸時代末期の高田屋嘉兵衛

---

12)　2022年のノーベル平和賞受賞組織の1つである「メモリアル」の歴史家 Nikita V. Petrov 氏は、筆者のインタビューで「ヘルシンキ宣言はソビエト体制を崩壊させた」と語っている（2000年4月4日、モスクワ）。

の顕彰や日露戦争時の松山で亡くなった捕虜のロシア人墓地のボランティア清掃拡大は、1980年代を待たねばならない。終わりのないイデオロギー論争から遠ざかった多くの人々は、冷戦的論理の無限の泥沼に落ち込まないよう、バランスをとるふりをせねばならなかった。例えばアメリカの文化を紹介するのであれば「バランスをとって」ソ連の文化も紹介するということになった。こうして言論は二分され硬直化した。

　第二に、勢力圏（ブロック）間の対立である。冷戦対立の起源を1920年代の英ソ関係に求めるものがある。その是非はともかく英ソ・米ソ関係が冷戦に陥ったことは、現実主義的な理解としても、イデオロギー対立の観点からも容易に首肯できる。しかしNATOの結成（1949年）と西ドイツのNATO加盟（1955年）、東ドイツを含むワルシャワ条約機構の結成（1956年）は、冷戦がもはや二国間関係にとどまらず、陣営間の対立として理解される転機となった。NATOやワルシャワ条約機構は集団的自衛権に基づく組織であり、コメコン（経済相互援助会議）は経済協力の地域機構として機能した。東西冷戦、東西関係、東西対立という用語法にみられるように、カナダからイタリアにいたるまで西側は一括りにされ、ポーランドから北朝鮮にいたるまで東側は一括りにされた。現実には、カナダの対ソ政策とイタリアのそれとは大きく異なり、社会主義体制下でも比較的宗教の自由が認められていたポーランドと、金政権のもとで宗教が徹底弾圧されていた北朝鮮とは共通点が比較的少ない。それにもかかわらず、西側と東側はブロックとして認識されかつブロックとして十分に機能した。例えばCSCEでは、西側ブロックの提案として西側参加国の名前が提案に列記され、東側もまた同様であった。

　第三に覇権をめぐる対立である。第一のイデオロギー対立、第二のブロック対立に相まって、東西両ブロック以外の諸国は東西の争奪対象となった。イギリスやフランス植民地から独立した国が独立後のモデルを英仏ではなく、ソ連や中国に求めることもあった。アジア・アフリカ諸国は東西双方の囲い込みの対象となり、国内対立が東西冷戦に連動した内戦となり泥沼化したこともあった（アンゴラ、ニカラグア、エルサルバドル、ベトナムなど）。1つの民族が分断されたドイツ、朝鮮半島、台湾海峡ではその分断が固定化され、分断線の向こう側の民族的同胞を仮想敵国としてとらえた対決型の体制作りがなされた。そ

の結果、特に西側では国内冷戦が発生し、例えば日本では自民党対社会党・共産党といった冷戦的政治が生まれた。フランスの社会党や西ドイツの社民党（SPD）は、社会主義政党ではなくソ連のアフガニスタン侵攻を厳しく指弾するなど安全保障政策においては保守政党とあまり変わらないものの、（反共産主義を掲げる社会民主主義の）社会主義インターナショナルに加盟しソ連との関係は比較的良かった。またこれらの政党は、ソ連と対決するよりも関与する外交をとることが多く、例えば西ドイツのSPDの首相ブラントやシュミットは「接近による変化」を目指してソ連と国交を回復し、数々の外交的成果を挙げた。経済面では西側ではドル決済が主流となり、東側ではバーター貿易と機能分業が盛んにおこなわれた。東側ではコメコン体制下で諸国の経済システムが統一化されていき、例えば路面電車はチェコの車両がポーランドでも北朝鮮でもみられ、モンゴルではソ連の白ロシア（現在のベラルーシ）で製造されたバスが走った。

　覇権は政治や経済にとどまらない。アメリカは、アフガニスタン侵攻に対する制裁措置として1980年のモスクワ・オリンピックのボイコットを行った。そしてそれを西側各国に強力に呼びかけた。「スポーツと政治」の関係性の議論を惹起しながら日本もまたそのボイコットに政治的に賛同せざるを得なかった。ロサンゼルス・オリンピックではソ連をはじめ東側諸国が対抗ボイコットを行った。東側の中でも独自路線をとったチャウシェスク体制のルーマニア選手団が1984年のロサンゼルスオリンピックの入場行進で国名がアナウンスされたとき会場で一層大きな拍手がおきたのは、冷戦の論理の裏返しであった。

(3) 米中冷戦 ver.1.0

　欧州を最前線とする米ソ冷戦と異なり、米中冷戦は1949年の中国革命と1950年から53年の朝鮮戦争、1957年から翌年にかけての数次の台湾海峡危機をもたらした。アメリカは中国革命の前、第2次国共内戦において蒋介石の国民党政権を支援していた。国民党政権が当初優勢でありながら民心が離れ、次第に劣勢に追い込まれていった過程をモーゲンソーは次のように現実主義的に批判する。

「1946 年のマーシャル元帥の工作には、戦後数年米国の政策全般の根底にあった国民党の弱点の過小評価が同様にあった。その工作には、中国共産主義の性質に対する誤解によって、過小評価に拍車がかかった。それは二つの誤った前提に基づいていた。一つは、中国の共産主義は実際の心の底では農業改革者であって、マルクス主義のスローガンを用いているがそれを信じているわけではない、という前提である。もう一つの前提は、国民党政府に対して有能で信頼に足る政府機関だという間違った信頼を置いたことである。実際には、すでにその時点で、将来のための有効で誠実な実行を期待して、蔣介石と取引をすることは不可能になっていた」（モーゲンソー 1951＝2021：180）

　こうしてアメリカはアジアの冷戦において、人心掌握に失敗し、毛沢東の中国を見誤ったといえよう。またアメリカが政治的に民主主義をアジアで伝導しようとした結果ベトナムでも失敗をみた。再びモーゲンソーを引用するならば「共産主義の成功は、生活経験において平等、特に経済的平等の要求を自由よりも優先する一部の人々に限られている。一方、民主主義はアジアでは敗北した。なぜなら、民主主義の魅力は、アジア諸民族の生活経験とはかけ離れていたためである。アジア諸民族が望むのは、西欧の帝国主義からの解放や、経済的改善という意味での社会正義である。民主主義イデオロギーがアジア諸民族の生活経験と矛盾している限り、民主主義の闘いがうまくいく可能性はあるのだろうか？（中略）インドシナの人々に民主主義の福音を説きロシア帝国主義の邪悪さを訴えても、民主主義の城砦が西欧帝国主義の最後の前哨基地のひとつと結びついているという彼らの生活経験に打ち勝つことはできないのである（同 185）」。冷戦期において民主主義規範の伝播は、現実的な文化理解の壁によって遮られ、アメリカ外交の看板政策はアジアでは有効に機能しなかった。
　米中冷戦は、COCOM（対共産圏輸出統制委員会）の中国版ともいうべきCHINCOM（対中国輸出統制委員会）のように技術的な封じ込めも伴った。文化面でも冷戦は深刻であった。日本ではロシア語を学ぶのは共産主義に通じるという偏見が、日中交樹立前は中国語学習にもあてはまったという。日本は

日米安保体制のもとで大陸中国への接近が遅れ、国交正常化前に LT 貿易（中国代表の廖承志と日本の民間代表である高碕達之助による協定の形をとる）によって中国との貿易が拡大しはじめるのは、中華人民共和国建国から 13 年の後、1962 年まで待たねばならない。

　台湾の蒋介石政権を正統政権とみなしていたアメリカは、統合参謀本部が1950 年代後半の台湾海峡危機において限定核攻撃計画を立案し、対岸の厦門周辺の軍用飛行場 6 ないし 8 箇所への核攻撃を検討していたという。また台湾にアメリカは核を 1974 年まで配備していたことが 1999 年に公開されたアメリカ外交文書で明らかになっている [13]。加えて 1964 年には、ジョンソン政権が中国の核武装阻止のため、中国の核施設に対する空爆や、ソ連との共同攻撃さえ検討していた [14]。

　こうした米中冷戦・日中無条約関係をよそに、香港を抱えるイギリスは、いち早く 1950 年に中華人民共和国を国家承認していた。この外交関係樹立によりアジアの冷戦は、複雑な様相を帯びた。加えて 1960 年代に顕在化した中ソ対立は、当初はスターリン批判、キューバ危機、「プラハの春」などをめぐるイデオロギー論争にとどまっていたが、1969 年の中ソ国境における軍事衝突により軍事的対立に変移した。ここに米中ソ三極という時代観が生まれ、分析枠組みとしての戦略トライアングルが考察された。すなわち冷戦後期は政治的には二極ではなかったのである。1970 年代からは EC（欧州共同体）、日本を含めた多極の時代という表現も用いられるようになった。このように二極から多極へ移り変わっていったが、軍事的側面では米ソ二極構造は大まかには維持された。そして米ソの対立は顕著であったが、英中関係や中ソ関係のように冷戦の文脈から外れた外交もみられた。

　20 世紀の第 1 次冷戦は、3 つの対立を伴い深化しながらも分極化していった。

13）　1957 年の第 1 次台湾海峡危機直前にアメリカは地対地ミサイル「マタドール」を配備し核を搭載した。『毎日新聞』1999 年 5 月 15 日。
14）　『毎日新聞』1997 年 4 月 7 日

(4) 冷戦 ver.2.0

　ウクライナ侵攻の誘因となったのは、欧州の国際政治の断裂である。弱体化したロシア（ソ連）撤退後の「力の空白」を埋めたのは、東方拡大した NATO であった。これに対抗するプーチンは、現状打破勢力としてロシアを改造しようとした。1990 年代にみられたロシアと NATO の間の協力関係が継続せず、また汎欧州の地域機構である OSCE が十分に機能しなかった 1 つの背景には、米露間の冷戦がある。ここでは冷戦 ver.2.0 の定義、20 世紀の ver.1.0 との比較、戦略的観点をふまえつつ考察し、ウクライナ侵攻に到る外交と制裁が失敗するべくして失敗した構造的理由を考える。

　1947 年に X 論文を『フォーリン・アフェアーズ』に寄せソ連の行動の源泉に拡張主義があることを訴えたジョージ・ケナンは、1998 年にアメリカ上院が NATO の第 1 次東方拡大を 80 対 19 で承認したことに対して、次のように述べていた。「それ（NATO の拡大）は、新たな冷戦の始まりであると思う。ロシア人は強く反発するだろうし、ロシアの政治にも影響を与えるだろう。それは悲劇的な過ちだ」[15]。ケナンは冷戦の再来を予言していた。

　その予言をなぞるように、2022 年のウクライナ侵攻後の世界を冷戦型としてとらえる専門家が増えている。ウクライナにロシア軍が侵攻し始めたため、「熱戦」の側面が強いものの、それ以前からの冷戦の延長線上にあり、また NATO が直接参戦していない以上、冷戦初期の朝鮮戦争と類似の構図（一方の大国が参戦）を看取できる。ここにこの時代を冷戦と呼ぶ余地を見出すことができる。たとえばフィルダーは「冷戦 2.0」と呼ぶ（Filder 2022）。またヤルディニは、2022 年 3 月にロシアのウクライナ侵攻は第 2 次冷戦の一環であり、スタグフレーション圧力と反グローバル化が進むと指摘した（Ed Yardeni 2022）。同じく 3 月にはロシアのタス通信は、西側が「第 2 次冷戦」を始めようとしていると指摘している。そして日本でも田中明彦は国際政治が「冷戦型」に移行したとする。

　それでは、第 2 次冷戦は、いつ、どこで始まったのか。米露と米中に分けて

15）　*New York Times*, May 4, 1998.

概観しよう。

米露冷戦 ver.2.0

　後述するように米露冷戦の契機が 1990 年代にあったにせよ、明確に協調から対立、そして冷戦に転化した最初の動きは、2008 年のジョージア戦争（グルジア戦争）であろう。その伏線となったのは、2007 年 1 月にポーランドとチェコに MD（ミサイル防衛）を設置する方針をアメリカが発表し、そして 2008 年 4 月に NATO ブカレスト首脳会議においてウクライナとジョージアの参加が「容認」されたことであると指摘される。これに対してロシアはジョージアの NATO 加盟を阻止するため、ジョージアを政治的に交戦国家として西側にみなさせる必要があった。山内昌之（2014）は、2008 年のジョージア戦争から 2014 年のクリミア占領、そしてシリア内戦以降を「第 2 次冷戦」と定義する。

　筆者は、ジョージア戦争後の米露関係の緊張が一定程度に抑えられ、G8 のような国際レジームにおいて米露双方が定期的に対話していたことに注目する。メドベージェフ・プーチンのタンデム期は、オバマ――メドベージェフ関係は比較的良好であり、副大統領バイデンが米露関係の「リセット」を唱え、新 START 条約が締結された。2010 年のウクライナ大統領選挙では地域党ヤヌコビッチが当選しロシア・ウクライナ関係も改善した。

　ロシアが G8 の参加停止に追い込まれたのが 2014 年であり、その理由はロシアによるクリミア占領であった（ただし米共和党のマケインのように 2008 年の時点ですでに、人権問題を理由にロシアを G8 から排除するよう求めた例もあった）。それゆえ筆者は、欧米とロシアは冷戦 ver.2.0（あるいは「第 2 次冷戦」とも　宮脇 2021a：212-）に入った分水嶺を、2014 年としたい。

　その後、2014 年の新露派勢力によるウクライナ上空におけるマレーシア航空の撃墜事件によって西側の世論は一層硬化した。それでもトランプ政権はロシアへの反発を一定程度に抑えており、2017 年 7 月、2019 年 6 月の二度にわたりプーチンと首脳会談を行っている（後の 2022 年 2 月、トランプはプーチンを「天才的」として称賛し、さらに自分が大統領であればウクライナ侵攻は避けられただろうとした）。冷戦という観点からトランプは、米中冷戦のほうにかかりきりであった。EU 諸国もまたロシアとの距離感は多様であり、メルケル政権のド

イツは、二度にわたるミンスク合意をもとにプーチンと関係を模索しつづけていた。ノルト・ストリーム２の竣工も間近に迫っていた。こうした宥和的政策は、クリミアとウクライナ東部を占領したロシアと親ロシア勢力に対して誤ったメッセージを送ったといえよう。

米露は双方の「陣営」の協力を得るととともに引き締めを図っている。同盟国に対する二次制裁（後述）はその最たるものであり、陣営の結束を高めている。

2022 年のウクライナ侵攻後、6 月の首脳会議において NATO は、スウェーデンとフィンランドの加盟を認めた[16]。また 2010 年以来の戦略概念の改定により、ウクライナを侵略したロシアを事実上の敵国と認定したとともに、中国についても欧米への「組織的な挑戦」を突きつけていると初めて明記した。NATO は再び冷戦的な同盟運営に転じたといえよう。

米中冷戦 ver.2.0

興味深いことに、クリミア侵攻の翌年、2015 年のアメリカの国際政治学界の調査では、米露の戦争と米中の戦争のいずれが勃発する可能性が高いか、という問いに対して、前者のほうが後者を上回っていた。しかし日本では米中冷戦のほうにより関心が高まっていた。　『米中新冷戦』を冠する書が日本で世に出たのは 2021 年であり、NHK が同じく「米中新冷戦」を放映したのも同年であった。折しも、香港や新疆ウイグル自治区の問題が米欧から焦点化され、さらにトランプ政権時代の米中貿易戦争により両国の経済的対立は激化していた。トランプ政権は、中国の南シナ海進出に加えて、北極圏進出への懸念を表明し（南シナ海化への懸念）、グリーンランド購入構想まで提起することとなる。日本の安倍政権が唱道した FOIP（自由で開かれたインド・太平洋）構想やアメリカが主導した QUAD（日米豪印戦略対話）は、中国からすれば対中包囲網の形成に映ったことは想像に難くない。現実に QUAD の一角をしめるオーストラリアでは、2020 年からコロナ禍の政治的批判を中国に向け、それに対抗する中国がオーストラリア産の石炭、農産物、ワインなどの輸入停止に踏み切った。

16）　この点について、本書所収の座談会における稲葉千晴氏の解説を参照されたい。

ただし中国は「冷戦」という用語法を一貫して否定している。これはソ連が冷戦という用語を西側のプロパガンダとして否定していたのと同様である。政治的なレトリックは社会主義的な政治文化を引き継いでいるといってよい。

　2022年2月4日、プーチンと習近平は北京での会談で、欧米中心の世界の秩序を終了させることで合意している。そしてSCO（上海協力機構）の首脳会議で再会した2人は、ウクライナ侵攻に対する強い西側からの批判を意識した習近平がプーチンを少し距離をおきつつも、両国の関係強化で合意したといわれる。その背景には2022年9月にアメリカのペロシ下院議長が台湾を訪問し、中国による日本のEEZ（排他的経済水域）をも含むミサイル実験にみられるようにアメリカに対する厳しい反発があり、中露の「結束」を強めることとなっている。

第1次冷戦と第2次冷戦の共通点

　先述の20世紀の冷戦と21世紀の現下の冷戦には、興味深い共通点が3つある。

　第1に、米露（米ソ）と米中の2つの冷戦の始まりには、時間差を伴っていたという点である。20世紀の第1次冷戦は、ギリシャとトルコを念頭においたトルーマン・ドクトリン（1947年）、欧州の経済的支援と囲い込みをにらんだマーシャル・プラン（同年）で始まりベルリン封鎖（48年から49年）に続いた欧州に対して、やや時間差を置いて1948年の南北朝鮮の建国、1949年の中国革命、そして50年の朝鮮戦争へといったアジアというように欧州先行の構図である。よく知られているように、スターリンは、第2次国共内戦の途中まで中華民国政府を正統政権として交渉していたため、アジアの米中冷戦は米ソ冷戦とは別の意図で始まり、1950年に同期したと結論づけることができる。1950年代の中ソ蜜月はこうした状況で生まれた。対して21世紀の冷戦ver.2.0は、米中冷戦が先行し米露冷戦が同期したという点では第1次冷戦とは逆である。しかし米中と米露の双方の冷戦が時間差をおいて始まったという構図は共通する。

　第2に、「熱戦」についてである。1950年の朝鮮戦争開戦により冷戦が「熱戦」となったと表現された。直接の大国の武力衝突を伴わないはずの冷戦であ

ったが、大国アメリカが国連軍として直接参戦したことにより、対立レベルが変化した。ただし中国は「人民義勇軍」として中途参戦したにとどまり、ソ連は北朝鮮に戦闘機などの軍事援助をしたにとどめ、非公式の戦争関与であった。これはウクライナ侵攻においてロシア軍が全面的に介入しているのに対してNATO軍が武器供与などを通じて間接的にウクライナ軍を支援しているのに極めて類似する構図である。2つの「熱戦」ともに、一方の大国が全面的に関与し、他方の大国は非公式に軍事的に関与している。

第3に、東西・米露（米ソ）の相互依存と制裁の限定化である。20世紀の「新冷戦」の契機となった1979年のアフガニスタン侵攻の直前、米ソ貿易も西ドイツ・ソ連貿易も拡大傾向にあった。1972年の米ソ貿易協定、76年の米ソ穀物協定によりアメリカから毎年最低600万トンの穀物（小麦、トウモロコシ）を輸出する約束を交わした（山本 1982：82-83）。当時、農業生産の恒常的低迷に悩むソ連に対して、穀物がアメリカの対ソ・バーゲニング・パワーになったとさえ評された（山本 1982：93）。西ドイツの対ソ貿易高は、ソ連との国交樹立直後の1970年には28億DMであったのが1978年には117億700万DMにまで急上昇した[17]。同時に東側諸国の対外債務（そのほとんどは西側諸国）額も急増し、ソ連の1977年の債務額は74年の2.2倍に達した[18]。現在よりも、米露・欧露双方ともに相互依存度が小さいにもかかわらず、アフガニスタン侵攻は行われた。そしてアメリカの数次にわたる対ソ制裁に対して欧州諸国は先述のように面従腹背の姿勢をとった。米欧同盟の分裂を避けるためアメリカは欧州同盟国に対する強い「指導」を避けたものの、フランス企業「ドレッセ・フランス」社（米ドレッサーズ・インダストリーズの子会社）がガス・コンプレッサーをフランス政府の指令をうけてソ連に引き渡したのに対して、同社がアメリカによる二次制裁の対象となったこともあった（山本 1982：109）。

対してウクライナ侵攻も同じような構図を浮き彫りにしている。先述の通りアメリカは対露制裁を矢継ぎ早に実施し、欧州諸国もそれに倣っているようにみえる。しかし現実にはロシアの資源依存度が高い諸国ほど、その対応策に苦

---

17)　Office of Technology Assessment（1981：178）の表より。なお当時のレートでは、1 DM ＝約108円（1978年の代表値）である。

18)　Ibid.,p.48.

慮し、制裁の「抜け駆け」が垣間見える。日本は2022年3月にロシアからの石炭の輸入を削減しロシア依存6品目について輸入多角化の方向性を岸田政権が指示したものの、国内ガス消費量の8％を占める「サハリン2」のLNG（液化天然ガス）輸入を止めることができないでいる。戦況やアメリカの国内政治の動向次第では、アメリカによる2次制裁の対象となる可能性もある。制裁は全面的にみえて現実は限定的であり、それは第1次冷戦と第2次冷戦の共通点をなしている。

第2次冷戦の3つの対決構図

第1次冷戦と第2次冷戦の共通する構図は、国際関係の「冷戦化」の1つに過ぎない。冷戦化の特徴である、規範（イデオロギー）と陣営間対立の2つの観点から、21世紀の冷戦化の構図をみてみよう。

ウクライナ侵攻の言説で登場するいくつかの用語は、第1次冷戦を参照している。ゼレンスキーは、ウクライナ侵攻直後、イギリス議会に対して行ったオンライン演説（2022年3月8日）で、「第3次世界大戦」「鉄のカーテン」という表現を用いた。「第3次世界大戦」についてはバイデンもプーチンもまた引用するキーワードとなっている。現実にその危険が高まっていることは言を俟たないが、大戦の勃発可能性を引き合いにして相手や国内を牽制しようとする政治は、筆者が冷戦民主主義と呼ぶ（宮脇 2021a）ものである。すなわち、冷戦が支配の正統性の原理となり、絶えず敵との対立が全層に潜み、かつ絶えず第3次世界大戦の危険が横たわっている。こうした非常事態を政治的に作り上げることにより、社会的緊張を持続させて民主主義の選択肢を減らし体制を安定化させる政治が冷戦民主主義である。

プーチンは、2022年9月21日のテレビ演説において、ウクライナ戦争の主敵はウクライナではなく同国を支援する米国を中心とした西側連合であるとの認識を示した。「一部の西側エリートたちの攻撃的な政策について話します。西側エリートらはあらゆる手段を使って支配を維持しようとし、そのために、他の国や民族に彼らの意思を押し付け続け、偽りの価値を移植するために、あらゆる主権的独立的発展の拠点を妨害し封じ込めようと試みています。この西側の目的は、わが国を弱体化させ、分裂させ、最終的には破壊することです。

彼らはすでに、91年にソ連を分割することができたので、今度はロシア自身が致命的に敵対する多数の地域と領域に分解する時が来たと直接的に言っているのです。」（佐藤優2022の訳による）。こうした見解は、ロシアが深い冷戦民主主義に陥っていることを暗示する。

　一般に規範は、当該規範に反する言動を排除する力学を生む。ロシアが各国からの入国拒否リストを公表し、ウクライナが「ロシアのプロパガンダ拡散者」としてアメリカの現実主義者ミアシャイマーを指定するなど、双方ともに規範にもとづく人的排除はエスカレートしつつある。この人的関係における2項対立的な「色分け」は、第1次冷戦のイデオロギー対立がアメリカの「非米活動委員会」による公的調査の結果としての「赤狩り」や、ストリートレベルでの社会運動が冷戦化した（例えば、「アメリカ＝悪」という単純な政治構図の形成）ように、第2次冷戦ではSNS上で非妥協かつ無謬の論理として拡散されつつある。その1つが民間人や民間企業による制裁、すなわち「民の経済制裁」（pirvate-level sanction：PLS）である。

　20世紀から今世紀にかけてPLSは進化してきた。第1世代は、国際消費者運動としてのボイコットであった[19]。第2世代は、中国の反日暴動（尖閣諸島をめぐる日中対立時）のように官製色の濃い民の制裁（官民共同制裁、宮脇2017：37）であった。戦術として「する」「しない」の選択肢と、正統性の源泉を国際規範と国策の2つに分類するならば、前者は、不買運動のように「しない」×国際規範の組み合わせであり、後者は「する」×国策の組み合わせであった。しかしウクライナ侵攻を契機に、第3世代のPLSが現れている。すなわち戦術面では、「する」「しない」を横断し、正統性は国際規範と国策にまたがっている（図1-3参照）。これをPLSの全能化と呼ぶ。まず「しない」こととしては、欧米資本のロシア撤退やスポーツ制裁、果てにはウォッカの不買運動やロシア人に対する宿泊拒否（日本ではその措置は撤回された）に至り、手段は豊富化した。「する」ことでは、ハッカーによるロシア・ベラルーシへのサイバー攻撃、オシント集団による戦場の情報漏洩（拡散）がある。アメリカの現職議員がプーチン殺害を望むことを示唆するなど、PLSの方途は一気に多様化・過激化

19）　例えばCTBT採択を前にした1995年、フランス地下核実験に抗議するフランスワインやフランスベッドのボイコットは、第1世代のPLSと呼べる。

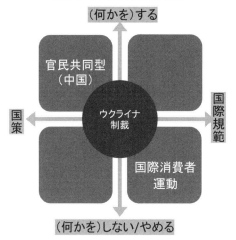

図1-3　3つの世代の経済制裁

（何かを）する

官民共同型
（中国）

ウクライナ
制裁

国策

国際規範

国際消費者
運動

（何かを）しない/やめる

（出所）筆者作成。

した。

　しかし全能化したPLSは、矛として全方位性を有するがゆえに、自らに刃（やいば）を向けることとなりうる。すなわち、ロシアに対するPLSは、あまりにも普遍的な方法と規範に基づいているため、ブーメランのように戻ってくる。例えば戦争犯罪に対して、PLSがロシアを批判するとき、ICC（国際刑事裁判所）に加盟しないアメリカ等にもいずれ批判の矛先が跳ね返ってこよう。原発を踏み荒らしたロシア軍への批判は、いずれ311の記憶等と相まって反原発の世界的流れを助長する。そうした批判的潮流を民主主義諸国が国策として押しとどめることは難しい。この点が、第1世代のPLSと異なる「矛」の強さであり、第2世代のPLSと異なるコントロールのなさ（凧糸がきれた凧）である。むろん、第3世代のPLSも、第1世代、第2世代同様に共時性が強いだけに持続性には難があり、対象を絞るために一貫性に欠ける（1995年、国際世論はフランスの核実験に強く反対したが中国の核実験にはほとんど沈黙した）という陥穽から免れぬことは、想像に難くない。過剰な「民の制裁」により、矛ばかりで盾のない中、冷戦がストリートレベルに深化し言論空間は自由を失っていく。

　他方で米中冷戦ver.2.0も規範的なからくりを内在させている。2021年12月、

バイデン政権が主催した「民主主義サミット」(Summit for Democracy) の開催に中国は猛反発し、「米国の民主主義は大量破壊兵器だ」と非難した。このサミットは権威主義国への対抗を目的に米国が開催し、中国、ロシア、ハンガリー、シンガポールなどは招待されなかった。中国の対米非難において東西冷戦時代のイデオロギー分断と「カラー革命」をバイデンが煽り、「イデオロギー的偏見に基づいて線を引く」として糾弾したことは注目に値する。これはアメリカの冷戦型の二項対立的思考を批判したものであるが、中国もまたこうした批判の激しさが二項対立的な政治にからめとられ、友敵関係を先鋭化することに気づいていないわけではない。こうして言論は二分化され、20世紀の冷戦同様に硬直化した。

　こうした対決構図は、各国国内に始まり「陣営化」しつつある。もともとカラー革命を批判していたのは、ロシアであった。2004年のオレンジ革命（ウクライナ）に西側が関与していると批判したのはプーチンであり、カラー革命波及のおそれがプーチン体制の支持を逆に倍加させた（下斗米 2020：135）。カラー革命を共通の敵とするのは、権威主義諸国である。SCO は、国境の管理、対テロ集団という共通の課題をもとに結成されたが、次第にカラー革命に対抗する政治軸を打ち出すようになった。SCO が選挙監視団を結成して相互に選挙監視をするようになったのは、西側の影響力が強い OSCE への対抗があると考えられる。21世紀において国内政治体制の冷戦化のためには、選挙監視という道具を上手に利用せねばならないと指導者たちは気づいている。

　直接にウクライナ侵攻と関係が薄い争点にも冷戦的発想にみられる対決の構図が拡がっている。たとえば日露関係において北方領土のビザなし交流は1992年以来元島民等を対象に行われてきたが、2022年9月にロシア側が明確に停止を言明した。

　陣営間の対立は、第1次冷戦の時と同様にいずれ世界制覇をめぐる対立へと昇華する。すでにロシアは友好国への資源輸出を安価にする方針を示しており、非友好国との関係悪化は避けられない。第1次冷戦において両陣営の中間地帯にある地域で地域紛争が勃発したのと同様に、第2次冷戦ではウクライナ、中東、インド洋、東南アジア、朝鮮半島などの地帯が不安定化するであろう。

　第1次冷戦と第2次冷戦の比較を表にしたものが表1-1（49ページ）である。

表 1-1 冷戦 ver.1.0 と 2.0 の比較

	ver.1.0（1946 年頃〜 1989 年）	ver.2.0（2010 年代から）
主要な対立国	アメリカ対ソ連 アメリカ対中国（1971 年まで）	アメリカ対ロシア アメリカ対中国
冷戦開始の契機	東欧のソ連支配（ソ連膨張論） 中国革命	ジョージア戦争、クリミア占領 中国の海洋進出、OBOR
対立軸	イデオロギー、勢力圏、軍事的覇権	言説、政治体制、勢力圏、経済的覇権（サプライチェーン）
初期の展開	欧州：東側による現状変更に対する西側の封じ込め、ベルリン空輸 アジア：朝鮮戦争	欧州：ウクライナ侵攻 アジア：A2AD 対 PDI
中期の展開	ベルリンの壁、ハンガリー動乱・プラハの春、東南アジア（ベトナム戦争）・アフリカ・中南米への拡大、キューバ危機以降の米ソコンドミニアム、核開発競争、米中冷戦の終わり、人権外交	［予想］ ウクライナ、インド洋、東南アジア、朝鮮半島の不安定化
後期の展開	アフガニスタン侵攻と制裁、オリンピックボイコット合戦、SDI 構想、新思考外交、ベルリンの壁崩壊、東欧革命	［予想］ 米中冷戦と米露冷戦の同期はいずれなくなり、2 つの冷戦は同時には終わらない
ゲームチェンジャー（重要な転換方法）	非同盟、第三世界、地域統合、危機・内戦・革命、地域紛争、人権・環境といった規範	内戦・カラー革命
経済的な対立軸	ドル決済対バーター貿易 金・ドル本位制とブレトンウッズ体制対コメコン体制	SWIFT 対人民元決済システム EU 対 EEU IPEF 対 RCEP
期間の長さ	中長期（20 〜 45 年）	［予想］短中期
主たる地政学的対立	翡翠の道＝東欧のソ連支配 朝鮮半島	翡翠の道の境界線のウクライナ 西太平洋とインド洋の海洋秩序
特徴	イデオロギー・言説の二項対立、陣営間対立という 2 つの対立 欧州冷戦とアジア冷戦のいずれかが先行し後に同期する 相互依存と制裁効果の限定 一方の大国が直接関与する危機・内戦→勢力圏の確定 第 3 次世界大戦の回避	

（出所）筆者作成。

（4）冷戦間期という時代設定の意義

　それでは、第 1 次冷戦と第 2 次冷戦の間は、何と呼ぶべきであろうか。1990 年代は「冷戦後」の時代であり、「ポスト・ポスト冷戦」という言葉さえ用い

られるほど流動的な時代認識を共有していた。それでも大国間協調、それに基づく多くの国際制度が軍縮から経済にいたるまで充実し、国連の機能に再び期待が集まり、地球環境などの人類共通の課題に政策的に取り組める政治環境が整った。1990 年代の米露関係はおおむね協調的であり、その恩恵を受けてNATO は、共通の敵がないにもかかわらず安定装置としての機能に期待されて地理的に拡大し、また NATO に加盟しない国々も OSCE や ARF（ASEAN地域フォーラム）といった「協調的安全保障」の枠組みをつくって安定を手に入れることができた。もはや仮想敵国という考えが必要とされない時代がきたかのように思われた。しかしそれは長くは続かなかった。

米露は 911 テロに際して、テロ勢力という共通の敵を発見し、短い間ながら米露協調の時代が訪れた（下斗米 2020：96）。プーチンは 2000 年の大統領就任当初、米露関係を良好なものにしようと考えていたが、2003 年のイラク戦争におけるブッシュ・ドクトリン、すなわち単独行動主義にもとづく先制攻撃論を警戒し、またライス大統領補佐官らによる「大中東構想」が（ロシアの南隣に位置する）中央アジアも射程に収めているのではないかと警戒した（同）。

第 1 次世界大戦終結から第 2 次世界大戦までの時代は、「戦間期」（inter-war period）と呼ばれる（斎藤 2015）。「危機の二十年」（E・H・カー）とも呼ばれた。そして第 2 次世界大戦後は冷戦期であった。キューバ危機にみられるように一触即発の危機が連続し、それは、核の「恐怖の均衡」を含む「危機の四十五年」であった。冷戦終焉後の 1989 年以降の世界が危機から縁遠いかといえば、北朝鮮の核実験など北東アジアの危機はもちろんのこと、ユーゴ内戦、アジア経済危機とリーマンショックが次々と起こり、別々の危機が連続した（宮脇 2021a：196）。2010 年代には「アラブの春」の失敗、EU の難民危機とイギリスのブレグジット、大国ロシアの復活とクリミア占領、海洋領域や貿易における米中対立等、危機の存在は枚挙にいとまがない。この観点から、学界で現代を「危機の 20 年」「危機の 30 年」と呼ぶ動きがある。米ソ冷戦の 45 年間の危機とは異なり、1990 年代以降の危機は、戦間期の危機に類似して、前半に国際的な制度化の波が訪れ後半に制度化の限界が露呈するサイクルを見せている（次項参照）。そして 2014 年以降は米中冷戦と米露冷戦が同期する第 2 次冷戦に入った。たとえば地球は現在、氷河期と氷河期の間の「第 4 間氷期」である

とされるが、それに倣うと、1989 年から 2014 年までは「冷戦間期」（inter-cold war period、「間冷戦期」とも）と呼べる。

　類似の表現として、コンノリーは、ウクライナ侵攻までの 30 年間を「幸せな 30 年間の戦間期」（inter-war period as happy 30 years）（Connolly 2022）と表現し、町田幸彦も「戦間期」と呼ぶ（町田 2022）。以下、第 3 節では冷戦間期の国際政治にウクライナ侵攻の誘因を 3 つ見出したい。

4　冷戦間期の国際政治の 3 つの誤算

(1) NATO 拡大の誤算

　NATO の東方拡大は、1999 年、2004 年をはじめ数次にわたって行われた。1991 年にエリツィン（当時ソ連内のロシア連邦大統領）は NATO 加盟の希望を示唆し、1993 年にロシアのコズイレフ外相は NATO 加盟の希望を一時示唆したが、NATO は黙殺した。それがエリツィンの「冷たい平和」（Cold Peace）の発言（1994 年 12 月）を呼ぶこととなる。「冷たい戦争」が終わってわずか 5 年後のことである。

　しかしロシアが恐れる NATO もまた、戦後、本来の任務であるはずの集団的自衛権の行使による軍事行動を行っていない。ボスニア空爆、ユーゴスラビア空爆、マケドニアへの派兵、アフガニスタンの進駐は、集団的自衛権によるものではない。NATO 結成 50 周年の 1999 年に発表した「新戦略概念」によるミッションが冷戦後の柱である。

　対して、ロシア側の勢力圏（「近い外国」）の発想は変わっていない。1990 年 2 月にゴルバチョフ・ベーカー会談でベーカーが「もし米国が NATO の枠組みでドイツでのプレゼンスを維持するなら、NATO の管轄権もしくは軍事的プレゼンスは 1 インチたりとも東方に拡大しない。そうした保証を得ることは、ソ連にとってだけでなく他のヨーロッパ諸国にとっても重要なことだ」と語ったという [20]。この発言がその後の解釈の間隙を生んだ。たとえこの発言がアメ

---

20)　「1 インチ発言」については、志田淳二郎［2020］,『米国の冷戦終結外交 ——ジョージ・H・W・ブッシュ政権とドイツ統一』有信堂高文社が詳しい。

リカ側の一方的な発言であったとしても（すなわちソ連との間の明確な合意でないにせよ）、それは広義の「約束」に含まれよう。 結果的に、NATOとロシアの間で古典的な安全保障のジレンマを再来させることとなる。現実主義者がワシントンDCで政策決定していれば、ウクライナ侵攻が回避されたであろうとする論拠である。1993年からのクリントン政権における東欧系のオルブライト（国連大使、後に国務長官）による外交政策を批判し「ワシントンやキーウ（キエフ）がリアリストの政策提言を受け入れていれば、NATOの不拡大によりヨーロッパの国際協調は保たれたのみならず、ウクライナがロシアの侵攻を抑止できた可能性さえある」とするのは現実主義を研究する野口（2022）の金言である。

　ブッシュ政権の大統領補佐官ライスもまた、「ロシアがウクライナを失うのは、アメリカがテキサスやカリフォルニアを失うようなものだ」と、ある種の理解を示した（ライス 2013：357）。

　アメリカでも勢力圏は政策概念となっている。モーゲンソー（1951=2022）は、勢力圏をアメリカの国益に不可欠のものとして考えていた。例えば、C・シュミットのグロースラウムの概念は、直接支配を避け、代わりに干渉権を正当化するものであるが、モンロー主義のアメリカなどが例とされる[21]。レーガン政権のワインバーガー国防長官は1982年に「沖縄はアメリカのアジアの勢力圏であり、在欧基地はアメリカの欧州での勢力圏である」と語っていた。アメリカもまた平和的手段以外の手段で介入してきた歴史がある。チリのアジェンデ政権をクーデタで倒し（1974年）、キューバ革命後のカストロ政権をCIA部隊の上陸により打倒しようとした（1961年）など、枚挙にいとまがない。たとえば冷戦期にカナダがNATOを脱退しワルシャワ条約機構に自由意志で加盟しようとしたならば、アメリカはその意思を尊重するだろうか。

　試されない同盟としてのNATOは、勢力圏的発想をもとにした冷戦的な任務とは異なり、冷戦後は域外派兵により同盟を強化する。1999年のNATOのユーゴスラビア空爆、2000年のマケドニア派兵は、域外派兵であった。それゆえにNATOがウクライナに介入しないのは、同国が非加盟国であるためで

21）　グロースラウム理論については、古賀（2003）が詳しい。

はなく、ロシアとの核戦争（第3次世界大戦）を回避するためだと理解されるのが通常である。同時に考えねばならないのは、アメリカの民主党政権の政治的レジリエンスの弱さである。アメリカの世論の激昂により「道徳型」外交から「覇権型」外交への急転換してきたのが民主党外交であった。いわゆる「引きずられ介入」の可能性は、民主党政権のほうが高い（宮脇 2021a：213）。

　西側とロシアの双方の政策の違いには、安全保障秩序観の違いが横たわる。原理的に各国の権利としての安全保障制度・同盟としてとらえるべきなのか、それとも地政学的考察を用いて考えることは不可欠なのであろうか。日英同盟は地政学的意味を強く有していたがゆえに締結され、そして解消された。日米同盟は日本が敗戦したがゆえに成立したものであり、それはアメリカにとって地政学的意味をもった。ロシアのNATO加盟の希望をNATOが一蹴したのは、大国ロシアが加盟することへの恐れであるとともに、ロシアが抱える内的不安定の兆候と地理的に接する諸国の多さ（北朝鮮から東欧まで）にも依っている。プーチン的な理解（ロシア・ウクライナ一体論）にはあまりに違和感があるとはいえ（本書のコラム参照）、勢力圏論や地政学的理解を無視した議論もまた長期的な安全保障論として有効ではないであろう。

(2) 軍備管理・軍縮交渉など制度論

　冷戦間期に合意された欧州の軍縮枠組みは、ロシアのウクライナ侵攻で機能停止に追い込まれた。しかしそれは最後のとどめであって、それ以前から機能停止は進んでいた。現実主義者モーゲンソーは、かつての「戦間期」（第1次大戦と第2次大戦の間の期間）のうち1920年代をpactomania（協定狂）の時代と呼んだ（モーゲンソー 1951=2022）。それは、1987年のINF（中距離核戦力）全廃条約、1990年代のSTART（戦略核兵器削減条約）、CFE（欧州通常戦力交渉）、CTBT（包括的核実験禁止条約：未発効）といった軍備管理合意の多産の時期に類する（宮脇 2021b：94、図1-4参照）。しかしその後INF条約は2019年にアメリカの離脱により失効し、対イラク・イランを名目とするTMD（戦域ミサイル防衛システム）、その後NMD（全米ミサイル防衛）を構築するアメリカがABM条約（対弾道ミサイル・システム制限条約）から脱退した（2002年失効）。

図 1-4　大国間政治の変遷

○は始点、●は終点、★は首脳会議

対立

大国間関係

協調

1919　国際連盟
ワシントン
海軍軍縮条約
1922　1930　1938　失効

（雪解け）　NPT
1968

1972　ABM
SALTI
1972

1979
SALTI II

無期限延長
1995

2002

1987　INF条約　　●2019 失効

CSCE
1975　ヘルシンキ

OSCE
1995
★★★　　★★★
ブダヘルリスボンペシンスタト　リスリアボスンタブンール

モスクワ
条約・新
戦略兵器
削減条約
2003

1991
START I　　　（START II）

1945　国際連合

| 第一次世界大戦 | 戦間期 | 第二次世界大戦 | 冷戦 | デタント | 新冷戦 | 冷戦間期 | 第二次冷戦 |

1918　1939　1945　1979　1989　2014　（年）

（出所）宮脇 2021b：94。

1991 年、1993 年の START1 及び同 2 は、START2 の未批准を経て 2002 年に
モスクワ条約（戦略攻撃兵器削減条約）と START4 とも呼ぶべき新戦略兵器削
減条約（2010 年）に引き継がれた。CFE 条約は、1999 年に CFE 適合条約を経
て、西側が適合条約を批准していないとして 2007 年にはロシアが一方的履行
停止、2015 年には脱退を表明した。1990 年代の冷戦後の平和の果実は、2010
年代前半にすでに消えていたのである。

　かつて NATO は、ソ連との軍備管理交渉をしつつ、INF を西ドイツに配備
するという二重決定（1979 年）を下した。冷戦間期も同様にロシアとの協定締
結（北大西洋理事会へのロシアの参加）と数次にわたる東方拡大という背反的決
定により、ロシアを惑わせる意思決定を続けてきた。西側にとって両者は矛盾

しないがロシアにとっては矛盾をもたらすものである。こうした非対称性に気づかないまま、あるいは気づかないふりをしたまま、時間が経過した。

　冷戦間期の国際制度は、大国間協調の産物であった。大国間対立の時代になると、次節で紹介する ACEEEO（中東欧選挙監視団連合、本部ブダペスト）のように国際制度も停滞・崩壊する。これを説明できるのは、現実主義しかない。ウクライナ侵攻後にロシアが欧州審議会を脱退し、ロシアが議長国であった北極評議会もウクライナ侵攻後の 2022 年 6 月から活動停止に追い込まれた。これらは国際制度が従属変数としてとらえられるべきことを説明していよう。逆に OSCE は毎年 12 月に開催されている外相会議を、反ロシアの急先鋒であるポーランド（議長国議長）で 2022 年 12 月に予定通り開催し、ロシア外相はビザ発給を拒否された。G20 と異なり OSCE でも米露の閣僚が同席することはなかった。国際制度の強さもまた試されている。

(3) 民主的平和論の限界

　民主主義国間の平和が定立しやすいと考える民主的平和論（ラセット 1993）は、同時に民主国家と非民主国家の間で戦争が起こりやすいという命題を提示する。この理論にしたがえば、ロシアやウクライナの民主化が徹底されていれば、たとえ NATO が東方拡大しようとも、ウクライナ侵攻は起きなかったことになる。事実、プーチン政権下の大統領選挙は不正が OSCE によって毎回のように指摘され、そして 2012 年以降は選挙前あるいは選挙後にプーチンの再登板に対する抗議集会が大規模に開かれるようになった。ロシアの民主主義指数は、2020 年には 3.31 に低下している。

　これに対してアメリカは、1990 年代に NED（民主化唱道基金）を設立し、東欧を初め世界の民主化を支援してきた。西側諸国にとって民主主義の支援は、市場経済の制度化を支援するのと同じである。CSCE/OSCE は 1990 年のパリ憲章において民主主義を指導原理とすることでソ連（ロシア）を含む全参加国が同意しており、その組織として ODIHR（民主制度・人権事務所）も 1992 年以来ワルシャワに設けられ活動している。民主化支援がたとえ西側諸国の関心が高い政治的事項であるにせよ、ロシアがそれを内政干渉として批判する根拠

はない。国連でさえ「国連民主化基金」によって民主化を推進する道具を有する時代である。アメリカは、先述の「民主主義国サミット」（2021年）で「民主主義対専制主義」という二項対立の構図を掲げ、西側の結束を高めようとした。またワルシャワに本部をおく国際機構「民主主義コミュニティ」（Community of Democracy）は、こうした民主主義諸国の連帯を国際的に組織する。

　その努力にもかかわらず、民主化の波は退潮傾向にあり、ベラルーシをはじめ旧ソ連諸国ではカラー革命への警戒が高いままである。冷戦間期において、ブレストの「東」から民主主義のセットバックが始まった。それはベラルーシでルカシェンコの強権支配が始まった1997年を境にしている。もちろん2004年のオレンジ革命のようなカラー革命によって、民主化自体が政治的争点となっており、民主化勢力と反民主化勢力（権威主義諸国）は世界的に拮抗している。ロシアやウクライナを含むユーラシアにおいて、汎欧州の政治空間であるOSCEは、民主主義を掲げながらも冷戦後の「生まれ変わり」に難儀した。中国はOSCEへのオブザーバ参加を検討していたが、結局のところ見切りをつけてSCOの強化を図った。民主主義の後退はすでに多くの論者が指摘するところである（例えばLevistsky and Ziblatt 2018）。

　民主化によって欧州を平和にすることは、こうして難しくなった。ロシアでは、2000年代に強い主権国家のもとでのみ民主主義が機能するという、主権民主主義の概念が流布された。さらにロシア連邦社会院が2006年に設置された。議会の機能不全に対応するため、職能代表制を彷彿とさせるものであり、ハーストが提唱する「結社民主主義」の具現化ともいえる（栗原2021：128）。

　ただし、たとえオレンジ革命やマイダン革命が民主化支援に名を借りた西側による介入の産物だとしても、軍事的手段で対抗しようとする論理を正当化することはできない。ロシアに残された対抗手段は、規範面では政治的、経済的、文化的手段しかない。むろんこの議論は、現実的には民主的平和のパラダイムから外れている。民主国家のもとでそのような平和的手段をとる政治文化がロシアでは十分に育成されなかったためである。

(4) 冷戦の悲劇　1つの国際機構の解散

　2022年2月に始まったロシアによるウクライナ侵攻は、1つの国際機関を3月に解体させることになった。それは、ACEEEOである。この機構の会議において、ウクライナ侵攻を行ったロシアとその同盟国化しているベラルーシを排除する決議は、会議で3分の2の賛成を得られず半分にとどまった。そのため、半分はその場で会場を去り、残り半分は沈黙を貫いた（ACEEEO 2022）。

　ここにウクライナ侵攻後の世界の冷戦的な本質、即ち敵対と分断、プロパガンダと沈黙がみられる。ここに、ACEEEO事務局長スゾルノキによる解散宣言を紹介しよう（ACEEEO 2022、筆者訳）。

＊　＊

　ACEEEOの設立時（訳注：1991年）に、われわれは30年後に、選挙運営組織が未だ加盟国の独立が挑戦を受ける状況（訳注：ウクライナ侵攻）にあるとは考えていなかった。欧州でさえ、民主主義は衰退しつつあり、偽情報とプロパガンダの大量拡散により専制が拡がっている。政治的圧力、トラスト（信頼）の欠如、安全保障上の懸念についても挑戦を受けている。それゆえ、この困難な時代に、選挙運営組織としてわれわれは、自由、公正、透明性のある選挙を支え相互を扶助するために、団結せねばならない。

　私は、多くの同僚たちが感情的な決定を下したのを見て悲しかった。（ロシア・ベラルーシを追放する決議の）第1回投票の直後にすでに、ACEEEOを去る者もいた。全員に受容可能な解決策を見出すために協働することを拒否したためである。堅実な解答が求められる状況になるまで沈黙を貫く者もいた。これは、まさしく侵略者が欲したことではないか。世界を分断し、組織を分かち、不同意を拡げることだ。

　私たちは、平和、民主主義、選挙のために団結を示し立ち上がられねばならない。多様性こそが、過去30年間のACEEEOの主要な価値の1つであったが、これは今突然にして私たちの運命となっている。

それゆえ、私は、ACEEEO の有意義な遺産が残ることを信じたい。私は、このコミュニティによって推された価値の存在を信じたい。私は、このネットワークが続くことを信じ、知己や同僚たちの無事を信じたい。私は、われら連合が選んだ象徴——ACEEEO の鳥——平和の象徴、民主主義と選挙の象徴が、近い将来に、不死鳥のようによみがえることを信じたい。

　ありがとう！

おわりに

　第 1 次冷戦と第 2 次冷戦の共通性を見出し比較を現時点で行うのは、学術的なある種の勇気を必要とする作業である。同時代を客観的に洞察することが難しいのは言を俟たない。

　20 世紀の冷戦下において、自由主義と共産主義のイデオロギーを延長してすべての事象にあてはめることが流行したが、それに現実的な意味がどれほどあっただろうか。一般にある事象を多角的観点から説明することは十分に可能であり、一面的理解にとどまることは、民主主義を持続させる際には不健全であろう。たとえ単一の正義や善意にあふれていようとも一気に 1 つの方向に議論を向かわせるゲリラ的な民主主義より、冷静な洞察をもとにした言論と政策立案による民主主義のほうが検証可能でありまた長期的には前進しやすい。

　こうした観点から本章では、ウクライナ侵攻前後の世界を冷戦という観点からとらえなおした。こうした大胆な試みは、常に批判にさらされる宿命をはらんでいる。繰り返すように、ある者は 20 世紀の冷戦と現在とは、似て非なるものという。しかしそれは、第 1 次世界大戦と第 2 次世界大戦が似て非なるものであることと同じ程度である。似ているところに比較の意味があり千差万別の事象のなかで共通点を見出し論理的、あるいは科学的に理解しようとするのは学問の務めである。むろん第 2 次冷戦が第 1 次冷戦と大きく異なる点もある。その 1 つとして第 2 次冷戦が「小さな冷戦」であるとする学説がある。この点

の論及は、別の機会に譲りたい。

　筆者は人権と民主主義を研究してきた。その立場から、ウクライナ侵攻が国際法とヘルシンキ宣言に反し、すみやかな原状回復、真相究明、戦後復興に向かうよう努力する動きに強く賛同するとともに、いかなる正義のなかでも、たとえ兵士であれ市民であれ人間の命の尊重が最も重要であるという立場から、戦火がやむことも同時に求めるものである。

【謝辞】本章執筆にあたっては、ここ数年来の CSCE 研究会の参加者との自由闊達な議論によるところが大きい。参加者諸氏に謝意を深く表したい。本章執筆にあたり立命館大学の院生諸氏、近藤佑哉氏および阪井士紋氏の助けを得たことに深謝したい。
（付記　本章の内容は主として 2022 年 10 月時点のものであることをご容赦願いたい）。

【参考文献・URL】
（邦訳があるものは、原書の表記を省き邦語文献のみ挙げた。ウェブサイトのアクセスは、特記したものを除き、すべて 2022 年 10 月 1 日最終閲覧である）

ケネス・ウォルツ［1979=2010］，『国際政治の理論』（河野勝・岡垣知子訳）勁草書房。
小此木政夫・赤木完爾編［1987］，『冷戦期の国際政治』慶應通信。
メアリー・カルドー［2007］，『グローバル市民社会論』山本武彦・宮脇昇・木村真紀・大西崇介訳，法政大学出版局。
栗原克己［2021］，「ロシアにおける社会院　――上からの『結社民主主義』か――」『ロシア・東欧学会年報』50 号，126-147 頁。
古賀敬太［2003］，「カール・シュミットの国家概念再考―主権国家からグロース・ラウムへ」『政治思想研究』3 号，1-28 頁。
斉藤孝［2015］，『戦間期国際政治史』岩波現代文庫。
佐々木卓也［2011］，『冷戦』有斐閣。
佐藤優［2022］，「日本領事拘束でロシアが出したシグナル」『毎日新聞』2022 年 10 月 3 日。
末澤恵美［2000］，「ウクライナにおける予防外交」吉川元編『予防外交』三嶺書房，247-262 頁。
下斗米伸夫［2020］，『新危機の 20 年』朝日新聞出版。
玉井雅隆［2021］，『欧州安全保障協力機構（OSCE）の多角的分析』志學社。
野口和彦［2022］，「リベラルではなくリアリストならウクライナ戦争を防げた」『毎日新聞』2022 年 10 月 5 日。
服部倫卓［2004］，『不思議の国ベラルーシ』岩波書店。
町田幸彦［2022］，「冷戦終結後 30 年余は「戦間期」だった」『毎日新聞』2022 年 3 月 7 日。
宮脇昇［2001］，「ベラルーシの民主化と人権問題」『ロシア研究』32 号，2001 年，109-130 頁。

宮脇昇［2003］,「ベラルーシの民主化問題と OSCE」『ロシア・東欧学会年報』31 号，2003 年，199-217 頁。

宮脇昇［2007］,「OSCE（欧州安全保障協力機構）の現地活動団」『国際法外交雑誌』106巻 2 号，23-51 頁。

宮脇昇［2012］,「国際政治におけるウソと <as if game>」宮脇昇・玉井雅隆編『コンプライアンス論から規範競合論へ』晃洋書房，15-33 頁。

宮脇昇［2021a］,『戦争と民主主義の国際政治学』日本経済評論社。

宮脇昇［2021b］,「国際制度の硬化と劣化」『公共政策研究』21 号，90-101 頁。

宮脇昇［2022］,「戦争と民主主義の国際政治学」『評論』223 号，2022 年 1 月。

モーゲンソー，ハンス［1951=2022］,『国益を守る』（宮脇昇・宮脇史歩訳）志學社。

山本武彦［1982］,『経済制裁』日本経済新聞社。

山本武彦［1988］,「東西ヨーロッパの安全保障」鴨武彦・山本吉宣編『相互依存の理論と現実』有信堂高文社。

コンドリーザ・ライス［2013］,『ライス回顧録：ホワイトハウス激動の 2920 日』（福井昌子 ほか 訳）集英社。

ラセット，ブルース［1993=1996］,『パクス・デモクラティア』（鴨武彦訳）東京大学出版会。

ACEEEO [2022] "ACEEEO dissolved," https://aceeeo.org/en/Node/439

Connolly, Kevin [2022], "European peace seems as fragile as ever," https://www.bbc.com/news/world-60622772, accessed on March 7 2022

Ed Yardeni ,"Equity Markets Saying This Too Shall Pass" https://tass.com/politics/1416831

Filder, Stephen, "Russia's Invasion of Ukraine Changed the World in Days," *Wall Street Journal*, Feb. 28, 2022.

Hans-Georg Ehrhart , "Towards a cold peace,", *IFSH Brief Analysis*, 04/06/2022

European Union, Infographic - Impact of sanctions on the Russian economy, https://www.consilium.europa.eu/en/infographics/impact-sanctions-russian-economy/

Eugene M. Fishel [2022], *The Moscow Factor: U.S. Policy toward Sovereign Ukraine and the Kremlin*, Harvard Ukrainian Research Institute.

Levistsky and Ziblatt [2018], *How Democracies Die*, Broadway Books.

Michael Romanowski [2017], "Where the Silk and Amber Roads Meet: China in Central and Eastern Europe,"*Global Asia*, Vol12 (4), pp.84-89.

Office of Technology Assessment [1981], *Technology and East-West Trade*, Dartmouth Publishing.

PROFILE ●●● 宮脇 昇（立命館大学政策科学部教授）
詳細なプロフィールは、本書 222 頁参照。

第2章
ウクライナにおける選挙監視活動

浦 部 浩 之

はじめに

　2022年2月24日に突如始まったロシアによるウクライナ侵攻には、多くの人が戦慄を覚えたことであろう。筆者はいわゆるマイダン革命（「ユーロマイダン革命」とも称される）後に行われた2014年5月の大統領選挙、同年10月の議会選挙、そしてゼレンスキー大統領が最終的に当選した2019年3月の大統領選挙第1回投票とその翌月の決選投票の計4回、日本政府からの派遣でOSCE（欧州安保協力機構）の選挙監視団に参加した経験がある。任地は順にリビウ、スムィ、ヘルソンの各州、そして首都キーウ（キエフ）であったが、治安も悪くなく長閑な日常が流れていたとの印象ばかりが残っているので、見覚えのあるいくつもの場所が酷い攻撃に晒されているニュースの映像は、にわかには信じがたいものがあった。限られた経験に基づく表面的なことではあるが、筆者が接したウクライナの人びとはとても素朴で優しかった。とくに農村部や地方の小さな町ではそうであった。あそこで出会い言葉を交わした人たちは、今どうしているだろう。キーウで通訳として帯同してくれていた20歳を過ぎたばかりの女子大学生は、どこかに避難しているのだろうか。ヘルソンはロシアの占領下に入ってしまったが、そこで通訳をしてくれていた男子大学生は無事でいるだろうか。心配にならずにはおれなかった。侵攻開始直後にロシア軍部隊の攻撃を受けたスムィで通訳をしてくれた女性とはSNSでつながっていた。しばらく消息が分からず、非常に案じていたが、侵攻の数日後、彼女が町に残って兵士のために食事を用意したり高齢者の介助をしたりしていることを

写真 2-1　北東部スムィ州・フルヒウの光景〔2014 年 10 月〕（筆者撮影）

筆者が 2014 年議会選挙監視団に参加した際の担当地区だったフルヒウは、ウクライナによくある長閑そのものの小さな町だったが、ウクライナ侵攻の初日（2022 年 2 月 24 日）、ロシア軍部隊の侵攻と攻撃を受けた。

知った。

　ロシアによるウクライナ侵攻は明らかに国際法に違反する主権国家への侵略行為であり、とうてい正当化できるものでない。戦況を伝えるニュースを見ていると、ついウクライナに肩入れしたい気持ちも湧いてくる。ただ、何が理由かも知らされず命じられるがまま戦場に送り込まれて命を落としたロシア兵もいるであろうことを考えると、やりきれない気持ちにもなる。なぜ戦争になってしまったのか。この戦争は、本当に防げなかったのだろうか。

　本章では、筆者も関わりをもったウクライナでの選挙監視活動について考察する。また、本書における本章の役割として、2014 年選挙と 2019 年選挙がどのようなものであったかということについても論じ、ポロシェンコ、ゼレンスキーの両政権について紹介することにも紙幅を割きたい。なお筆者にはウクライナの内政については専門家としての独自の調査や研究をした経験が乏しいため、この点の分析のかなりは既存の研究に依拠していることを付記しておく。

　結論の一部をあらかじめ述べると次のとおりである。ウクライナにおける OSCE による累次の選挙監視活動は効果的に実施され、同国の民主主義の進展にも大きく寄与した。2000 年代初頭までとは異なり、2014 年と 2019 年の選挙

は国際的な基準を満たすかたちで民主的に行われたと OSCE は評価しているが、その評価は客観的で適切なものである。その意味で、ロシアが主張する、ゼレンスキー政権は打倒されてしかるべきとする侵攻正当化の論理は破綻している。ただ、2019 年選挙の直前、ウクライナは選挙法を改正して選挙監視活動からロシア人だけを選択的に締め出しており、このことは選挙監視の意義を損ねたのみならず、ロシアを民主的選挙に立ち会わせてその保証人とする機会をウクライナ自らが手放すことになった。

　本章で扱う事象の範囲は限定的なものであり、なぜ今の戦争が始まったのかという問いへの答えにはもちろん及ばない。とはいえ、ウクライナやそれを取り巻く国際関係の構図を多角的に分析し総合化していくことは、将来にわたる長期的な視点からも重要である。本稿をその一助としたい。

1　国際選挙監視活動と OSCE

(1) 国際選挙監視活動の歴史と意義

　最初に選挙監視活動がいかなるものであるかについて述べておきたい。

　国際的な選挙監視活動の起源についてはいくつかの見方があり、ある論者は 1857 年のモルドバにおける住民投票の監視活動にあるとし（Beigbeder 1994：78-79）、別の論者は 1962 年のコスタリカにおける OAS（米州機構）の活動にあるとする（Hyde 2011：56）。ただし、少数の専門家を当該国に派遣して選挙や住民投票の実施に助言を与えたり状況を確認したりする原初的な活動と異なり、今日定着しているより体系化された手法での選挙監視活動が始まったのは、1980 年代末から 90 年代初頭にかけてである。その第 1 号は、国連が PKO（平和維持活動）の一環で行った 1989 年のナミビア制憲議会選挙への 600 人の選挙監視員の派遣であった。翌 1990 年には、国連はニカラグアの大統領・議会選挙にも 200 人の選挙監視員を派遣した。他方、OAS もこのニカラグアの選挙に 433 人の選挙監視員を派遣し（OEA 1996：14）、これを皮切りに数十人規模の監視団を加盟国に派遣するようになった。

　OSCE の場合は、その専門機関と位置づけられる ODIHR（民主制度・人権事

務所）が主体となって、1996年から選挙監視活動を行うようになった。OSCE
は今では選挙監視活動にもっとも熱心に取り組んでいる国際機関であり、その
回数は2021年9月のウズベキスタン大統領選挙をもって400件に達している。
派遣先国はこれまで域内の51か国に及び、派遣された監視員ののべ人数は、
おおむね5週間程度にわたり活動する長期監視員が約5,400人、選挙期日を中
心に1週間程度活動する短期監視員は約5万2,600人、総数で約5万8,000人
に達する（OSCE/ODIHR 2022：10）。

　1990年前後から国連や地域国際機構によって選挙監視活動が盛んに行われ
るようになった背景には、次の2点がある。第1に、冷戦が終焉に向かうなか
で国連PKOの活動の幅が拡大されたことである。すなわち、冷戦期に軍事監
視団や平和維持軍による停戦監視といったもっぱら軍事部門の活動を中軸とし
ていたPKO（いわゆる「第1世代のPKO」）に、1980年代末以降、人道支援や
難民帰還支援、人権状況の監視や警察活動の支援など、紛争終結後の国家再建
や平和構築を視野に入れた文民部門の活動が加えられていった（いわゆる「第
2世代のPKO」）。選挙支援や選挙監視はその中軸的な活動の1つであり、ナミ
ビアでの活動を皮切りに、多くのPKOにおいて盛んに取り組まれるようになっ
た。第2に、1980年代半ば以降、民主化や民主主義の定着が国際社会の中
心的課題に据えられたことである。それはとりわけ、1980年代に軍政から民
政への移行が相次いだラテンアメリカ諸国、そして一党独裁体制を排して競争
的選挙を導入しようとする旧ソ連・東欧諸国などの「民主化の波」を迎えた地
域で重視された。地域国際機構のなかでとくにOASやOSCEが選挙監視活動
を活発に展開するようになったのは、こうした理由による。

　選挙監視の意義は、モデルとしては次のように説明できる。すなわち、政治
的な対立が先鋭化した状況にある国、あるいは競争的で公正な選挙の実施経験
が不足している国では、選挙が実施された後、その結果をめぐり、敗者の側か
ら選挙の公正性に異議が申し立てられることがしばしばある。その申し立てに
十分な根拠がある場合もあれば、選挙結果の受け入れを単に拒む政治的思惑に
よる場合もあるが、いずれにしても選挙後の政情を不安定化させる要因となり
かねない。それゆえ、中立的かつ多国籍の国際的な選挙監視団が一連の選挙プ
ロセスをモニタリングし、選挙の公正性が確認されたなら、選挙によって成立

した政府や議会の正統性が国内外に公に証明され、政治の安定に大きく寄与することになるのである。なお、選挙監視団の存在そのものが不正の抑止につながるとの効果も期待される。また、選挙監視団はその活動終了後、政治的あるいは技術的な大小さまざまの問題点を指摘したり改善策を勧告・提案したりするのが通例であり、それが当該国における民主主義的な制度を強化していくとの効果もある。さらに受け入れ国側が選挙監視に関する国内法を整備しつつ監視団の受け入れに積極姿勢を示すことには、自由と民主主義を尊重する国になるということの意思表示として、国際社会での信認を高めるとの効用もある。

ただしこれらのことは、不完全な選挙監視活動は政治の安定性をかえって損なうということと表裏一体である。つまり、公正性の疑わしい選挙結果に、不用意に、もしくは恣意的に「お墨付き」が与えられることにもなりかねないのである。選挙監視活動は1990年代以降、国際機構のほか、民主主義支援を志すNGO（非政府組織）によっても積極的に取り組まれるようになった。こうしたこともあって、選挙監視の理念や原則を確立することの必要性に対する認識が高まり、国連、OSCE、OAS、カーター・センターなどの21組織は2005年、「国際選挙監視の原則に関する宣言と国際選挙監視員の行動規範」（United Nations Secretariat et.al. 2005）を発出し、それへの参加を官民の諸団体に対しても呼びかけていった。

しかし現実には、十分な規模の選挙監視団を組織することができず、敗者の側からの異議申し立てに対して反駁に窮する事例もあった。あるいは、疑似的な選挙監視団が編成され、選挙結果を不当に「承認」するような事例や、受け入れ国側にとって「不都合」な選挙監視団を選択的に排除したり、選挙監視活動そのものを拒んだりするような事例も生まれた[1]。こうした選挙監視の「悪用」や「乱用」は、今世紀に入ってから散見されるようになっており、後述のとおり、ウクライナを含むいくつかの旧東側諸国もその舞台となった。

---

1) なお、そもそも国連や地域国際機構による判断や行動が、選挙監視活動に限らずあらゆる活動において常に公正で中立にあるかという根本的な問題もあり、議論は尽きなくなるが、本章ではそこまでは踏み込まない。

(2) OSCE による選挙監視活動

　OSCE は、1975 年に東西間の対話のフォーラムとして設置された CSCE（欧州安保協力会議）を母体とし、1995 年に恒久的な組織体として発足した地域国際機構である。東西両陣営に属するほぼすべての欧州諸国とソ連、アメリカ、カナダを包摂していた CSCE は、冷戦期を通じ、①安全保障、②経済・科学技術・環境、そして③人権の諸問題について協議する政治的対話の場として一定の役割を果たし、冷戦終結後には、安全保障に関わりをもちうる広範な問題への対処や各国間の信頼の醸成、紛争解決や危機管理（これには特定国・地域への現地活動団の派遣を含む）などへと活動の幅を広げていった。

　CSCE から OSCE への改編が進む時期、最重要課題の 1 つと位置づけられていたのが先にもふれたとおり、旧東側諸国における民主制度の導入と推進である。その具体的な取り組みとして 1990 年 6 月に開催されたコペンハーゲン人的側面会議で「自由かつ秘密投票による選挙の定期的な実施」が合意され、同年 11 月に開催されたパリ首脳会議で OFE（自由選挙事務所）の設置が決定された。この時点で OFE には、一党制のもとでの形式的な選挙の経験しかもたない旧東側諸国に対して自由選挙の制度や行動規範の確立のための専門的助言を行うとの任務が与えられた。そして OFE は 1992 年、ODIHR として発展的に改組され、1996 年からはその中軸的な活動の 1 つとして、選挙監視活動を展開するようになった[2]。ちなみに 2021 年度の ODIHR の予算は 1639 万 4000 ユーロであり、そのうち選挙部門の予算は全項目中で最大の 674 万 2100 ユーロ（全体の 41.2%）を占めている（OSCE/ODIHR 2022：7）。

　OSCE/ODIHR による選挙監視活動は、かなり定式化されている。選挙監視は加盟国間のピアレビューとして位置づけられているので、選挙監視団の派遣はまず当該国からの招待に基づいて始まる。この招待を受けて ODIHR は、NAM（選挙監視必要性評価派遣団）を派遣する。西欧諸国や北欧諸国など、公正な選挙の実施が強く見込まれる国ではこの NAM による評価活動とその報告をもって選挙監視活動は終わるが、投開票を含む一連の選挙プロセスをモニタ

2）　この一連の経緯については玉井（2017）が詳しく論じている。

リングする選挙監視団を派遣することが適当と判断される場合には、その規模を含め、NAM から具体的な勧告がなされる。後者の場合、ODIHR は選挙の数週間前から団長はじめ数人ないし数十人のコアチーム・メンバー（中核要員）と長期監視員を派遣し、選挙プロセス全体の状況の監視に当たる。より具体的には、政治情勢、選挙制度、選挙行政、有権者登録、候補者登録、選挙運動、選挙資金、主要メディアによる報道内容などを監視する。これに加え、選挙期日の 1 週間程度前から、ODIHR は数百人規模の短期監視員を派遣し、投開票プロセスを監視する。選挙監視員は、OSCE の加盟 57 か国（ただし当事国は除く）、および日本やオーストラリアなどの OSCE パートナー国 12 か国から、各国政府を通じて集められる。短期監視員のより具体的な業務については、ウクライナの事例をもとに後述する。

大規模な選挙監視団は、政治的な実情を反映し、必然的に東欧や旧ソ連諸国に派遣されることが多くなる。ただし、たとえば 2016 年のアメリカの大統領選挙の際は、ODIHR は団長、コアチーム・メンバー 11 人、長期監視員 26 人、短期監視員 400 人で構成される選挙監視団を派遣しており、監視の照準がもっぱら旧東側諸国のみに当てられているわけではない。

なお、国際的な注目度や関心度の高い選挙が実施される際には、OSCE PA（OSCE 議員会議）、PACE（欧州評議会議員会議）、EP（欧州議会）、NATO PA（NATO 議員会議）も短期監視員を派遣している。受け入れ国に対する選挙監視員の派遣（監視員としての認定手続き）申請は個別に行うが、これらの 4 組織は OSCE/ODIHR と一体的に行動することが慣例となっている。

2 OSCE によるウクライナでの選挙監視活動

（1）ウクライナにおける選挙と選挙監視活動の歴史

表 2-1 は、OSCE/ODIHR がこれまでにウクライナに派遣した選挙監視団である。ウクライナではその独立後、1991 年と 1994 年に大統領選挙が、1994 年に議会選挙が実施されているが、OSCE/ODIHR が選挙監視活動を始めた 1996 年以降は、すべての大統領選挙と議会選挙に大規模な選挙監視団が派遣されて

表 2-1　OSCE によるウクライナでの選挙監視活動

	選挙期日		選挙		選挙監視員数		
					中核要員	長期監視員	短期監視員
1	1998 年	3月	議会選挙		16		243
2	1999 年 1999 年	10月 11月	大統領選挙	第1回投票 決選投票	数名	15	270 150
3	2002 年	3月	議会選挙		38		約390
4	2004 年	10月 11月 12月	大統領選挙	第1回投票 決選投票 やり直し投票	57		636 563 1372
5	2006 年	3月	議会選挙		12	52	約900
6	2007 年	9月	議会選挙		67		803
7	2010 年	1月 2月	大統領選挙	第1回投票 決選投票	24	60	800 以上 約600
8	2012 年	10月	議会選挙		20	90	802
9	2013 年	12月	議会選挙・補選		7	なし	なし
10	2014 年	5月	大統領選挙		24	100	1025
11	2014 年	10月	議会選挙		21	80	918
12	2015 年	11月	地方選挙		17	80	635
13	2019 年	3月 4月	大統領選挙	第1回投票 決選投票	21	90 89	946 670
14	2019 年	7月	議会選挙		19	96	811
15	2020 年	10月	地方選挙		16	66	なし

（注）長期監視員は選挙当日、投票所での監視活動（短期監視員が行う業務）にも従事しており、2012 年 10 月の議会選挙以降の短期監視員の数値には、長期監視員の人数も含まれている。それ以前のものについては、短期監視員の数値に長期監視員として従事していた者の数が含まれているか否か不明である。

（出所）各回の OSCE/ODIHR 選挙監視団の最終報告書をもとに筆者作成。

いる。それに加えマイダン革命後には、地方選挙にも同程度の規模の監視団が派遣されるようになった。なお、2020 年の地方選挙では例外的に短期監視員が派遣されなかったが、これは同年初頭に始まる新型コロナウイルスの感染拡大の影響で各国からの要員派遣が困難になったことが理由である。ともかく、ウクライナは OSCE 加盟国のなかで同機構からの選挙監視団をもっとも大規模かつ継続的に受け入れてきた国の 1 つである。

　ウクライナにおける手続き的な意味での民主主義は、過去 20 年間にかなり進展してきたといってよい。2014 年と 2019 年の大統領選挙に関するより具体

的なことは後述するが、OSCE/ODIHR は選挙監視に基づく包括的評価として、そのいずれについても競争性があり基本的な自由が尊重するなかで平穏裡に実施されたとの肯定的な見方を示している。これは 1990 年代末や 2000 年代初頭の状況とは大きく異なっている。すなわち、初めて ODIHR の選挙監視団が派遣された 1998 年の議会選挙のときには、監視団の「最終報告書」では、嫌がらせ、暴力、脅迫などの行為が頻発していること、選挙監視員の 15.4% が開票作業中に（委員や立会人からの）不服申し立てを確認したことなどの多数の問題点が指摘されていた（OSCE/ODIHR 1998）。オレンジ革命と称される政治紛争に発展した 2004 年大統領選挙のときにも、ODIHR の「最終報告書」では 59 点にも及ぶ改善点が指摘された（OSCE/ODIHR 2005）。この 2004 年選挙では、11 月の決選投票において与党首相のヤヌコビッチが当選したとの公式結果が発表されたものの[3]、選挙に不正があったとする野党やそれを支持する市民の抗議行動が大規模に繰り広げられ、政情が緊迫化して世界の耳目を集めた。結局、野党勢力の側に立つ欧米諸国の圧力もあって翌 12 月にやり直し選挙が実施されることになり、結果は覆って、野党候補のユシチェンコの当選で決着した。このやり直し選挙に OSCE/ODIHR は 1372 人もの短期監視員を派遣したが、これはその時点で、OSCE 史上もっとも大規模な選挙監視団（OSCE/ODHIR 2005 : 4）となった。

　選挙監視活動の継続的展開が、ウクライナにおける民主主義の進展にどれほど直接的な効果をもったかを厳密に測ることは難しい。ただ、毎回の選挙でコペンハーゲン文書などにより定められている「国際的規準」に適合するかについての評価に晒され続けることには、一定の効果があったと考えられる。そしてこれはまた、ときにロシアなどを不愉快にさせる、西側欧米諸国の推進する民主主義規準への適合過程にほかならず、ウクライナとしてはそれに前向きに取り組んできたのである。

3）　第 1 回投票ではユシチェンコが首位（得票率 39.90%）、ヤヌコビッチが 2 位（同 39.26%）を獲得して決選投票に進み、当初行われた決選投票では 49.46% を獲得したヤヌコビッチが 46.61% の得票にとどまったユシチェンコを破ったとされた（その他に、いずれにも反対が 2.31%、無効が 1.59%）（OSCE/ODHIR 2005 : 45）。

(2) OSCE 選挙監視団の業務内容と監視結果

　ここで OSCE/ODIHR による選挙監視活動の客観性や中立性について検討しておこう。

　先述のとおり、OSCE/ODIHR の選挙監視団は、団長、コアチーム・メンバー、長期監視員、短期監視員で構成される。監視団は多国籍性が重視され、一国の監視員が全体の 10 ％を超えないよう定められている（OSCE/ODIHR 2010b : 22）。2019 年ウクライナ大統領選挙の場合、OSCE 全体の選挙監視団は、ODIHR とともに一体的に行動した OSCE PA、PACE、EP、NATO PA を含め、第 1 回投票では総勢 45 か国 967 人、決選投票では総勢 44 か国 690 人で構成されていた[4]。

　2019 年の選挙監視団は正式には 2 月 9 日に発足し、同月 13 日からコアチーム・メンバー 21 人と長期監視員 90 人の計 111 人（国籍は 24 か国）で、首都キーウはじめ全国 28 か所を拠点に監視活動を開始した。他方、短期監視員は、第 1 回投票では 3 月 26 日から 4 月 3 日まで、決選投票では 4 月 16 日から 24 日までのいずれも 9 日間、現地に滞在して活動に従事した。その具体的内容は、監視業務に関する全体研修、各担当地域での研修、担当地域の状況視察、投票準備状況の監視、地方選挙管理委員会（地方選管）への訪問、そして選挙当日の 4 つの投開票プロセス、すなわち各投票所における「開設」、「投票」、「開票」、そして地方選管における「集計」の監視である。

　選挙当日の監視作業は、国籍の異なる 2 人の監視員が組となり、1 か所の投票所（もしくは地方選管）ごとに、2 人でよく協議したうえで 1 通の報告書を作成することになっている。監視事項は多岐に及ぶ。2019 年大統領選挙の第 1 回投票の場合、「投票」に関しては、「投票の秘密が守られているか」、「投票を拒まれた人がいないか」など計 55 項目あった。「開設」に関しては 19 項目、

---

[4]　より詳細には、第 1 回投票で監視業務に従事したのはコアチーム・メンバー 21 人の他、長期監視員 90 人、短期監視員 707 人、OSCE PA の 107 人、PACE の 32 人、EP の 12 人、NATO PA の 19 人の総勢 45 か国 967 人（OSCE/ODIHR 2019b : 18）、決選投票で監視業務に従事したのはコアチーム・メンバー 20 人の他、長期監視員 89 人、短期監視員 540 人、OSCE PA の 33 人、PACE の 19 人、EP の 9 人の総勢 44 か国 690 人（OSCE/ODIHR 2019c : 11）であった。

筆者が 2019 年大統領選挙（第 1 回投票）監視団に参加した際の、とある
投票所の風景。ウクライナの選挙では子どもや孫に投票用紙を投じさせる
微笑ましい光景をよく見かける。

「開票」に関しては 61 項目、「集計」に関しては 26 項目あった。1 組の監視員
は、投票開始時刻前に任意の 1 か所の投票所で「開設」状況の、その後おおむ
ね 10 か所の投票所で「投票」状況の、投票終了後 1 か所の投票所で「開票」
状況の、そしてそれを見届けた後に担当地区の地方選管で「集計」（各投票所
から運ばれてくる投票結果公式記録簿の認証や入力など）の状況を監視する。した
がって、このモデルどおりであれば、1 組の監視員はのべ 656（19 × 1 + 55 ×
10 + 61 × 1 + 26 × 1）の項目を監視することになる[5]。これらのチェック事項は
逐次、スマートフォンと連動したデジタルペンで記入されたデジタル報告書の
かたちで監視団の本部に報告され、統計的に処理されるようになっている。な
お、たとえば政党の監視員が立ち会っていたか否かという項目の回答が「イエ
ス」の場合、該当する政党を選択肢から選ぶようになっており、実際にデータ

---

5)　なお、訪問する投票所の数は担当地域の地理的状況などによって若干差が出る。筆者
　の場合、2019 年選挙の第 1 回投票では、11 か所の投票所を訪問した。したがって、こ
　の計算式に当てはめればのべ 717 項目を監視した。また、ウクライナの場合、「集計」
　が徹夜になることを考慮し、それに備えて一部の監視員は午後から活動を開始するよう
　任務を割り当てられていた。その場合は「開設」状況の監視には立ち会わず、「投票」
　の監視も 6 か所が目安とされていた。

表 2-2　OSCE の選挙監視団の規模（2014 年／ 2019 年）

	投票所の数 （開設された投票所のみ）	監視した投票所の 数と割合（投票）	監視した投票所の 数と割合（開票）	監視員の 総数
大統領選挙 （2014 年 5 月）	29213	4135 （14.2%）	410 （1.4%）	1087
議会選挙 （2014 年 10 月）	29977	3175 （10.5%）	249 （0.8%）	939
大統領選挙・第 1 回 （2019 年 3 月）	28653	3574 （12.5%）	306 （1.1%）	967
大統領選挙・決選 （2019 年 4 月）		2349 （8.2%）	264 （0.9%）	690

（出所）各回の OSCE/ODIHR 選挙監視団の最終報告書をもとに筆者作成。

化されるチェック事項の数は上述のモデルよりもさらに多くなる。また、とくに報告すべき重要な所見がある場合、記述欄にデジタルペンを用いて手書き文字で記入する。この文章も逐次、監視団の本部に電子的に報告される。

　ところで、選挙監視員はあくまで中立・不干渉の立場で一連のプロセスを監視することが任務であり、たとえ不正な行為、あるいは規則にそぐわない事象を目撃したとしても、それを指導したり是正したりする行動はとらない。観察した事柄をただ報告書に記入するのみである。選管委員、政党などの立会人、有権者などから仲裁などを求められた場合も、監視員の任務に当たらないことに言及したうえでいっさい関与しない。

　表 2-2 は、2014 年と 2019 年の選挙における OSCE 監視団の展開状況をまとめたものである。2019 年大統領選挙の第 1 回投票の場合、「投票」を監視した投票所は 3574 か所、「開票」を監視した投票所は 306 か所である。また表では省略しているが、「開設」を監視した投票所は 256 か所、「集計」を監視した地方選管は 152 か所にのぼる。したがって上に述べたモデルを当てはめれば、データ的に処理されたチェック項目の数は計算上、のべ 22 万 4052 項目もの膨大な数にのぼることになる。

　さて、具体的な監視結果については別稿に記しており（浦部 2019、浦部 2020a、浦部 2021）、詳細は省くが、要点だけ述べれば「開設」と「投票」の状況は良好であった。「投票」に関しては、3574 か所の投票所の 99％以上が良

候補者が 39 人もいたため、投票用紙のサイズも大きく、仕分けやカウントにも長時間を要していた。

好[6] と評価されている。他方「開票」に関しては、良好と評価されたのは約 91％、「集計」に関しては約 67％にとどまった。もっとも問題点として指摘されたのは、開票に先立って行われるべき総投票者数の読み上げの遺漏、あるいは集計を行う地方選管の過度な混雑や作業の遅延など、技術的問題がほとんどを占めていた。

　表 2-2 のとおり、2019 年大統領選挙の第 1 回投票では、OSCE が投票の監視を行った投票所（3,574 か所）は全国に設置された 28,653 か所の投票所の12.5％に達している。なお、各監視員は 1 か所の投票所には最低でも 30 分間は滞在することになっている。地理的にも、監視員は特定の都市や地域に偏ることなく、全国にくまなく展開している。集計を監視した地方選管は全国に199 あるうちの 152 か所であり、そのカバー率は 76.4％にも及ぶ。OSCE による選挙当日の投開票プロセスの監視結果は、地理的分布への配慮、カバー率の

---

6)　関心項目のうちの評価項目は 4 段階評価方式になっており、ここでは「たいへん良い」もしくは「良い」のいずれかと評価されたものを「良好」として計算されている。なお、かつては 5 段階評価であったが、短期監視員に対する事前研修での説明によれば、「ふつう」とされるものが突出する傾向があるため 4 段階評価に変更されたとのことである。

高さ、監視項目の多さや統計処理されるデータの多さの点でかなり練られたものであり、監視員の総数や多国籍性も相俟って、客観性が高いものになっているといえる。

3 マイダン革命後のウクライナの大統領選挙

(1) 2014年大統領選挙

　ここでマイダン革命後の選挙そのものについて振り返っておこう。

　ウクライナとロシアの二国間関係を理解するためには、核保有に関する1994年のブダペスト覚書、両国間で1997年に締結された友好協力条約とそれに関連するロシア黒海艦隊のクリミア駐留問題、同年に締結されたウクライナ・NATO（北大西洋条約機構）間の特権的パートナーシップ協定、2004年のオレンジ革命、2008年のNATO首脳会議で発出されたウクライナとジョージア（グルジア）両国のNATO加盟候補国としての宣言をはじめ、一連の歴史的過程を丁寧に跡づけておく必要があろう。ただ、2022年ウクライナ侵攻にいたる二国間対立の直接的な引き金は、2014年2月に発生したマイダン革命と称される、親露派のヤヌコビッチ政権の崩壊に求められる。その前年の11月、対露関係を重視する当時のヤヌコビッチ大統領は、目前に迫っていたEU（欧州連合）との連合協定の締結を中止することを決断した。これを歓迎するロシアは、ロシア産天然ガスの価格引き下げなどの報酬をウクライナに与えた。しかしながら協定棚上げに怒った市民が街頭での抗議行動を繰り広げることとなり、治安部隊との衝突という流血の惨事が生じて、行き着いたのがマイダン革命であった。ロシアのプーチン大統領は、一連の事態は西側諸国による差し金により生じたと見なして怒りを露わにし、きわめて強硬な姿勢に転じて翌3月には軍事力と情報戦を交えてクリミアを占領した。そして4月にはドネツク、ルハンスク両州の親露派勢力を軍事的に支援し、政府軍との武力衝突が繰り広げられるなかで両州の一部地域が自称ドネツク人民共和国、ルガンスク人民共和国（ルガンスクはロシア語読み）の樹立を宣言した勢力に支配されることとなった。

写真 2-4　マイダン革命後のキーウ中心部〔2014 年 5 月〕（筆者撮影）

マイダン革命からまだ 3 か月後の大統領選挙のころは、親欧派の人びとが
キーウ中心部の独立広場にバリケートを築き、いくつものテントを構えて
立て籠っていた。

　2014 年 5 月、ヤヌコビッチ政権の崩壊にともなう大統領選挙が約 10 か月前
倒しで実施され、実業家で富豪であり政治家としては閣僚経験もあるポロシェ
ンコが 54.7% を得票して勝利した。立候補者は 21 人にものぼっていたが、ポ
ロシェンコはすべての州で最多票を獲得し、ウクライナ史上初めて決選投票を
経ることなく当選を決める圧勝を収めた（就任は同年 6 月）。

　ウクライナでは東西（より厳密な表現では東・南部と中・西部の間）での歴史
的・文化的な地域差を反映し、過去の選挙ではしばしば政治的な支持傾向が大
きく分かれていた。たとえばヤヌコビッチが当選を果たした 2010 年選挙では、
ティモシェンコとの勝敗には明瞭な地域差があったし（図 2-1）、オレンジ革命
と称される 2004 年選挙でも、敗北したヤヌコビッチと勝利したユシチェンコ
がそれぞれ過半数をとった州の色分けは、2010 年選挙とまったく一致してい
た。じつは、2014 年選挙でポロシェンコはすべての州で首位に立ったとはいえ、
ゆるやかに東部諸州よりも西部諸州で得票率が高いとの傾向はあった（図 2-2）。
しかしそれでも、ポロシェンコが全土にわたって勝利を収めたことは、過去の
ウクライナの政治史から見れば異例であった。

　この理由については次のような分析がなされている。すなわち、東部での騒

図 2-1　2010 年大統領選挙（決選投票）での各候補の州別得票率

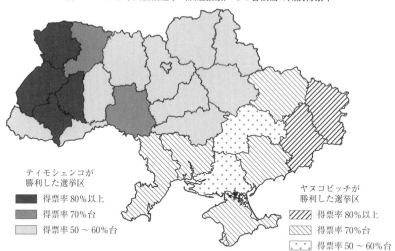

ティモシェンコが
勝利した選挙区

■ 得票率 80％以上
■ 得票率 70％台
□ 得票率 50 〜 60％台

ヤヌコビッチが
勝利した選挙区

得票率 80％以上
得票率 70％台
得票率 50 〜 60％台

（出所）OSCE/ODIHR 報告書（Final Report, OSCE/ODIHR Election Observation Mission, Ukraine Presidential Election 17 January and 7 February 2010）掲載のウクライナ中央選挙管理委員会公式発表をもとに筆者作成。

図 2-2　2014 年大統領選挙でのポロシェンコの州別得票率

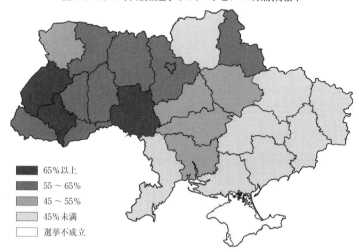

■ 65％以上
■ 55 〜 65％
■ 45 〜 55％
□ 45％未満
□ 選挙不成立

（出所）ウクライナ中央選挙管理委員会公式発表（https://www.cvk.gov.ua/pls/vp2014/wp301pt001f01 =702　2019 年 8 月 13 日アクセス）をもとに筆者作成。

乱が続くなか、決選投票にもつれ込んだら情勢がさらに流動化しかねないとの懸念が有権者の間に強く働き、選挙戦を優位に戦っていたポロシェンコへの支持が全土で高まったのである。有力候補の一人であった親欧派のクリチコが市長選に回ったこと（結果は当選。2022年8月現在も在任中）も、ポロシェンコへの追い風となった。もう一人の有力候補である伝統政治家のティモシェンコは、ポロシェンコからの候補者一本化の呼びかけに応えず出馬した。しかし、ロシアとの直接交渉を拒否しNATOへの即座の加盟申請を主張する彼女の過激な主張を、国情の安定やロシアとの関係正常化を望む多くの有権者は忌避した（服部2014）。

　ところで、この選挙で深刻な問題となったのは、ロシア、および親露派武装勢力に占領されていたクリミア半島（クリミア自治共和国とセバストポリ特別市）の全域、およびドネック、ルハンスク両州のかなりの地域で選挙が行えなかったことである。これにより、有権者3421万4652人の12.0％に当たる411万9624人が投票権を行使できなかった（OSCE/ODHR2014：8）。こうした状況はその後もほとんど変化しておらず（たとえば2019年の大統領選挙で投票権を行使できなかった人は500万人にのぼると見積もられる）、その解決の見通しはまったく立たない。制度的には所定の手続きをとることで有権者として名簿に登載されている選挙区以外の投票所で投票を行うこともできるが、親露派支配地域を越境して他の場所で投票を行うことは現実的には困難であった。

(2)　ポロシェンコ政権期のウクライナ

　さて、クリミアや東部をめぐるロシアとの問題は、ポロシェンコ政権の5年間、一言でいえば膠着状態のまま捗々しい進展はなかった。ポロシェンコ大統領は当初、両国国境から10kmの非武装地帯の創設やロシア軍部隊の撤退、治安回復後の地方選挙の実施などの和平案をもってロシアとの交渉に臨んだものの、ロシア側の軍事的干渉はむしろ増大した。2014年9月、OSCEの支援のもとでウクライナ、ロシア、自称ドネツク人民共和国、自称ルガンスク人民共和国の代表者の間で「ミンスク合意」と称される停戦合意が交わされたものの、事態は好転しなかった。翌2015年2月にはフランスとドイツの仲介のもと、

ウクライナとロシアの間で再度「ミンスクⅡ合意」と称される停戦合意が交わされたものの、停戦違反が頻発する状況はいっこうに変わらなかった。これら2つの停戦合意には、東部地域への特別の地位を認める法律を制定することなども含まれていた。しかし「降伏文書」といってもよいほど（倉井 2022）の約束をしてもなお、ロシアが軍事的干渉から手を引くことはなく、結局ポロシェンコは対露強硬路線に舵を切っていくこととなった。

　ポロシェンコ大統領は就任当初こそ高い人気に支えられ、2014年10月の議会選挙では与党連合で定数の3分の2以上を獲得する強さも見せた（服部 2015）。しかしその後、支持率は徐々に低下し、2016年には自助党、リャシコの急進党、祖国の各党が与党連合を離脱して議会での安定多数は失われた（OSCE/ODIHR 2019d : 6）。紛争終結への道筋がいっこうに見えず、600万とも800万ともいわれる人びとが国外に出稼ぎに出ていることに象徴されるとおりの庶民の苦しい生活状況も変わらぬまま、時間だけが過ぎていったというのが5年間に及ぶウクライナの現実であった。

(3) 2019年大統領選挙

　ポロシェンコ大統領の任期満了にともなう2019年の大統領選挙は、39人もの候補者が乱立するなかで争われた。結果は表2-3のとおりであった。まず3月の第1回投票では人気コメディアンのゼレンスキーが首位に立ち、（得票率30.24％）、再選を狙って2位につけたポロシェンコ（得票率15.95％）とともに4月の決選投票に進んだ。そして最終的に、ゼレンスキーは73.22％というウクライナ史上で最高の得票率で圧勝することとなった。ゼレンスキーは「国民のしもべ」と題するテレビドラマで、一介の高校教師がふとしたきっかけで大統領になり政治腐敗と闘うとの役を演じ人気を集めていた。そうした彼に、市民の間で現実政治の世界でも急速に待望論が高まり、地滑り的な勝利がもたらされることになったのである。

　ウクライナに対する世界の関心はまず国際政治上の地政学的な問題に集まるが、ウクライナの市民にとっての政治への関心は、生活に直結する身近な問題に集中していたことにはよく注意しておいてよい。この選挙結果は、一言でい

表 2-3　2019 年大統領選挙の結果

候補者	政党	第 1 回投票（3 月 31 日）		決選投票（4 月 21 日）	
		得票数	得票率(%)	得票数	得票率(%)
ゼレンスキー	国民のしもべ	5,714,034	30.24	13,541,528	73.22
ポロシェンコ	無所属	3,014,609	15.95	4,522,450	24.45
ティモシェンコ	祖国	2,532,452	13.40		
ボイコ	無所属	2,206,216	11.67		
フリツェンコ	市民の立場	1,306,450	6.91		
スメシコ	無所属	1,141,332	6.04		
リャシコ	急進党	1,036,003	5.48		
ビルクル	野党ブロック	784,274	4.15		
その他（31 人）		933,794	4.92		
無効票		224,600	1.18	427,841	2.31
合　計		18,893,864	100.00	18,491,837	100.00
有権者数と投票率（%）		30,047,302	62.88	30,105,004	61.42

（注 1）在外選挙区を除く国内の選挙区の公式結果を示してある。また有権者数は、投票が実施できた選挙区のみの数値を算出している。

（注 2）数値はすべて中央選管の発表しているものである。ただし、得票数が 50 万票未満の 31 人の候補者に関する数値は筆者が合算した。得票率に関しては、中央選管は小数点以下第 3 位を四捨五入せずに切り捨てている。したがってこれらを合計すると 100.00% とはならない。また、無効票を含む得票数を合計すると、100 票の誤差がある。その理由は不明である。本表ではあくまですべて、中央選管の発表に基づく数値を記してある。

（出所）ウクライナ中央選挙管理委員会の公式発表（https://www.cvk.gov.ua/wp-content/uploads/2019/11/vpu_2019_protokol_cvk_31032019.pdf　および https://www.cvk.gov.ua/wp-content/uploads/2019/11/vpu_2019_protokol_cvk_30042019.pdf　2021 年 7 月 23 日アクセス）をもとに筆者作成。

えば、蔓延る腐敗に嫌気が差した有権者が古参の政治家を忌避し、その対極にいる有名タレントに政治の刷新を託したものであった。かつて見られたような支持候補が東西で二分される現象はもはやなく、ほとんどの州でゼレンスキーは第 1 回投票の時点で最多票を獲得し、3 位にとどまったのは西部の 3 州、2 位にとどまったのはドネック州とルハンスク州だけであった（図 2-3）。親欧か親露かという問題はすでに 2014 年に決着がついて EU が戦略的パートナーであるとの合意はほぼ成立しており（服部 2019a：62）、東西対立と関連した外交路線が大きな争点となることはなかった（大串 2019：19）のである。なお、ドネックとルハンスクの両州では、第 1 回投票では親露的な政策志向をもつボイコが首位に立っていたが、図 2-4 のとおり、決選投票ではゼレンスキーが圧倒

写真 2-5　大統領選・決選投票前の討論会場に向かう人びと〔2019 年 4 月〕（筆者撮影）

ゼレンスキー、ポロシェンコ両候補による投票日直前の公開討論会が行われたキーウのスタジアムに向かう人びと。

図 2-3　2019 年大統領選挙（第 1 回投票）での州別の首位候補

ゼレンスキー
ポロシェンコ
ティモシェンコ
ボイコ
選挙不成立

（出所）ウクライナ中央選挙管理委員会公式発表
　　　（https://www.cvk.gov.ua/pls/vp2019/wp302pt001f01=719pt021f01=233.html,
　　　https://www.cvk.gov.ua/pls/vp2019/wp302pt001f01=719pt021f01=295.html,
　　　https://www.cvk.gov.ua/pls/vp2019/wp302pt001f01=719pt021f01=225.html,
　　　https://www.cvk.gov.ua/pls/vp2019/wp302pt001f01=719pt021f01=216.html
　　　2021 年 7 月 23 日アクセス）をもとに筆者作成。

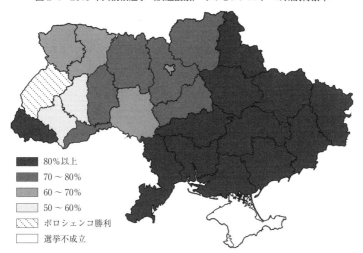

図 2-4　2019 年大統領選挙（決選投票）でのゼレンスキーの州別得票率

- 80% 以上
- 70 ～ 80%
- 60 ～ 70%
- 50 ～ 60%
- ポロシェンコ勝利
- 選挙不成立

（出所）ウクライナ中央選挙管理委員会公式発表（https://www.cvk.gov.ua/pls/vp2019/wp302pt001f01=720pt021f01=233.html　2021 年 7 月 23 日アクセス）をもとに筆者作成。

的に支持されており（得票率はドネツク州で 86.94％、ルハンスク州で 89.44％）、ゼレンスキーがけっして東部で忌避されていたわけではないということにも留意しておいてよいであろう。

　選挙の実質的な争点は、ポロシェンコを信任するか否かであったともいえる。OSCE/ODIHR は、「腐敗への認識が広く拡大し、国家機構や司法に対する信頼を欠く状況のなかで実施された」と分析している（OSCE/ODIHR 2019d：5）。汚職はウクライナにおける深刻な問題である。国際 NGO のトランスペアレンシー・インターナショナルによれば、2019 年のウクライナの腐敗認識指数は 180 か国中 126 位であり、欧州で最悪の水準にあった（Transparency International 2019）。ポロシェンコは、ウクライナの基準でみればけっして腐敗した政治家ではなかったが、ウクライナの国家機構に蔓延し半ば制度化された政治腐敗を断ち切れなかったと見なされた（ディッキンソン 2019：95）。それに対し、ゼレンスキーは「政治経験がない」ことがむしろ有利に働き（服部 2019a：64）、これが当選の要因になった（大串 2019：20）とさえいえた。選挙戦は本質的な政治的討論を欠いたまま進み（OSCE/ODIHR 2019d：2）、伝統的な選挙運動を避け、

コメディアンや俳優としてテレビ画面に露出しつつ、ソーシャル・メディアを活用し、既成政治からあえて距離をとったゼレンスキーが、変化を求める有権者の心をとらえることになった（OSCE/ODIHR 2019d : 17）のである。

　さて、大統領に就任（5月）したゼレンスキーが政権運営上でまず克服すべき課題は、議会における支持基盤の確立であった。これについては、同年10月に予定されていた議会選挙を7月に前倒しで行うことに成功し、ゼレンスキーを支える公僕党（「国民のしもべ」と訳されることもある）が254議席を獲得して圧勝した。ウクライナ政治史上、一党で単独過半数[7]を占めたのは初めてであり、また、すべての当選者が過去に議員経験がなく、この新党の候補者が軒並み古株の地方ボスを破ったこと（服部 2019b : 108）もおおいに注目された。ロシアの侵攻に直面しているウクライナの政界は、政府も議会も、伝統政治の流れを汲まない新しい政治家によってその大多数が占められているのである。ゼレンスキー当選直後の2019年4月初旬に行われた世論調査では、ウクライナ国民が新大統領に期待することとしては公共料金の引き下げ（39.1％）、議員・判事・大統領からの不逮捕特権の剥奪法案の上程（35.5％）、汚職大事件の捜査（32.4％）が上位3つを占めており（服部 2019a : 68）、外交問題はこれらに比べて低かった。こうしたウクライナ国民が政治に抱いている心情については、よく注意しておいてよいであろう。

　なお、2022年2月に行われた最新の世論調査では、ゼレンスキー政権の支持率は漸減傾向にあるとはいえ、主要政治家のなかでの人気度は21.8％の首位であり（2位はポロシェンコの14.9％、3位はティモシェンコの8.8％）、また政党支持率でも国民のしもべは16.1％にとどまるものの、ポロシェンコ率いる欧州連帯党やティモシェンコ率いる祖国などを上回っていちばん高い（Rating Group Ukraine 2022）。報道によれば、プーチン大統領は侵攻当初、ロシア軍が進駐してゼレンスキー大統領を放逐すればウクライナ国民は諸手を挙げて歓迎するはずであるとの情勢分析を受けていたとのことである。もしこれが事実であるなら、何を根拠にそのような判断がなされたのか、きわめて理解しづらい。

---

7)　ウクライナ議会の定数は450である。ただしクリミアと一部ドンバス地域の26議席が、選挙が実施できないために空席となっている。

4 2019 年大統領選挙で露見した選挙監視活動に関わる諸問題

(1) 選挙監視活動の主体とその党派性に関わる問題

　話を選挙監視のことに戻したい。各国が法律や規則で定める「選挙監視員」の範疇には幅がある。国によっては、投開票や集計の現場に立ち会うことを許可された者との意味合いで、報道関係者に「選挙監視員」の資格を付与する場合もある。ウクライナの場合、中央選挙管理委員会（中央選管）の分類では、選挙監視員はまず「国際監視員」と「国内監視員」に分けられ、前者はさらに「国際機関と国際 NGO」と「各国政府」が登録する監視員に、後者は「国内 NGO」と「候補者や政党」が登録する監視員に分けられる。

　2019 年のウクライナ大統領選挙では、まず国際機関と国際 NGO からは表 2-4 のとおり、19 団体の計 2485 人の監視員が登録された。人数が最大であったのは OSCE/ODIHR であり、それと一体で活動した OSCE PA、PACE、NATO PA、EP を合わせるとその総数は 1202 人にのぼり、国際監視員全体のほぼ半数（48.4%）を占めた。また、各国政府からは、22 か国の計 215 人が監視員として登録された。アメリカ（65 人）、ポーランド（45 人）の 2 か国で半数（53.4%）を占めた。これらの監視員は本国政府や当該国に駐在している外交官、あるいは外務省員であることが多い。その人数の多寡は、当該国の選挙や政治情勢に対する各国の関心の度合いを反映している。

　国内監視員としては、各候補者が派遣する監視員として 17 万 7456 人、政党が派遣する監視員として 2 万 3470 人が登録された。これらの監視員にも国際監視員などと同様、選挙期間中や選挙当日、中央や地方の選挙管理委員会の会合に陪席したり一連の投開票プロセスに立ち会ったりすることが認められている。ただ、言うまでもなく、これらの監視員は自派の候補者の利益を擁護する立場にある。もちろん、各政治勢力が等しく一連の選挙プロセスを監視できるということは、選挙の公正性を担保するうえで重要である。とはいえ、これらの監視員はあくまで党派的な利益に基づいて行動するので、たとえば開票の際

表 2-4　2019 年大統領選挙の国際選挙監視員

登 録 団 体	登録監視員数
欧州安保協力機構（OSCE/ODIHR）※	997
欧州選挙監視機構ネットワーク（ENEMO）	384
ウクライナ世界会議	249
CANADEM（カナダ国際市民組織）	203
OSCE PA（OSCE 議員会議）※	124
NDI（国際問題全国民主研究所）	101
UCCA（アメリカ・ウクライナ組織委員会)	88
公的連合「人権のための国際社会」	65
MRI（国際共和党研究所）	55
オープン・デモクラシー委員会	49
PACE（欧州評議会議員会議）※	42
SILBA 対話と民主主義のイニシアティブ	32
国際人権委員会慈善財団	29
NATOPA（NATO 議員会議）※	23
EP（欧州議会）※	16
ICES（選挙制度国際専門センター）	13
EPDE（民主的選挙のための欧州プラットフォーム）	6
GUAM（民主主義と経済発展のための組織）	6
EU（欧州連合）	3
合計	2,485

（注）※は OSCE/ODIHR とともに一体的に活動した団体。
（出所）ウクライナ中央選挙管理委員会の発表（https://www.cvk.gov.ua/
　　　pls/vp2019/wp143pt001f01=719.html　2021 年 7 月 24 日アクセス）
　　　をもとに筆者作成。

に疑問票があった場合、その場で意見を述べることもある。2019 年の大統領選挙で設置された投票所の数は先述のとおり 2 万 8653 か所であったが、ポロシェンコはそれを上回る 3 万 1571 人の監視員を登録し、全国の投票所に立ち合わせた。

　さて、国内 NGO の選挙監視団は、本来であれば中立で第三者的な立場で選挙を監視する役割を担うことが期待される。2019 年の大統領選挙（決選投票）では、表 2-5 のとおり、86 の国内 NGO から計 8 万 3230 人が選挙監視員として登録された[8]。

　この国内 NGO に関し、OSCE/ODIHR は「最終報告書」において、多くの団体が特定の候補者との結びつきをもち、地方選管や投票所（投票区選挙管理員会）に不当に影響力を与える可能性があるかたちで存在していたということ

表 2-5　2019 年大統領選挙の国内 NGO 選挙監視員

登 録 団 体	登録監視員数
ウクライナ民主社会センター	27,279
チーム・ゼ	11,447
青年連帯	7,186
先導する法的イニシアティブ	6,898
市民ネットワーク OPORA	5,133
中央・地方当局の腐敗の追及・対抗のための全ウクライナ・セクター	3,317
公共イニシアティブ支援センター	3,128
ウクライナの有権者委員会	2,089
祖国の女性	1,985
ムィコライウ州の信頼できるパートナー	1,882
ボランティア連盟	1,867
クリチコのウダール（改革のためのウクライナ民主同盟）	1,698
NGO・国民のしもべ	1,139
人民民主青年同盟	1,098
その他（登録者数 1000 人未満）72 団体	7,084
合計	83,230

（出所）ウクライナ中央選挙管理委員会の発表（https://www.cvk.gov.ua/pls/vp2019/wp143pt001f01=719.html　2021 年 7 月 24 日アクセス）をもとに筆者作成。

を問題点として指摘している。たとえばウクライナ民主社会センター（2018 年 12 月創設）はポロシェンコを、チーム・ゼ（2019 年 1 月創設）はゼレンスキーを公然と支持しており、その実態は政治的な支持母体と変わらなかった。なお、この 2 団体だけで国内 NGO の監視員の半数近く（46.5%）を占めていた。不偏的な立場で長期的な監視活動を積極的に行っていたのは市民ネットワークOPORA、ウクライナ有権者委員会、先導する法的イニシアティブなどに限られていた。OSCE は「最終報告書」で、国内 NGO は党派的な監視活動と非党派的な監視活動の明確な区別を尊重すべきであり、中央選管は選挙監視の悪用

---

8)　なお OSCE 監視団の「最終報告書」には、第 1 回投票では 9 万 3000 人以上の、決選投票では約 8 万 3000 人の国内 NGO の監視員が登録されたと記載されている（OSCE/ODIHR 2019d : 32）。中央選管の発表（表 3-5）は、この後者の数値であると思われる。ちなみに、決選投票で登録者数が減少した理由の 1 つに、第 1 回投票の終了後、少なからぬ国内 NGO の監視員が決選投票で地方選管や投票所の委員に新たに指名され（なお、その指名は規程に基づき政党や候補者が行う）、NGO 監視員としての登録が取り消されたことがある（OSCE/ODIHR 2019d : 32）。

を防止するメカニズムの導入を検討するべきであるとの勧告を行っている（OSCE/ODIHR 2019d : 32）。

（2）ウクライナ政府によるロシア選挙監視員排除の問題

　2019 年大統領選挙における選挙監視活動でもう 1 つ大きく問題となったのは、ウクライナがロシアからの選挙監視員の受け入れを全面的に拒否したことである。すなわち、政府（ポロシェンコ政権）は選挙前月の 2 月、ロシアを侵略国家と見なして選挙監視活動への参加を禁じるとの選挙法の改正を行った。ウクライナ議会で同法の改正案が可決された際、OSCE/ODIHR は即日、OSCE の選挙監視活動は特定国の利益を代表するものでなく厳格な行動規準に則って中立公正に行われているとし、選挙法の改正への失望を表明するとともに [9]、その再考を求めた。しかしウクライナ政府はこれに応じず、ODIHR からの申請を含め、すべてのロシア人の選挙監視員の登録を拒否するとの姿勢を貫いた。このことについて ODIHR の選挙監視団は、選挙前に発表する「中間報告書」（OSCE/ODIHR 2019a）をはじめさまざまな機会に苦言を呈したものの、ウクライナ政府は最後までかたくなな姿勢を崩すことはなかった。OSCE は「最終報告書」で、特定国の監視員を排除することはコペンハーゲン文書（1990 年）の第 8 項 [10] に反する行為であるとし、ウクライナを強く批判した（OSCE/ODIHR 2019d : 32）。

　偽装的な選挙監視団の存在や行動は、選挙監視活動の政治的意義を毀損する。こうした問題が実際、ウクライナで一部の国内 NGO に見られたことは先述したとおりであるが、同じようなことが国家の派遣する選挙監視団においても見られる。

　ウクライナがロシアの行動を警戒するのには一理あった。たとえば 2015 年

---

9)　OSCE/ODIHR 報道発表（2019 年 2 月 7 日付）"OSCE/ODIHR Director disappointed by Ukraine's decision to block participation of Russians in election observation mission."（https://www.osce.org/odihr/410958　2021 年 7 月 25 日アクセス）。

10)　コペンハーゲン文書は OSCE の前身である CSCE において冷戦終結直後の 1990 年に採択された文書で、自由かつ秘密主義の定期的な選挙の実施に関わる諸原則が記されており、第 8 項では選挙監視について記されている。

に実施されたベラルーシの大統領選挙では、次のようなことがあった。すわなち、ルカシェンコ大統領が得票率83.47％という圧倒的勝利を収めて5選を果たしたこの選挙は、現職に挑もうとする有力な候補が軒並み立候補を当局によって拒まれたことに端的に示されているとおり、民主的なものとは言い難かった。OSCEは399人で構成される選挙監視団を派遣したが、その「最終報告書」ではこの選挙がコペンハーゲン文書などの定める国際的基準を満たすものとなっていないとの否定的な包括評価が下され、同文書の条項を逐一引き合いに出しつつ具体的に問題点が列記されている（OSCE/ODIHR 2016）。ところが、ロシアが主導するCIS（独立国家共同体）選挙監視団は、「2015年ベラルーシ大統領選挙は、同国の憲法や選挙法に則り、民主主義の原則に合致し、透明で開放的で競合的なものであった」との見解を表明しているのである。そして団長のレベジェフは記者団に対し、「各国には固有の法体系があり、単一の方法を画一的に押しつけるべきではない」と述べ、暗にOSCEを批判した（浦部 2020b）。「選挙監視」が選挙結果の合法性や正当性を主張したり、政治的対抗のための外交手段として用いられたりすることがあるのが実情であり、ロシアはその常習的な主体の1つなのである[11]。

　とはいえ、ウクライナが2019年の大統領選挙でロシアの監視員を排除したことが妥当であったかという点については、次のような意味でかなり疑問が残る。つまり、たしかにロシアが選挙監視を名目として不当な影響力を行使しようとする可能性は否定できず、それを未然に防ぐことがウクライナの国益にとって重要であったのは理解できる。しかしながらOSCEに関していえば、その監視業務は高度に定式化され、不偏性も担保されており、特定国の利益が入り込む余地はきわめて小さい。そもそも、ピアレビュー方式で選挙監視を行い合うというのがOSCEの理念である。少なくとも、OSCEの監視団にロシア政府の派遣する監視員を加えたとしても問題が生じていたとは考えづらい。ロシアの排除はむしろ、選挙監視活動全体の完全性を損ねて批判の隙を与えることになったし、ロシアをいたずらに刺激することにもなった。これに付け加えていうなら、上にも述べたとおり、選挙監視に関わるウクライナの法制度には、

---

11)　ロシアおよびいくつかのCIS諸国からOSCE規準の選挙監視活動への反発が示されていることについては次にも論じられている。（玉井 2017）。

党派性をもった国内 NGO による影響力の行使を許してしまっているとの難点がある。この問題が放置されているのでなおさら、ロシアのみを排除することの恣意性がいっそう際立ってしまっている。

5　ウクライナをめぐる OSCE の諸活動とロシアの反応

　OSCE はこれまで選挙以外の領域でも、現地活動団を通じてウクライナへの関与と支援を継続的に進めてきた。1994 年 8 月、前身の CSCE のもとでまず「ウクライナ派遣団」が設立され（実質的な活動は 11 月開始）、憲法や経済、クリミア自治共和国の状況、少数民族問題に関わる助言や関係者間の政治対話の促進と信頼の醸成が始まった。同派遣団は 1999 年 4 月、一定の目的が遂行されたことでその任務を終了し、活動は小規模な事務所をもつ「OSCE ウクライナ・プロジェクト調整官」へと引き継がれた[12]。調整官の任務とする領域は多岐に及んでいたが、2014 年以降はロシアとの紛争に起因する人道的問題への対処に大きな比重がおかれるようになった（OSCE 2022a : 34-36）。

　マイダン革命とロシアによるクリミア占領が発生した直後の 2014 年 3 月には、「OSCE ウクライナ特別監視団」という大規模な監視団がおかれることになった。同監視団はキーウのほか西部のチェルニウツィ、イバノフランキフスク、リビウ、南部のヘルソン、オデーサ、東部のドニプロ、ハルキウ、ドネツク、ルハンスクに事務所を構えて国内各地に展開し、治安、人道、人権、停戦合意の履行状況などの監視に当たった（OSCE Secretariat 2021）。2022 年 2 月 7 日時点での人員規模は、689 人の国際監視員を含む国際職員 841 人、現地職員 478 人の計 1319 人であった。国際監視員の派遣元国は 43 か国にのぼり、そのうち最多人数を占めるのがアメリカの 56 人で、ボスニア・ヘルツェゴビナの 51 人、英国の 40 人、ブルガリアの 39 人、キルギスタンとモルドバの各 33 人、

---

12)　OSCE ウクライナ派遣団は分離主義に傾くクリミアをめぐる問題の収束に一定の役割を果たし、しばしば OSCE による予防外交の成功事例とされる。他方でウクライナの側には、OSCE を通じた民主化問題への圧力が続くこと、派遣団の存在が不安定性の指標とみなされて投資などに悪影響を及ぼすことなどへの懸念があり、OSCE とウクライナの協議により 1999 年、同派遣団とは別形態の OSCE ウクライナ・プロジェクト調整官が置かれることになった。これらの点については（宮脇 2007）に詳しい。

ルーマニアの29人、カナダと北マケドニアの各27人、ロシアの24人がそれに続いた。2021年度の1年間に、同監視団は1,133件の武器使用を含む計93,902件の停戦違反と92人の死者を確認したとしている（OSCE Special Monitoring Mission to Ukraine 2022）。なお、ドネツクとルハンスクでの自称「人民共和国」の問題は、ウクライナ侵攻の直前にロシアがこれらを国家承認するまでは、ロシアにしてみれば特別な地位が与えられるべきウクライナの内政問題との建前だったので、同監視団におけるロシアの監視員は当事国ウクライナ以外の国際監視員として位置づけられていた。

　この監視団に加え、2014年7月からは「OSCE グコボおよびドネツク・ロシア検問地点監視団」も設けられた。同監視団はウクライナと接するロシア・ロストフ州のカメンスクシャフチンスキーを拠点に、ロシア側のグコボとドネツクの2つの検問所設置地点での国境往来の状況を監視することを任務としていた。2021年9月時点での国際監視員は22人であった（OSCE Secretariat 2022a : 37-38）。

　さて、これらの現地活動団のマンデートは、常設評議会の決定に基づき半年ごとに更新が繰り返されてきた。しかしながら「OSCE グコボおよびドネツク・ロシア検問地点監視団」は、ロシア軍の対ウクライナ国境の軍備増強が取りざたされていた時期の2021年9月30日をもって、「OSCE ウクライナ特別監視団」はウクライナ侵攻後の3月31日をもって、「OSCE ウクライナ・プロジェクト調整官」は同年6月30日をもって、その任務を終了することとなった。OSCE の諸活動は全加盟国のコンセンサスを原則としているが、いずれの活動についてもロシアがマンデートの延長に反対したためである。OSCE 議長国議長と事務総長は各現地活動団の任務が終了するたびに、それを遺憾とする声明を発出している（OSCE 2021; OSCE 2022b; OSCE 2022c）。

おわりに

　本稿では「選挙監視」をキーワードに、マイダン革命後のウクライナにおける選挙とそれに関連する国際的な関与の過程について論じてきた。合わせて選挙監視活動の主要な主体となった OSCE のウクライナにおける諸活動につい

ても紹介した。

　OSCEによる選挙監視活動は、経験を積み重ねるなかで洗練度を高め、中立性と客観性の維持された信頼のおけるものになっている。ウクライナにおけるOSCEの選挙監視活動は毎回、40を超える国々から集まってくる数百人にのぼる多国籍の要員によって担われている。現ゼレンスキー大統領が選出された2019年の大統領選挙に関しても、OSCEは「競争性があり基本的な自由が尊重するなかで平穏裡に実施された」と明示的に評価し、その民主性を認めた。選挙監視活動がもたらす政治的効果の1つは、選挙の正当性が国内外に証明されることである。プーチン大統領は、報道などで伝えられるところによれば、ゼレンスキー政権のことを打倒されてしかるべき非正統的な政権であるかのごとく位置づけるが、そうした認識にはまったく妥当性がないことを「選挙監視」は傍証している。国際社会が選挙に立ち会ったことは、今まさに強い意味をもってきているといってよい。

　ただそれだけに、2019年選挙でウクライナが数多くある国のなかからわざわざロシアだけを選択的に選挙監視活動から、とりわけOSCEによる選挙監視活動から締め出したことは、当時考えられていた以上の問題を残すこととなった。ロシアは2014年5月のウクライナ大統領選挙では、マイダン革命によって成立した政権のもとでの選挙には正当性がないとしてOSCEの選挙監視団への参加を自ら拒否した（浦部 2019：24）。しかし同年11月の議会選挙ではロシアは立場を一転させ、OSCEの選挙監視団に監視員を派遣した（浦部 2020a：15）。2019年選挙では逆にウクライナの側がロシアを拒むこととなったが、これはゼレンスキー政権の合法的で正当的な誕生にロシアを立ち会わせるという、今から考えれば貴重な機会をウクライナが自ら潰すことになった。

　OSCEのコンセンサス主義は、ときに機構としての活動の実効性や俊敏性の点で大きな足枷となりうる。実際、ロシア一国の反対により、OSCEはウクライナにおける3つの現地活動団による活動の停止に追い込まれた。とくにウクライナ特別監視団の活動停止は、ウクライナ東部を中心とする停戦監視や人道支援、人権擁護に重大な役割を果たすべき中核的な担い手が不在になったことを意味し、その痛手はあまりに大きい。この特別監視団の活動は、高度な次元での安全保障問題の管理という点のみならず、水道・ガス・電機などのインフ

写真 2-6 ヘルソン市中心部にある広場〔2019 年 4 月〕（筆者撮影）

広場の掲揚台には、2014 年のマイダン革命やその後の東部での親露派勢力との軍事衝突で命を落とした人たちの写真が掲げられていた。

ラ再建という地道な生活支援の点でも、きわめて重要だったのである。

　では、国際社会がロシアによる不当な武力行使の阻止のために結束しなければならないのは当然であるとしても、ただロシアを締め出しさえすれば、それだけで事態は好転し国際秩序を回復できるのであろうか。OSCE の将来像や可能性については多角的で綿密に分析する必要があるが、ロシアを包摂した広い対話の枠組みを辛抱強く維持していくことの意義が小さいはずはなく、OSCE はその最後の砦である。

　本章は、なぜロシアによるウクライナ侵攻が起きたのか、それがどこに行き着くのか、そもそもこの戦争は防げなかったのかという根源的な問いに対する答えを提示するものではない。ただ、武力紛争そのものの構図を戦術的・戦略的観点から見るだけではなく、ウクライナを取り巻く内政や外交の諸相を多角的に分析し理解しておくことは、紛争進行中のみならず紛争終結後の国家や社会の再建期までも含めたより長期的な視座で、ますます重要になってくるように思われる。それに少しでも寄与できたらという思いから、本稿ではウクライナにおける選挙監視活動を論じ、その意義を検証してみた。

【付記】本稿は、2022 年度科学研究費補助金（研究課題：国際選挙監視活動の機能と逆機能——何が民主主義を促進し何が民主主義を阻害するのか——、研究代表者：浦部浩之、研究課題番号：18K01477）による成果の一部である。

【参考文献】

浦部浩之［2019］、「国際選挙監視活動と 2014 年ウクライナ大統領選挙——OSCE 選挙監視団への参加もふまえて——」『マテシス・ウニウェルサリス』21 巻 1 号，1-25 頁。

浦部浩之［2020a］、「2014 年ウクライナ議会選挙と東西地域性——OSCE 選挙監視団への参加もふまえて——」『マテシス・ウニウェルサリス』21 巻 2 号，1-30 頁。

浦部浩之［2020b］、「権威主義体制下での選挙監視活動と 2015 年ベラルーシ大統領選挙——OSCE 選挙監視団への参加もふまえて——」『マテシス・ウニウェルサリス』22 巻 1 号，1-25 頁。

浦部浩之［2021］、「2019 年ウクライナ大統領選挙と選挙監視活動をめぐる論点——OSCE 選挙監視団への参加もふまえて——」『マテシス・ウニウェルサリス』23 巻 1 号，1-31 頁。

大串敦［2019］、「ウクライナ大統領選——圧勝劇の背景」『世界』922 号，18-22 頁。

倉井高志［2022］、「ウクライナ情勢と欧州の戦略環境——ロシアの軍事侵攻がもたらしたもの」『海外事情』70 巻 4 号，27-43 頁。

玉井雅隆［2017］、「選挙監視のウソ——CIS 諸国と選挙監視の『虚言』と『受容』」後藤玲子・玉井雅隆・宮脇昇編『「やらせ」の政治経済学——発見から破綻まで』ミネルヴァ書房，142-160 頁。

ディッキンソン，ピーター［2019］、「ウクライナ大統領になったコメディアン——なぜ勝利し、何が待ち受けているか」『フォーリン・アフェアーズ・リポート』2019 年 6 号，92-98 頁。

服部倫卓［2014］、「ウクライナ大統領選とポロシェンコ」『ロシア NIS 調査月報』59 巻 7 号，58-69 頁。

服部倫卓［2015］、「ウクライナで新たな議会と内閣が発足」『ロシア NIS 調査月報』60 巻 1 号，114-115 頁。

服部倫卓［2019a］、「2019 ウクライナ大統領選挙の顛末——異例の政権交代はなぜ起きたのか——」『ロシア NIS 調査月報』64 巻 6 号，57-71 頁。

服部倫卓［2019b］、「ウクライナ議会選で大統領与党が記録的大勝」『ロシア NIS 調査月報』64 巻 9-10 号，108-109 頁。

宮脇昇［2007］、「OSCE（欧州安全保障協力機構）の現地活動団」『国際法外交雑誌』106 巻 2 号，23-51 頁。

Beigbeder, Yves [1994], *International Monitoring of Plebiscites, Referenda and National Elections: Self-Determination and Transition to Democracy.* Martinus Nijhoff Publishers.

Hyde, Susan D. [2011], *The Pseudo-Democrat's Dilemma: Why Election Observation Became an International Norm.* Cornell University Press.

OEA [1996], *Observación electoral en Nicaragua: Elecciones generales de 1990*. Secretaría General Organización de Estados Americanos.

OSCE [2021], "Chairperson-in-Office expressed regret that no consensus could be reached on extension of mandate of Observer Mission," 16 September 2021.（https://www.osce.org/chairmanship/498219　2022 年 8 月 18 日アクセス）

OSCE [2022a], *Annual Report 2021*, OSCE.

OSCE [2022b], "Chairman-in-Office and Secretary General expressed regret that no consensus reached on extension of mandate of Special Monitoring Mission to Ukraine," 31 March 2022.（https://www.osce.org/chairmanship/514958　2022 年 7 月 29 日アクセス）

OSCE [2022c], "OSCE Chairman-in-Office and Secretary General announce upcoming closure of Project Co-ordinator in Ukraine," 30 June 2022.（https://www.osce.org/chairmanship/521779　2022 年 8 月 18 日アクセス）

OSCE/ODIHR [1998], "OSCE/ODIHR Election Observation Mission, Ukraine Parliamentary Election 29 March, 1998."

OSCE/ODIHR [2005], "Final Report, OSCE/ODIHR Election Observation Mission, Ukraine Presidential Election 31 October, 21 November and 26 December 2004," 11 May 2005.

OSCE/ODIHR [2010a], "Final Report, OSCE/ODIHR Election Observation Mission, Ukraine Presidential Election 17 January and 7 February 2010," 28 April 2010.

OSCE/ODIHR [2010b], *Election Observation Handbook, Sixth Edition*, OSCE/ODIHR.

OSCE/ODIHR [2014a], "Final Report, OSCE/ODIHR Election Observation Mission, Ukraine Early Presidential Election 2014," 30 June 2014.

OSCE/ODIHR [2014b], "Final Report, OSCE/ODIHR Election Observation Mission, Ukraine Early Parliamentary Elections 2014," 19 December 2014.

OSCE/ODIHR [2016], "Final Report, OSCE/ODIHR Election Observation Mission, Republic of Belarus Presidential Election 11 October 2015," 28 January 2016.

OSCE/ODIHR [2018], ODIHR Needs "Assessment Mission Report (20-23 November 2018), Ukraine Presidential Election, 31 March 2019," 21 December 2018.

OSCE/ODIHR [2019a], "Interim Report, Ukraine Presidential Election, 31 March 2019," 15 March 2019.

OSCE/ODIHR [2019b], "Statement of Preliminary Findings and Conclusions, International Election Observation Mission, Ukraine Presidential Election, 31 March 2019," 1 April 2019.

OSCE/ODIHR [2019c], "Statement of Preliminary Findings and Conclusions, International Election Observation Mission, Ukraine Presidential Election Second Round, 21 April 2019," 22 April 2019.

OSCE/ODIHR [2019d], "Final Report, OSCE/ODIHR Election Observation Mission Ukraine Presidential Election, 31 March and 21 April 2019," 20 November 2019.

OSCE/ODIHR [2022], *Democracy and Human Rights in the OSCE: Office for Democratic Institutions and Human Rights Annual Report 2022*, OSCE/ODIHR.

OSCE Secretariat [2021], "Survey of OSCE Field Operations," September 2021.

OSCE Special Monitoring Mission to Ukraine [2022], "Status Report: As of 7 February 2022," February 2022.

Rating Group Ukraine [2022], "Politics Ratings, A representative national survey 2000 respondents," February 2022.（https://ratinggroup.ua/en/　2022 年 8 月 21 日アクセス）

Transparency International [2019], Corruption Perceptions Index 2019.（https://images.transparencycdn.org/images/Mapindex.pdf　2022 年 8 月 14 日アクセス）

United Nations Secretariat et.al. [2005], Declaration of Principles for International Election Observation　and Code of Conduct for International Election Observers.

PROFILE ●●● 浦部浩之（獨協大学国際教養学部教授）
筑波大学大学院国際政治経済学研究科博士課程満期退学。国連 PKO 選挙監視員（エルサルバドル、モザンビーク）、日本学術振興会特別研究員などを経て、現職。著書に『国境の時代』（共編著、大学教育出版、2022 年）など。

第3章

なぜロシアはウクライナを侵攻したのか

小 泉 直 美

はじめに

　2022 年 2 月 24 日早朝、ロシアは「特別軍事作戦」を開始するとして、多正面からウクライナ領内へ軍を投入し、同時に主要都市に向けてミサイル攻撃や爆撃を開始した。ロシアは前年 2021 年 10 月からウクライナ国境に 10 万という大軍を集積させていたが、実際にウクライナ領内への侵攻の可能性については、多くの研究者や実務者は懐疑的であった。その目標が何であれ、侵攻によるコストの方が、その目標達成からくるベネフィットをはるかに凌ぐはずだと思われたからである。

　本章では、なぜロシアがウクライナを侵攻したのか、国際政治学の分析視角を使って考えたい。以下ではまずロシアの行動が国際的にどう考えられているか、またその政策決定の動機はどのように議論されているか、論点を整理する。その後、侵攻に至る過程を追い、上記の問いについて考えてみることにしたい。

1　ロシアのウクライナ侵攻に対する評価と分析

(1) 国際社会の評価

　プーチン大統領は 2 月 24 日の国民向け TV 演説（原稿は国連事務総長宛てレターで国連に提出されている）で「特別軍事作戦」の動機と目的を語っている。動機を要約すると以下の 2 点になる。

- 米国と NATO（北大西洋条約機構）によるウクライナの軍事化が進んでおり、ロシア侵攻を未然に防止する
- ウクライナ政府によってジェノサイド攻撃を受けているドンバスの2共和国（新ロシア派武装勢力支配地域）の救済要請に応える

また作戦の目的は以下があげられている。

- ドンバスの住民をウクライナによるジェノサイドから保護する
- ウクライナの非軍事化と脱ナチ化を求める
- 市民に対する犯罪者を訴追する
- ウクライナ領の占領の意図はない

ロシアの行動は明らかに国際法違反であり、いくつかの軍事行動は容疑者が特定されれば戦争犯罪にも問われるものである。国連憲章は他国への軍事力行使を禁じている（2条4項）。例外として自衛権の行使があげられるが、その場合は当事国が事前に軍事攻撃を受けていることが前提となる（51条）。しかし、米国やNATO、ウクライナがロシアを攻撃したわけでもなく、直近にその計画があったわけでもない。国際慣習法的に先制的自衛権の行使を主張する国もあったが、その場合も「必要性と均衡性」（攻撃が近いので事前の自衛行為が必要であり、かつ予想される攻撃に見合う自衛攻撃であること）という条件が付けられてきた（Byers 2005）。今回のウクライナ侵攻は、この先制的自衛権行使の要件も満たしていない。ロシアに対する攻撃が差し迫っていたわけでもなく、またロシアの行動は均衡性からは大きく逸脱している。プーチンの主張はむしろブッシュ（子）政権が2002年に主張した予防的自衛権の行使（ブッシュ・ドクトリン：このまま放置すればイラクが大量破壊兵器を獲得してしまうのでそれを予防する）に近いが、これは今では一般的に否定されている。

ロシアはウクライナ東部の2「独立国」との集団的自衛権を主張するが、確かに同地域には軍事攻撃が行われていた。ウクライナは2014年より内戦状態にある。しかし、これら東部2地域は独立国とは言えない。ロシアは作戦開始の3日前に、2地域の独立を承認、それらと同盟条約を締結し、その要請に応えたとする。しかし、その独立はロシアがウクライナの同意なしに一方的に唱えたもので、それに従った国は数か国にしか過ぎず、国際社会で一般的に承認されたとは言えない。また、たとえウクライナによるジェノサイドがあったと

しても、その防止を目的とした武力行使が認められているわけではない。

　さらに交戦中の2月3月、ロシアによると思われる様々な軍事行動が国際人道法違反として報じられた。国際人道法とは、武力紛争中でも戦闘員の損傷や非戦闘員（シビリアン）の被害を抑えるために定められてきたもので、中でも重要だとされることは、戦闘員とシビリアンを区別しなくてはならない、という点である。非戦闘員を拷問、殺害すること、非戦闘用の建物や施設を攻撃することは禁じられている。

　3月上旬、黒海沿岸のマリウポリで病院や避難所とされていた劇場が空爆を受けて破壊された。後者では建物の両脇に上空からも見ても分かるように、ロシア語で「子供」の文字が示されていた。また首都キーウに進軍していたロシア軍の戦略プランは、ウクライナ軍の猛反撃を受けて3月の末に変更を余儀なくされている。ロシア軍がこの方面から撤退をした後には、キーウ近郊のブチャで市民が残虐に殺害され、遺体が放置されている様子が明らかとなり、広く報道された。

　実際、国際社会は敏速に対応した。国連安全保障理事会がロシアの拒否権により機能停止になると、3月2日、国連総会がロシアの行動を侵略と規定し、強く非難する決議を採択している。3月には様々な国際機関が戦闘地域における人権侵害の状況の調査を開始し、ブチャ等での虐殺が公表されると、国連総会はロシアの人権理事会の資格はく奪決議を行っている。ただし、表3-1に見るように、国際社会が一致してロシアを非難しているわけではないことに注意すべきである。

(2) ウクライナ侵攻の分析

　ロシアはなぜこのような暴挙に出たのであろうか。ここで論点を整理してみたい。最も重要な論点は、ロシアの行動は①現存国際秩序を修正する試みなのか、②単に西側の行動に脅威を感じ、それに対応したものなのか、という点である。

表 3-1　国連機関決議と投票行動

日付	決議機関と決定	賛成	反対	棄権	無投票	非賛成
2-25	安保理 侵攻停止要請	11	1	3 中印 UAE	——	4
2-27	安保理 緊急特別会合招集要請	11	1	3 同上	——	4
3-2	総会（総数 193） 侵略非難	141	5	35	12	52
3-24	総会（同上） 人道的結果を非難	145	5	38	10	53
4-7	総会（同上） 人権理事会資格はく奪	93	24	58	18	100

（出所）United Nations Digital Library, Voting Data より作成。

①冷戦後のリベラル国際秩序への修正主義的行動

　現在、おそらく圧倒的多数がこの説をとっている。例えばロバート・ケーガン（ブルッキングス研究所）は冷戦終結後、欧州のバランスは西のリベラリズム有利、ロシアの独裁主義不利へと劇的にシフトした。ロシアはすでに失っていた勢力圏を暴力によって回復しようとしているのだと主張する（Kagan 2022）。ケーガンはネオコン（新保守主義者）と呼ばれるが、リベラル民主主義のために積極介入主義を唱える論者の一人である。

　リベラルの一部は国内体制が対外行動に影響を与えることを強調する（民主主義による平和〈デモクラティック・ピース〉論）。国内が独裁体制であれば、対外的にも攻撃的になる。プーチンも国内の権威主義的利害に寄与するよう、アメリカが第 2 次大戦後に築いてきたリベラル国際秩序を修正しようとしている、と考えるのである（Daalder 2022）。

②米 NATO の政策への対応

　それに対して、ロシアは冷戦後のリベラル国際秩序を根本的に変えようとしていたわけではないという主張もある。むしろアメリカによる NATO 拡大や力による民主主義拡大政策にロシアは脅威を感じ、強く反発しているのだ、とする説である。これはリアリスト（Mearsheimer 2014）の主張である。ウォル

トは西側の行動もまたロシアの行動に反応している、すなわち両者は安全保障のジレンマに陥っていると主張する（Walt 2022a；2022b）。安全保障のジレンマとは互いの意図がわからないため、一方の防衛的行動が相手の不信を呼び、結果として軍拡競争や危機を招く現象である。

ロシアの研究者（Trenin 2016；Tsygankov 2006）もロシアが否定しているのは現存秩序ではなく、アメリカの覇権であり、内政への干渉であると主張する。ロシアの研究者は、極端なリベラル派でない限り、国際秩序と国内秩序は別であると主張する。

それではどちらが実態に近いのであろうか。筆者の主張は後者リアリストの主張に近い。両者は安全保障ジレンマに陥っていると考える。以下ではロシアの政策決定に焦点を合わせてこの点を考えてみたい。プーチンの政策決定には2つの要因、すなわち「ロシアの対外脅威認識」と「国内政治の安定（政権の維持も含まれる）」が作用していると考えられる。そこで本稿では、侵攻に至る原因を「深層的理由」「中間的な理由」「直接的理由（トリガー）」の3段階に分け（Nye & Welch 2011）、この2要因を軸に考えてみることにしたい。

2 ウクライナ侵攻の深層的理由

（1）冷戦終結に関する齟齬

冷戦後の米露の関係悪化の起源は冷戦終結期にある。両者の対立は冷戦終結の陰でくすぶり続け、熟成されてきたともいえる。まずそこから対立の基礎を振り返りたい。

冷戦はいつ終わったのか。ジョゼフ・ナイらはヨーロッパの分断が解消した1989年であるという。「1989年11月、ソ連が東ドイツの共産主義政権を援助するために実力行使をせず、歓喜に満ち溢れた群衆によってベルリンの壁が破壊されたとき、冷戦が終結したといえるだろう」（Nye & Welch 2011）。

ほかにも、米ソが冷戦終結を宣言したマルタ・サミット（1989年12月）、東西ドイツ統一とともに冷戦終結を確認したCSCE（全欧安全保障協力会議）パリ首脳会議（1990年11月）、ソ連崩壊の時（1991年12月）、あるいは冷戦終結の

ための米ソによる一連の核軍備管理交渉を終わらせたSTART（戦略核兵器削減条約）II調印時（1993年1月）とみることも可能である。

　ではどのように終わったのであろうか。以下にように言われることが多い。ゴルバチョフのペレストロイカと新思考外交を通して東西に相互信頼関係が生まれた。1989年には東欧各国の共産党政権が崩壊したが、ソ連は軍事力を行使することなく、1991年10月、東西ドイツは再統一を果たした。その直後、欧州33か国（ドイツ再統一で32か国に）にアメリカ、カナダを含む全34国からなるCSCE（1995年よりOSCE）が、パリ憲章を調印した。そこでは加盟国が「安全保障は不可分であり、個々の加盟国の安全は分かちがたく他の加盟国の安全と結びつけられている」ことを強調した。

　しかし実際は、冷戦は決して東西対等なまま終わったわけではない。ロシアは経済改革を始めたことで計画経済が変調をきたし、大きく生産力を落とす。ドイツ再統一交渉が行われた1989-1990年には、交渉はすでに経済支援をする側と請う側のそれになっていた。

　そして、近年公開された資料によれば、アメリカのブッシュ（父）政権は当初より、ロシアを欧州から排除し、米国の欧州での覇権の維持を狙って、CSCE重視ではなくNATO存続に主眼を置いていたことが分かっている。この過程で、ベーカー国務長官がゴルバチョフ書記長にNATOの管轄は1インチも東に動かない（東独もNATOの管轄下には入らない）と言って、ドイツ再統一の承認を取り付けた話が起ったのである（Sarotte 2010 ; Shiflinson 2016）[1]。

　その後の展開に関しても、欧米とロシアの考えは対立する。西側では、ソ連崩壊後に関しては、ロシアは経済面での計画経済から市場経済へ、政治面での共産主義支配の権威主義から民主主義への変革を始めた。しかし、経済改革でその時にとられたショック療法（一気に価格の自由化をするもの）のためにロシア社会が混乱した。経済情勢悪化のなか、ナショナリズムが高まり、政治面での民主化も停滞した、とされる（Nye & Welch 2010 ; Ikenberry 2009）。

---

1)　この件については、プーチンはウクライナ侵攻開始日の演説でも言及し、ロシアは騙されたとしている。ただし、ベーカーの発言は合意文書化されてはいない。しかし、この会合直後、ゴルバチョフ同意の情報だけが流され、統一ドイツ全体のNATO帰属が交渉の基礎とされてしまう。「騙された」とする主張にも一理あるのである。

しかし、ロシアにはもともと強い指導者を求める志向が強く、欧米流の民主化は自明のことではなかった。確かに冷戦終結直後、米ロ蜜月時代と呼ばれた時期はあった。エリツィン政権初期のことである。特に政権当初1-2年の親西側外交を推進したのはコーズィレフ外相とロシア外務省で、ここにはゴルバチョフの下で生まれた新思考外交派内の急進派がそろっていた。注意すべきは、彼らはロシア社会の中でも突出したリベラルであり、ロシアの主流派ではなかったということである。ロシア社会の混乱で、時を経ずして彼らは力を失う。1993年にはエリツィン自身も国内外で軍事力による問題解決を好むようになり、外交でも96年1月には、勢力均衡を重視する中道派のプリマコフ外相が就任した。

　ロシア社会では、少数のリベラル派と強力な保守・ナショナリスト派がおり、両者の均衡を図るとともに、対外的にも勢力均衡を重視する中道派が国内を安定させる。2000年、就任当初のプーチンもその1人であった。

　こうした状況下で、米露双方には冷戦の終わり方について2つのナラティブ（ストーリー）が生まれた（Sakwa 2017）。アメリカが考えるナラティブとロシアのナラティブである。アメリカのそれは、冷戦はアメリカの勝利であり、戦後はアメリカがこれまで欧州の西半分で主導してきたリベラル国際秩序が、欧州全体、ひいては世界秩序のコアになるというものである。

　他方、ロシアは以下のように考えたのである。冷戦終結は米ソ双方が協力して終わらせたもの。戦後は双方が変化して、新しい秩序を作る、と。その意味は、ロシアは資本主義市場経済を受け入れ、国際法を尊重するが、アメリカの覇権を認めたわけではない、ということである。

(2) ロシアの脅威感の高まり

　1990年代から2000年代の20年間、両国の思惑の乖離は徐々に拡大した。ロシアは不満を募らせていくことになる。もとより90年代には、傷ついた自尊心やそれを背景とするナショナリズムが不満を増幅させていた。しかし、政治指導部は冷戦後の現実を受け入れ、新国際秩序への参入を試みていた。それはプーチンも同じであった。ロシアの不満を2つの分野で整理してみた。

核兵器条約

第1は核兵器条約である。冷戦終結は米ソ双方の核兵器の軍備管理交渉で始まり、最終的に双方の領土に届く長射程の戦略核兵器削減条約（START）の調印で終わったとも言える。ゴルバチョフ政権の末期、1991年7月にSTARTⅠ、エリツィン政権就任1年後の1993年1月にSTARTⅡが調印されている。

アメリカにはソ連の多目標を同時に攻撃できる大陸間弾道ミサイル（MIRV化ICBM）が最大の脅威であった。STARTⅠはその半減を、そしてSTARTⅡはその全廃を決めている。見返りはあったとはいえ、エリツィン政権のリベラルな外務省はあっさりロシアの主力ミサイルの全廃に合意したのである。当然これにはロシア議会で強い反発が起こり、条約の批准は停滞した。その議会を説得して批准を取り付けたのが大統領候補となったプーチンであった。

不利な条約でも国力に応じた核戦力を整備し、同時にアメリカとの協調を考えていたロシアに対して、ブッシュ（子）政権が示したのは、こうした核兵器条約の基礎となるABM（弾道ミサイル迎撃ミサイル）制限条約からの離脱（2002年6月）であった。ミサイル防衛の開発を優先させたためである。当時、プーチンは「これはまちがいである」と静かに言うにとどめた。だがその後、ロシアは核攻撃兵器の開発に傾注し、その成果は2010年代に示されることになる。

「民主主義」の拡大

これには、一見全く関係のない3つの分野で起きていることが含まれる。第1はよく指摘されるNATOの拡大である。まず実態である。旧東欧諸国がエリツィン政権の大国主義的な動きに脅威を感じてNATOへの早期加盟を求めた。これに対してクリントン政権は長い検討作業の末、1994年の末までにその東方拡大方針を決定した（Sarotte 2019）。ロシアは強く反発するが、対抗する国力がないため、新外相プリマコフの下で条件闘争をすることになる。その結果が97年7月に調印された『NATO-ロシア基本文書』である。

ロシアが拡大を受け入れる代わりに、両者の定期協議の場が作られ、「新規加盟国には核兵器は配備しない」。「通常戦力に関しては予見しうる将来においては新たな戦闘部隊の常駐は自制する」との取り決めがなされた。しかし、その後も拡大は続き、2002年には旧ソ連のバルト3国の加盟も決定した。冷戦

終結時に 16 か国であった加盟国は、2022 年には 30 か国を数えている。

　NATO の拡大は軍事同盟のロシア国境への接近であり、それはまさしく安全保障上の脅威なのであるが、同時に、それは民主主義圏の接近だった。実際、クリントン政権の外交政策はリベラル国際主義的見解、すなわち民主主義が拡大すれば、世界は安全になるという考え方に基づいていた。これは民主主義国同士は戦争をしないという前述の「民主主義による平和論」である。この文脈で NATO の東方拡大も決定された（Sondergaard 2015；Stent 2014）。

　ブッシュ政権は就任当初は民主主義という価値ではなく、地政学的利益を重視するとしていたが、2001 年 9 月の同時多発テロ事件を経験して、「自由のアジェンダ」を強く押し出すようになる。これも世界中に民主主義を拡大することがアメリカの義務である、とするもので、リベラル国際主義的見解に他ならなかった。ブッシュ自身、NATO 拡大を「自由のアジェンダ」推進の最強のツールだとみていた（Stent 2014）。言い換えると、欧米の民主主義圏拡大策はロシアにとっては西の「勢力圏」拡大を意味していたのである。

　第 2 はカラー革命である。不満表明のデモが拡大して体制転換を引き起こし、それが別の国にも次々と伝播していく「体制転換のカスケード」（Hale 2013）が 1989 年の東欧革命であったが、同様の現象が旧ソ連にも起こった。それぞれが特定のシンボル、色を基調としていたためカラー革命と呼ばれる。2003 年のジョージア、2004 年のウクライナ、2005 年のキルギスにおこった事態を指すが、同年、ウズベキスタンに飛び火した時には運動も暴徒化、政権側によって暴力的に鎮静化されている。

　ウクライナのオレンジ革命では、プーチンの肩入れするヤヌコビッチが大統領選挙の決選投票で不正に問われ、大規模なデモが起こった。投票はやり直しとなり、この結果、親欧米派のユシチェンコが選出された。実際、この過程で民主化促進のためにアメリカも動き、また様々な NGO も大金を投入していた。プーチンは冷戦終結時、東ドイツ、ドレスデンのソ連領事館に駐在しており、ドレスデン駅での暴動が最終的にベルリンの壁を壊した一連の流れを見ていた。カラー革命においても、人流に脅威を感じると同時に、その背景にアメリカがいて、運動をあおっているとの疑念を深めたのである。

　第 3 は、アメリカによる国際法の軽視である。この点はプーチンが 2 月 24

日（ウクライナ侵攻決定時）の演説でも指摘している。今回あからさまな国際法違反を犯しているロシアが、それに先立つ他国の違反行為を批判したとしても、もとより免責されるわけではない。しかし、実際、アメリカは冷戦後一極体制となり、そのもとで民主主義拡大のために軍事力の行使をたびたび行ってきた。その嚆矢は1994年、ハイチへの軍事介入であった。クーデターが起きたハイチの民主主義を回復するための軍事介入であったが、この時は安保理決議が採択されている（Sondergaard 2015）。

　しかし、その後、ロシアの抵抗が強くなると、1999年、アメリカはコソボにおける人道的懸念を理由に、国連の裁可を回避した形で対セルビア空爆を実施した。また、2003年には、先制的自衛権の行使という主張の下、安保理決議が不十分なままイラク戦争を開始している。根拠とされた大量破壊兵器が発見されなかったため、戦後、ブレア・イギリス首相は、人道的介入でイラク戦争も正当化した。また、2011年、リビア介入では安保理決議採択にロシアも寄与した（棄権）。しかし実際には、人道保護の観点から飛行禁止区域を設定するはずの決議のもとで体制転換が行われ、プーチンは激怒したといわれる。

　ロシアは国際秩序を乱す修正主義者として批判されているが、実は民主主義の拡大を目指すアメリカに対して、「現状維持、主権の擁護、内政不干渉」という伝統的価値の擁護者を自任してきた（Stent 2014）。第1節で紹介したロシアのウクライナ侵攻に対する国際社会の反応（表3-1）は、この文脈で見る必要がある。

(3) ロシア国内の変化

　以上がロシア指導部の見る国際政治における西側の変化であった。他方、西側が気にしたのは、ロシア国内の動きであった。プーチン政権第1期、2期（2000-2008年）の目標は何よりもソ連崩壊後の1990年代の混乱を収拾して国力を上げることであった。そのためにプーチンは政権中央の権限を強め、地方、企業（オリガルヒ）、マスメディアの自由を大幅に制限した。連邦構成体首長の選出を公選ではなく、立法府と行政府からの選出とし、企業には確実な納税を促し、政治への口出しを規制した（武田 2010）。従わない場合は、石油大手で

あったユーコス社のように解体され、代表は脱税の罪で長期拘束された。また政権批判をするマスメディアは報道の自由が制限され、特にテレビはほぼ完全に大統領府の統制下に入った。チェチェン紛争に関して政権批判したジャーナリストは命を落としている。

これらは西側では決して座視できない人権侵害、民主化の後退であり、ロシアという国家への信頼を揺るがす動きである。しかし、ロシアにとっては、これはあくまでも内政問題であり、批判はロシアという国、90年代の混乱を知らない部外者によるものであった。

以上のように、今日の米露間の相互不信は冷戦終結期に始まっている。アメリカは民主主義の勝利だと考え、その後は民主主義圏の拡大を目指した。しかし、冷戦終結で大きな社会混乱を経験したロシアでは、社会の安定こそが優先的課題とされ、民主主義的政治手法は二の次とされた。やがて西側がロシアに不信感を強めるのと同じくして、ロシアもアメリカが自身を排除した上に、政権転覆にかかるのではないかとの不信感を強めていったのである。

3　ウクライナ侵攻の中間的理由

この相互不信（冷たい平和）が対立に発展するのは、プーチン3期目に入る直前、オバマ政権による米露関係のリセットが失敗し、やがて対立の焦点がジョージア、そしてウクライナに定まった時期である。この時期の経緯を侵攻の「中間的な理由」として考えてみたい。

(1)　クリミア併合への経緯——NATO拡大

ミュンヘンからブカレスト

プーチンは2000年の就任以来、国内の統合を優先して、アメリカには協調姿勢を示してきた。その態度はこの時期に一変する。2007年2月、各国首脳や要人が集まるミュンヘン安全保障会議の席で、プーチンは初めてあからさまな形でアメリカを批判した。アメリカがユニラテラリズム（一国主義）の結果、限度のない軍事力の過剰使用を行い、国際法の基本原則が軽視されている。さ

らには NATO の拡大、旧東欧の新規加盟国へのミサイル防衛配備は大きな脅威だと主張したのである。

しかし、ブッシュの態度は変わらなかった。ブッシュ政権はジョージアとウクライナの NATO 加盟を強く支持していた。2008 年 4 月のブカレスト NATO 首脳会議では、両国の加盟行動プログラム（MAP）参加資格の有無を検討することになった。だが、これには国内に加え、独仏からも自制を促す主張が出て、結局、首脳会議宣言の文言は両国の将来の加盟の可能性を確認するにとどまった。

コソボ独立とジョージア戦争

首脳会議の直前の 2008 年 2 月、コソボの独立が承認された。同地域は 1999 年の NATO によるセルビア空爆後、NATO の平和維持部隊が派遣され、長期にわたって国連の暫定行政下に置かれてきた。慎重な考慮の結果であったが、ロシアにとってはこの独立はセルビアの承認を得ない非合法なものであった。

この決定にロシアは強く反応した。ジョージアも同じく国内に 2 つの分離主義地域を抱えるが、歴史的地政学的理由からこれらを支援しているのはロシアである。2008 年 8 月、ジョージア戦争が起こった。ジョージアの方が先に軍事力を行使したが、ロシア側の挑発行為もあったとされる。ロシアはロシア人住民の保護を主張したが、分離主義地域の境界を越えてジョージア内に侵攻し、均衡性（proportionality）を欠いた行動だと批判された。フランスが仲介に入り、ロシア軍は撤退した。だがロシアはその後、2 地域の独立を一方的に承認して、ロシア軍の駐留を決めている。

ロシアはジョージア、ウクライナの NATO 加盟を強くけん制したことになる。しかし、ロシアの軍事力行使の結果、増大したのはロシアへの理解ではなく、西側の脅威感であった。

オバマのリセット政策とメドベージェフ提案

それでも 2009 年 1 月就任のオバマ大統領は米国外交の軌道修正をしようとしていた。過剰な対外関与を合理化し、アメリカが本来目指したリベラル国際秩序の強化に目を向けていた（Rose 2015）。その一環としてロシアとの関係も

「リセット」しようとしたのである。ロシアの側も 2008 年 5 月に大統領はメドベージェフに変わっていた。プーチンとのタンデム（縦に並んだ 2 人用自転車）政権ともいわれたが、当時のメドベージェフは明らかにプーチンとは異なるリベラル路線を打ち出そうとしていた。

　課題は核軍備管理におけるアメリカのミサイル防衛の欧州配備と上記のウクライナ問題である。オバマは、ウクライナはロシアの核心的利益だが、西側にとっては周辺的利害であると認識していた。対するメドベージェフは新たな欧州安保条約案を提案した。1990 年のパリ憲章に戻って安全保障の不可分性を再確認しようとするものである。しかし同時に、メドベージェフは「旧ソ連地域はロシアの特殊利益圏」だと主張した。西側にはロシアの「勢力圏」に手を出すな、と言っているようにしか取れなかった。リセット政策は 2011 年までに失速している。

(2) クリミア併合への経緯──焦点としてのウクライナ

EU とのゼロサム・ゲーム

　2012 年、ウクライナは経済的にも政治的にも安定せず、NATO にしても EU にしてもとても加盟が許されるような状態ではなかった。しかし、運悪く EU（欧州連合）とロシアがウクライナをめぐってゼロサム・ゲームを展開していた（Charap & Colton 2017）。同 12 年、大統領に復帰したプーチンは外交の東方シフトの一環として、EEU（ユーラシア経済共同体）の創設を目指し、関税同盟への参加をウクライナに迫っていた。だがウクライナの貿易額は EU とロシアが均衡している状態であった。10 年 2 月に就任したヤヌコビッチ大統領はむしろ双方からできるだけ好条件の話を引き出そうと躍起になっていた。

　そうした中、2012 年 3 月、ウクライナは EU との連合協定（AA）に仮調印する。当時ウクライナ国民の多数派が EU 加盟を支持していたわけではない。しかし、13 年 11 月、ヤヌコビッチが連合協定の正式調印の延期を発表すると小規模な抗議デモが起こった。それに対して警察が強硬に出たことからデモが 50 万人規模に拡大したのである。確かに腐敗するヤヌコビッチ政権への不満は蔓延していたが、西側はこれを「自由」を求める大衆の動きと見たのである。

クリミア併合

2014年2月、ユーロマイダン（独立広場）での衝突からウクライナの政変が起こった。西側は新政府を即承認した。だがロシアにとっては、これはクーデターであった。ヤヌコビッチは正式な選挙で選出された大統領であり、ユーロマイダンでの衝突の後、対立する両者には反政府側の意向に沿った合意が成立していた。にもかかわらず、翌日、反政府側は過激化し、ヤヌコビッチは出奔せざるをえなくなる。そして右翼政党のメンバーも入る新政権は、ロシアの意向を無視してEU、NATO加盟を主張していた。

ユーロマイダンの反政府運動にアメリカ政権が関わっていたことは知られている。連合協定調印を強く押していたEU諸国も新政権の誕生を歓迎した。ロシアにとってはウクライナの完全「喪失」は受け入れられなかった。それはクリミアの黒海艦隊基地を失うことも意味した。「ロシアはすでに後退できない崖っぷちにいた」（プーチン、3月8日演説）。政権交代の2日後、ロシアは軍を動かし、ハイブリッド作戦（正規軍、非正規軍、サイバー、情報戦などを組み合わせて使用する戦争）で3月半ばまでにクリミアの占領、併合を完了したのである。

ウクライナ東部への軍事介入

ウクライナの東部・南部の住人の多くは新政府を歓迎してはいなかった。それほどウクライナには歴史的な分断があった。2014年4月には、親露派エリートたちの一部は大規模集会を開いて連邦化を要求する。中には政府庁舎を占拠する者も出た。これに対して新政府は対テロ戦争の名のもとに過激な軍事的制圧を行ったが、西側は沈黙していた（Cohen 2014）。この結果、多くの抵抗運動が沈静化するが、逆にドネツクとルガンスク（ドンバス）分離主義者による占領地区の抵抗はより激しさを増した。両地域は4月に独立を宣言する（ドネツク、ルガンスク人民共和国）。ロシアはこの動きに呼応して軍事的関与を強め、独仏の仲介で停戦合意に持ち込むことに成功する。これがミンスク合意Ⅱ（2015年2月15日）である。国連安保理もこれを承認している（同月17日）。

ミンスク合意ではウクライナを連邦化し、東部を再統合する道筋が示された。ここで重要なことは、ロシアは東部2州の独立承認はもとより、併合の意志も

もっていなかったということである。東部2州の親露派勢力はクリミアに倣ってロシアに加入することを望んでいたが、プーチンはそれを許さなかった。ウクライナの連邦化を主張し、分離主義地域の力を借りて内部からウクライナのNATO加盟を阻止しようとしたのである。

　しかしもとより、西側にとってはロシアの一連の行動は力による国境の変更であり、ウクライナの主権と領土一体性を棄損する行為であった。何よりも、同盟選択の自由は保障されるべきであった。

(3) NATO 側の対応

経済制裁

　クリミア併合という国境の変更を行い、ウクライナの領土保全を損なったロシアへの西側の反発は強かった。アメリカも EU も直ちに経済制裁を決定した。2022年侵攻後の経済制裁に比べれば、はるかにその強度は緩やかなものであるが、2014年当時、原油価格の急落もあり、ロシア経済は翌15年に2％のマイナス成長を記録する。特に影響が大きかったのは、金融面での制裁と、資源開発分野での輸出規制であった。前者では資金調達が困難になったことで、ロシア国内の大型案件が滞留した。後者ではロシアのエネルギー産業が、探査・生産用の機器の調達、その他の技術供与が受けられなくなった。

　それでもロシアはむしろ輸入代替産業の推進や内需拡大で乗り切った。輸出に占めるドル建て決済の割合も徐々に低下させてきた。制裁はむしろ、プーチンが始めたロシアの欧州からの自立をある程度後押ししたともいえる。

軍事力配備

　しかし、ロシアは NATO の動きには神経質になっていた。NATO はクリミア併合に呼応して、冷戦後の新規加盟国への軍事力の常駐配備を決定することになる。上述のように、1997年の「基本文書」で常駐基地の増設は相互に自制することがうたわれている。しかし、2014年には緊急展開部隊が創設され、そのサイズは16年には師団サイズに増強され、空海特殊任務部隊との連携が図られている。前進配備としては多国籍の統合ユニット（NFIU）の常駐基地

がバルト3国、ポーランド、スロバキア、チェコ、ルーマニア、ブルガリアの8か所に作られている。さらに16年にはバルト3国とポーランドの常駐基地に4つの大隊規模の戦闘グループがローテーション配備され、それぞれカナダ、ドイツ、英国、アメリカが主導することになった。

CNNは2022年初旬で、旧東欧・旧ソ連からの新規加盟国に、NATOの多国籍部隊と米軍が約12000人配備されており、ほかに22の戦闘機、ルーマニアのミサイル防衛センター（ポーランドにも建設中）があるとしている（CNN; 2022.2.10）。

対ウクライナ協力

ウクライナに関しても、クリミア併合後、NATOとの軍事協力が強化された。2016年にはウクライナのためのCAP（包括的支援パッケージ）が採択されている。ウクライナはクリミア後、16年にNATO標準に従い軍事改革を進め、2020年までにNATOとの相互運用性を達成するためのロードマップ『戦略防衛ブレティン』を作成した。CAPはこれに呼応したもので、軍事顧問団の派遣、16項目にわたる能力構築プログラム、資金援助を含んでいる。

さらには、アフガニスタン、イラク、コソボ等のNATOのミッションや演習への参加を通して、ウクライナは実践的訓練の機会も得ている。2020年にはジョージア、フィンランド、スウェーデンなどと並んで、NATOとの相互運用でEOP（優先的地位）が付与されている。ウクライナは実質的な加盟国化の道を着実に進んでいたということである。このまま逆転することはないとすれば、ロシアにとっては「今動かねば、状況はますます不利に」ということになる。

(4) ロシア国内の変動

2011年12月の衝撃

ここでロシア国内に目を向けよう。ロシア国内にも変化が起こりつつあった。クリミア危機の前に戻るが、リビア情勢に不満をあらわにした直後、2011年9月、プーチンは翌年の大統領選に出馬することを表明した。そして大統領に就

任した際には、メドベージェフ大統領を首相に任命することも表明した。つまるところタンデムの乗り換えである。これに対して、はじめてプーチンへの抗議デモが発生したのである。国民の中にもプーチン長期政権への飽きがあった。これが大きなうねりとなり、11年末の下院選挙の折に、各地で大衆デモが起こった。

　西側はこの動きを、おりしも2010年末に始まった「アラブの春」（中東における政治変革の波）の一環として歓迎した。しかし、デモに参加した者の多くは政府機関やシンクタンクなど、公的セクターの労働者であり、いわばリベラルなエリート層であった。この運動はプーチン政権の破綻の結果というより、成功の結果であった（Hill 2017）。プーチン政権が生み出した安定の下で育った都市の中産階級の成長のあかしでもあったのである。だが全体的にみれば彼らは依然少数派であった。

　しかし、これは国内の安定を重視するプーチンの最も警戒するところであった。デモ参加者は外国のために働く第5列（国内の協力者）であった。プーチンは一方で若干の政治的な譲歩策をとりながら、国内締め付け策強化に出た。2012年7月には外国からの資金を得ているすべての組織に「外国エージェント」として登録することを義務付ける法律が作られている。

　そして注目すべきは、リベラルの離反が見られる中、プーチンは中道路線を捨て、次第に軸足を保守・ナショナリストに移していったということである。そしてそれは外交的には欧州からアジアへの東方シフトを意味していた。

ロシアの国家文書

　この時期のロシアの認識の変化を国家文書で見てみよう。ロシアは2014年12月に軍事ドクトリン、15年12月に安全保障戦略を改定している。前者は国防省が、後者は安全保障会議が起案し、大統領が承認するというものである。いずれも、その時点で政権が何を脅威と感じ、どう対処しようとしていたかを知る手掛かりとなる。

　まず軍事ドクトリンである。2014年度版には国内の軍事的危険性として、その前の2010年版にない初めて見られる項目がある。

・国民、特に若者に向けた情報操作の活動。その目的は祖国防衛分野での歴

史的、精神的、愛国的伝統の破壊
- 民族間、社会的緊張、過激主義の挑発、民族的地域的嫌悪あるいは敵意の扇動

『安全保障戦略』は軍事だけではなく、より包括的な安全保障問題を扱うものである。前 2009 年版に比べて、以下のような新しい一項目の存在が目を引いた。これはロシア国内の対処の仕方といえる。「ロシアの伝統的価値が復活している。若者世代にロシア史に対するふさわしい関係性が生まれている。市民社会に国家体制の基本を形成する共通の価値、すなわちロシアの自由と独立、ヒューマニズム、民族間平和と合意、多民族国民の文化の単一性、家族、教会的伝統への経緯、愛国主義といったものであるが、これを基礎に団結が生まれている。」

このようにアメリカの民主主義拡大策、NATO 拡大がついに旧ソ連のジョージア、特にウクライナに及び、ロシアが行動を起こした。ロシアにとって旧ソ連の変動はロシア社会に直結するため脅威となる。しかし、ウクライナ東部内戦での停戦合意（ミンスク合意）は成立したものの、ロシアの行動で NATO の「前進」はさらに進んだ。この間、ロシア国内でも反プーチンの動きが出現し、プーチンの中道路線は行き詰まりを見せ、保守化が始まったのである。

4 ウクライナ侵攻の直接的理由

2018 年 3 月、プーチンは再選を果たす。これがプーチンの第 4 期で、このままでは最終任期となる予定であった。ウクライナ侵攻の最終決断はこの再選後にあわただしく行われることになる。何がトリガーとなったのか、はっきりしたことは今後の分析に委ねられねばならない。しかし、わかる範囲で考えてみたい。

(1) ウクライナへの諦め

東部切り離し
西側の支援を得て、ウクライナも一段と反露政策を強化していた。ポロシェ

ンコ政権は 2017 年、改めて NATO 加盟という政治目標を復活させ、2019 年にはそれを盛り込む形で憲法も改正した。また、中央の東部への政策も変更された。2017 年、中央政府はそれまで続いていた東部分離派支配地域との取引を停止した。それまではまだ分断線を越えた原材料や給与支払いという形の資金の流れが続いていた。

　この措置はいわば、東部の船は見捨て、救いを求めて出てくるものは助けるが、あとは負担をロシアに負わせるという政策（Crisis Group 2020）である。ロシアの負担は増え、住民の生活水準も悪化した。当然、ミンスク合意は順守しないということになる。中央政府にとって、東部をそのまま特別自治区として受け入れるのは、トロイの木馬を招き入れるようなもので、呑めなかった。しかし、ミンスク合意を反故にするのであれば、ロシアも対応せざるを得ない、という状況が生まれたのである。

ゼレンスキーの選択

　2019 年 5 月、ゼレンスキーが大統領選挙で勝利した。選挙戦でロシアとの対話の再開を約束していたゼレンスキーも国内圧力を無視しては動けない。19 年 12 月、独仏合わせた 4 国（ノルマンジー・フォーマット）首脳会談（パリ）でプーチンと初めて顔を合わせた時、ゼレンスキーはプーチンにミンスク合意順守の意思のないことを伝えた。東部占領地域とクリミアはウクライナの領土であるとしただけではなく、連邦化は受け入れられないと明確な意思表示をしたのである。

　そして、これが侵攻のきっかけとなったかもしれないとの説もある。ウクライナの説得を諦めた、というのである（松里 2022）。その可能性もあるが、それは侵攻決断の一部であろう。ロシアが相手にしているのはアメリカである。その後、以下に見るように、アメリカの意思の確認は 2 度にわたってなされている。ロシアはこれまでも周到な用意をしながらも相手の行動を注視したうえで、サプライズの決断をしてきたという経緯がある。

写真 3-1　プーチン・ゼレンスキー共同記者会見（2019 年 12 月 10 日）

（出所）http://www.kremlin.ru/events/president/news/62277

（2）ロシア国内の動き

　決断がどの段階であれ、この時期に一段と顕著となる国内締め付けや、プーチンの保守的な発言は侵攻のための国内準備であったということになる。3つの動きに注目してみたい。

憲法改正

　第1は憲法改正である。これは 2020 年 1 月、突然プーチンが年次教書演説で提起した。その草案は 3 月に議会によって採択され、その後、国民投票に（COVID19 のため 7 月 1 日までの 1 週間）かけられた[2]。結果は投票率 68％、うち賛成 78％で、有権者全体からすれば賛成は 53％、かろうじて承認されたという結果であった。反対者は投票者の 21％、有権者全体の 14％になる。

　この結果、プーチンの任期が最大 2036 年まで（プーチンは 83 歳）伸びることになったことが話題になったが、注目点は別にもある。2つ指摘すると、憲法が国際法に優先することが明記されたこと、「伝統的価値」の尊重の項目が各所に付加されたことである。ロシアの保守化、内向き姿勢がうかがわれる。他方で、この結果、憲法内でも条項間の矛盾が起きている。

---

[2]　今回の改正項目は憲法 3 条から 8 条に関する修正で、そのために国民投票は必須ではなかったにもかかわらず、「国民に発言権を与えるため」プーチンの決定で実施された。

下院選挙に向けてのナワリヌイへの威嚇

第2は2021年9月の下院選挙に向けて、反政府派の排除の動きである。オンライン上で汚職疑惑を追及することで名が知られるようになったアレクセイ・ナワリヌイは、上記11年の下院選挙のデモに参加して逮捕された。以後、プーチン批判の急先鋒となった。20年8月、地方からモスクワに向かう飛行機内で体調不良となり、意識不明の重体となる。その後ドイツに搬送され、治療を受けるが、そこでその原因はノビチョクという毒物であったことが確認された。ノビチョクは18年イギリスのソールズベリーにおいて元ロシア軍参謀本部の諜報員とその娘の暗殺未遂に使われた毒物でロシア政府の関与が疑われたものである。

ナワリヌイは2021年1月に拘束されることを承知でロシアに帰国し、その後、逮捕され、懲役9年の刑を受けている。それでも世論調査では、ナワリヌイの活動を承認するかと聞かれ、「承認しない」が60%、「名前を聞いたこともない」が14%、「承認する」は14%であった（レバダ・センター：2022年2月）。同年9月の選挙では、与党は10議席減らすも3分の2の議席は確保した。

エリート向け発信————国家文書、論文

第3は国内エリート向けの発信である。1つは2021年7月に出された「安全保障戦略」改訂版である。安全保障戦略は5年半ぶりの改定となるが、上記2014年版に現れた保守的な1段落の記述が、大きく拡大していることがわかる。2021年版では、「伝統的なロシアの精神的道徳的価値、文化歴史的記憶の保護」は戦略的国家優先事項の中の1項目として10段落に及び、10段落目の第93項で、そのための手段として14項目があげられている。

もう1つは同じく2021年7月に発表されたプーチンのウクライナに関する論文「ロシア人とウクライナ人の歴史的一体性について」である。これもプーチンの新たなスタンスを示していた。マスメディアではウクライナの主権を否定する内容と喧伝されたが、要点はそこではない。ロシアとウクライナは歴史的、精神的に「一つの民（ナロード）、不可分の一体」であるはずなのに、西側の「反露プロジェクト」によって分断されている。ウクライナ政権が多くの国民の反対も顧みず、危険なこの地政学的ゲームに引き込まれた結果である。

彼らは国連が承認したミンスク合意を拒否して、ドンバスはいらないと言っている。新大統領（ゼレンスキー）にももはや期待できない。これがプーチンのメッセージであった。

(3) 対米交渉

バイデン・プーチン米露首脳会談

　他方、2021 年 1 月、バイデン大統領が就任した。アメリカ国内も分断が叫ばれ、この直前には選挙結果に不満を持つ親トランプ派の市民が議会に乱入する事件が起きていた。こうした中、バイデンは対外的には強硬姿勢を示した。3 月には中露との対決を「民主主義対専制主義」の闘いと位置付けた。またABC ニュースの取材で、ナワリヌイ事件に関連してプーチンのことを「人殺し」と思うかと聞かれ、そう思うと答えている。

　これに対してロシアは 2021 年 3 月から演習と称して、ウクライナとの国境地帯に 10 万人規模の軍を終結させた。この時は 4 月には演習は終わったとして、多くの兵員を後方の基地に撤収させたが、インフラの多くは国境沿いに残していったといわれる。

　こうした状況を背景に 6 月、初めての米露首脳会談がジュネーブで行われた。会談は対面で 2 時間以上行われたが、戦略核兵器に関する短い共同声明を出しただけで、記者会見は別々に行われた。それでもプーチンは、会談は建設的であったと述べている。その中で注目されたのはミンスク合意についての質疑応答である。プーチンは、自分の理解する限りバイデン大統領は、解決策は同合意に基づくものであるべきだと考えているようだ、と答えていたのである（6月 16 日、プーチンの記者会見）。まだ、新政権の様子を見る姿勢があった。

ロシア軍集積と米露交渉

　2021 年 10 月、再び、ロシアは兵力をウクライナ国境地帯に終結させ始めた。プーチンの決断は、この秋であった可能性が高い。8 月、バイデン政権がアフガニスタンから米軍撤退を強行させ、ロシアから見ればその「弱腰」を露呈させていた。ロシアはこのころには、予想される制裁への対策を検討していた

写真3-2　対外諜報局長官セルゲイ・ナルィシキン（安全保障会議において）

（出所）http://www.kremlin.ru/events/president/transcripts/67825/photos/67641

（2022-2-21 安全保障会議、ミシューチン首相の発言）。12 月から 22 年 2 月、米露は緊密な外交交渉の時期に入る。プーチンにとっては最終的な白黒をつける場となった。

　12 月 7 日、プーチンはバイデンと 2 時間に及ぶオンライン会談を行い、NATO 不拡大の法的保証を求めた。15 日には、その具体案として露米間、露-NATO 間の安全保障に関する 2 つの条約案をアメリカ側に手渡している。キーとなる概念はここでも「同等の安全保障」であった。

　交渉は事務レベルで行われたが平行線であった。アメリカ側の主張を端的に示しているのが、ブリンケン国務長官が 2022 年 1 月 21 日にベルリンで行った演説である。彼は、ウクライナの問題は単なる侵略や戦争の可能性の問題ではなく、ウクライナの主権国家としての生存権の問題、民主主義国になる権利の問題だとする。さらにこれはウクライナにとどまらない。いったん主権や自決の原則が放棄されれば、この数十年作り上げてきた諸ルールが劣化し、やがて消え去る世界に逆戻りだと言い切る。アメリカはロシアの行動を国際秩序への挑戦だとみているのである。

　これに対して、2 月 17 日、ロシアは、アメリカが建設的な対応をしなかった、軍事的対応を考えざるをえないとの声明を出した。それでもラブロフはブリンケンの求めに応じ、24 日に外相会談を行うことにしていた。

侵攻直前の動き

　開戦前のこれまでにない動きとしては、アメリカ側が自己の情報コミュニティが収集した情報に基づいてロシアの行動予測を事前に公表したことである。2月17日には、ブリンケンが国連安保理で「ロシアの侵攻シナリオ」を示している。それは今から思えば実際のロシアの動きをことごとく言い当てていた。

　ロシアの側にも奇妙な動きがみられた。2月21日、通常非公開の安全保障会議をオンライン公開としたことである（ライブではなかった可能性もある）。その場で、プーチンはドンバス2共和国の独立を承認するかどうか、各常任委員他に「事前の調整なし」に意見を述べさせた。対米、対ウクライナとの交渉責任者のラブロフ外相やコザク大統領府副長官が、進展のなさを報告するが、ラブロフは交渉継続を主張した。

　承認賛成意見が続く中、強硬派パトルーシェフ安全保障会議書記が回りくどい発言をした。決定権があるのはアメリカのみだ。短期打開ができるか、アメリカに最後の対話のチャンスを与えよう。だがどうせ態度変化は期待できない。やはり唯一の決定は承認である、と。それにつられたミシューチン首相とナルィシキン対外情報局長官が「最後のチャンス案」に賛同する。ここですかさずプーチンが、承認するのは今なのか後なのかと迫った。ビデオはナルィシキンがたじろぐ様子もしっかり映し出していた。このビデオは独裁者プーチンのイメージを強く印象付けたが、同時に、指導部の足並みの乱れも垣間見せるものであった。

　このように最終決断はプーチン第4期（2018年〜）になされた。ウクライナがミンスク合意を拒否し、東部分離派支配地域の状況は悪化していた。西側もそれを黙認し、ウクライナのNATO接近も止めがたく思われた。ロシアは大きく保守化しながら、侵攻準備を始めていた。アメリカの弱さを感じ、ロシアを国際秩序への脅威とみるアメリカの姿勢が変わらないことに見切りをつけて、プーチンは最終決断をしたものと思われる。

おわりに

　ロシアはなぜ侵攻したのか、初めの問いに戻りたい。ロシアがウクライナ侵

攻を最終的に決断した理由は、ウクライナの「実質NATO化」が進み、かつウクライナがミンスク合意を拒否し、アメリカや独仏がそれを黙認したためだと考えられる。プーチンは今を逃せば、状況はもっと悪くなると考えた（プーチン、2月24日演説）。

　他方アメリカは、ウクライナの主権を無視するロシアの行動を、国際秩序への挑戦だと考え、ロシアを強く抑止しようとした。すなわち、双方とも相手の意図を読み違えたといえる。互いの脅威認識が相互の対決姿勢や地域の軍事化を生んだ安全保障ジレンマという基本的構図がここにはある。「民主主義」対「専制主義」とされるため、ロシアの「安定」への利害が見えにくくなっている。実際、安定への不安が広がれば広がるほど、ロシアの政治体制はより規制的、専制的となり、それがまた新たな対露不信を生むことになるのだ。

　繰り返すが、だからと言ってロシアの行動が正当化されるわけではない。プーチンの行動は最上級の非難に値する。同時にその決定は極めて非合理的であった。安定を求めたロシアの戦略環境は大きく不安定化し、むしろ相手側にこれまで欠けていた強い一体感を与えた。プーチンの「誤算」がさまざまに指摘されるが、戦争のコストは十分に予測できたはずである。

　ただここで考えるべきことは別にある。1つは今後のことである。もし双方が相手の意図を読み違えているのだとすれば、戦闘が止んでも、そして、たとえそれがロシアの敗北に終わったとしても対立は終わらない。特に現状は対等な2者間の安全保障ジレンマ状況ではない。米露のパワーは強く非対称である。ロシア社会の中でもリベラルな主張で知られるカーネギー・モスクワ・センター元所長のドミトリー・トレーニンですら、以下のように言っている。西側が用意しているロシアの敗北は平和や関係修復をもたらさない。おそらくは「ハイブリッド戦争」の舞台が単にウクライナから東に移り、ロシア国境内に入って、現在の形でのロシアの存在が争われることになる。この敵の戦略には是が非でも対抗せねばならない、と（Trenin 2022）。

　最後にプーチン要因を考えたい。確かに、プーチンでなければウクライナ侵攻はなかったかもしれない。しかし、プーチンの脅威認識を病的なもの、あるいは独裁者固有のものとみるのは間違っている。ゴルバチョフなら軍事力行使はしなかっただろう。だが、彼の「無策」がソ連を大混乱に陥れたと多くのロ

シア人は見ているのだ（Zubok 2003）。

【参考文献】

石田淳［2022］「武力による現状の変更——ロシアによるウクライナ侵攻における対立の構図」『国際問題』709 号，1-10 頁。

武田善憲［2010］『ロシアの論理』中公新書。

松里公孝［2022］「ウクライナ危機の起源：歴史，安全保障，地域の特性」『ロシアのウクライナ侵攻』NIRA.

Byers, Michael [2005], *War Law: Understanding International Law and Armed Conflict*, Grove Press.

Charap, Samuel and Timothy J. Colton [2017], *Everyone Loses: The Ukraine Crisis and the Ruinous Contest for Post-Soviet Eurasia*, IISS.

Crisis Groupe [2020], "Peace in Ukraine (III): The Costs of War in Donbas." (https://www.crisisgroup.org/europe-central-asia/eastern-europe/ukraine/261-peace-ukraine-iii-costs-war-donbas)

Daalder, Ivo H.and James M Lindsay [2022] "Last Best Hope: The West's Final Chance to Build a Better World Order" *Foreign Affairs*, 101(4): 120-130. (https://www.foreignaffairs.com/articles/world/2022-06-21/last-best-hope-better-world-order-west)

Hale, Henry E. [2013], "Regime Change Cascades: What We Have Learned from the 1848 Revolutions to the 2011 Arab Springs," *Annual Review of Political Science*, 16, Annual Reviews Inc. : 331-353. (https://www.annualreviews.org/doi/full/10.1146/annurev-polisci-032211-212204)

Hill, Fiona and Cliford Gaddy, [2013], *Mr, Putin: Operative in the Kremlin*, Brookings Press.

Ikenberry, G. John and Daniel Deudney [2009/2010] "The Unravelling of the Cold War Settlement," *Survival*, 51(6), Routledge: 39-62.

Kagan, Robert [2022] "The Price of Hegemony: Can America Learn to Use Its Power?" *Foreign Affairs*. (https://www.foreignaffairs.com/articles/ukraine/2022-04-06/russia-ukraine-war-price-hegemony)

Mearsheimer, John J. [2014] "Why the Ukraine Crisis Is the West's Fault: The Liberal Delusions That Provoked Putin," *Foreign Affairs*, 93(5): 77-89. (https://www.foreignaffairs.com/articles/russia-fsu/2014-08-18/why-ukraine-crisis-west-s-fault)

Mullerson, Rein [2022], "What Went Wrong？: From the Fall of the Berlin Wall to the Rise of New Fences," *Russia in Global Affairs*, Foreign Policy Research Foundation (Russia). (https://eng.globalaffairs.ru/articles/what-went-wrong/)

Nye, Joseph S. and David A. Welch [2016], *Understanding Global Conflict and Cooperation*, 10th ed., Pearson Education, Inc.（邦訳：田中明彦・村田晃嗣訳『国際紛争』有斐閣，2017 年。）

Sakwa, Richard [2017], *Russia Against The Rest: The Post-Cold War Crisis of World Order*, Cambridge University Press.

Sakwa, Richard [2021],"Greater Russia: Is Moscow out to subvert the West？" *International Politics*, 58: 334-362.

Sarotte, Mary Elise [2010] "Not One Inch Eastward? Bush, Baker, Kohl, Genscher, Gorbachev, and the Origin of Russian Resentment toward NATO Enlargement in February 1990," *Diplomatic History*, 34(1), Oxford University Press: 119-140.

Sarotte, M.E. [2019] "How to Enlarge NATO: The Debate inside the Clinton Administration, 1993-95," *International Security*. 44(1), the MIT Press: 7-41.

Shifrinson, Joshua R, Itzkowitz [2016] "Deal or No Deal? The End of the Cold War and the U.S.. Offer to Limit NATO Expansion," *International Security*, 40(4), the MIT Press: 7-44.

Sondergaard, Rasmus Sinding [2015], "Bill Clinton's 'Democratic Enlargement' and the Securitization of Democracy Promotion," *Diplomacy & Statecraft*, 26(3), Routledge: 534-551.

Stent, Angela E. [2014], *The Limits of Partnership: U.S.-Russian Relations in the Twenty-First Century*, Princeton University Press.

Teague, Elizabeth [2020], "Russia's Constitutional Reforms of 2020," *Russian Politics*, 5, Brill: 301-328.

Trenin, Dmitri [2016], *Should We Fear Russia?*, Polity. https://eng.globalaffairs.ru/articles/russia-must-reinveut-ilself/

Trenin, Dmitry V. [2022], "How Russia Must Reinvent Itself to Defeat the West's 'Hybrid War'," *Russia in Global Affairs*, Opinions, 24 May 2022.

Tsygankov, Andrei P. [2022], *Russia's Foreign Policy: Change and Continuity in National Identity*, 6th ed., Rowman & Littlefield Publishers, Inc..

Walt, Stephen M. [2022a] "An International Relations Theory Guide to the War in Ukraine," *Foreign Policy*, Analysis, March 8. 2022.

Walt, Stephen M. [2022b] "Does Anyone Still Understand the 'Security Dilemma'?" *Foreign Policy*, Argument, July 26. 2022.

Zubok, Vladislav M. [2003],"Gorbachev and the End of the Cold War: Different Perspectives on the Historical Personality," William C. Wohlforth ed., *Cold War Endgame*, Penn State Press.

PROFILE ●●● 小泉直美（元防衛大学校国際関係学科准教授）
米国オハイオ州立マイアミ大学政治科学部大学院修士課程修了。（財）日本国際問題研究所研究員など歴任。専門はロシア地域研究。著書に『ポスト冷戦期におけるロシアの安全保障外交』（志學社、2017 年）など。

第**4**章
EU の対ロシア・ベラルーシ制裁の動向と展望

山上　亜紗美

はじめに

　2022 年のロシアによるウクライナ侵攻を受けて、EU がロシアに対して数々の制裁を実施したことは、日本のメディアでも大々的に報道された。しかし、EU という地域的国際機構が経済制裁の実施主体たりえるという理由についての報道は、あまりされていない。また、EU の経済制裁について、駐日欧州代表部の広報である「EU MUG」で大きく取り上げられたのは、2022 年現在までに 2 度ほどである。1 度目は 2014 年のウクライナ動乱に関する対ロシア経済制裁、そして 2 度目は今回のロシアによるウクライナ侵攻に関する経済制裁である。その間にも EU は、ベラルーシの大統領選に対する不正に関する制裁（2020 年）などの制裁を積極的に実施している。しかし、その仕組みについては日本国内では、十分に理解されていないのが現状である。

　そこで本章では、EU の経済制裁の仕組みとロシア・ベラルーシに対する影響を示すとともに、その役割について示す。なお、ここでは、混乱を避けるために以前 EU が主に用いていた制限措置（restrictive measure）も経済制裁と表記している。

1　EU による経済制裁の仕組みについて

　まず、経済制裁についての説明を行う。経済制裁は、国家や国際機構が広く用いてきた政策の 1 つである。しかし、定義等は明確にはなっていない（奥

123

迫 2017)。一般的な日本における用語解説として、経済制裁は、政治目的あるいは軍事目的を達成するために、経済的手段を非軍事的手段として用いること（小笠原ほか 2017：23）と説明されている。また、他方では経済制裁を国際社会のルールに反する行為に対し、経済的手段によって損害を与え、その行為を制止する政治的措置（猪口ほか 2005：285）であると説明されている。さらに他方では、経済制裁について違反国に対して経済的手段によって不法行為を停止させ、権利などを侵害された国の法益や安全を回復、もしくは国際社会の平和を復活させる事を目的とする行為（川口ほか 2003：285）であると説明されている。加えて、経済制裁は対象国に対して懲罰的な側面を有するのみではない。経済制裁は制裁対象に懲罰や非難として行う政策という側面だけではなく、制裁対象の行動の変化を促すものとされている（Baldwin 1985）。つまり、現在の経済制裁とは、非軍事的手段の1つであり、経済的手段を用いて対象国に影響を与え、例えば国際社会の平和といった目的を達成する行為であると説明できる。さらに対象国への経済的な措置という側面だけでなく、対象国の政策変化を促す意味をもつといえよう。なお、山本（2000）が指摘するように、経済制裁の実施によって、制裁実施国と制裁対象国の関係は緊張と対立が深まる。

　現在の経済制裁は、ルールの認定と経済制裁の実施を国家が自らの判断で行う場合、国際機構がルール違反を認定し加盟国が独自の判断で経済制裁を行う場合、国際機構がルール違反を認定し経済制裁を実施する場合の3点の状況に分類できる（本多 2013：35）。駐日欧州連合代表部の公式見解によると、EU は欧州連合条約（EU 条約）に掲げられた CFSP（共通外交・安全保障政策）の目標を達成するために、国連安全保障理事会決議あるいは EU 自らの決定に基づき、第三国政府やテロリスト集団に対して経済制裁を実施している。制裁は、国際法や人権を侵害する行為や政策、そして法の支配や民主主義の原則を尊重しない政策に変化をもたらすことを目的とした、外交的または経済的手段であると定義されている。制裁の根拠である CFSP の目標は EU 条約第 21 条 2 項に規定されている。つまり EU は経済制裁を行うことにより、対象国への懲罰を行うのみならず、EU の価値を目的として対象国へ変革を求めている。

　欧州の共同体における経済制裁の歴史は、EC（欧州共同体）以前の EEC（欧州経済共同体）創設の際に調印されたローマ条約から始まっている。すでにロ

写真 4-1　欧州委員会

（出所）筆者撮影。

ーマ条約において共同体の経済制裁については規定されていたのである。ただ
し、当時は通商政策の枠組みの中で実施されており、現在のように対外政策の
一環として実施されるようになったのは、マーストリヒト条約であった。

　現在、EU の経済制裁は、CFSP の枠組の中で実施されている。CFSP の目
的は、EU 条約 21 条 2 項に示されており、それは国際平和の維持と民主主義、
法の支配、人権の強化そして国際法の遵守を示している。また、EU 条約 3 条
5 項には、対外的に平和や安全、貧困の根絶、人権の保護、そして国連憲章を
含む国際法の厳格な遵守と発展に寄与することを示している。

　EU の経済制裁の法的根拠として、EU 条約 24 条 1 項、EU 機能条約 2 条 4
項そして EU 機能条約 215 条 1 項が挙げられる。EU 条約 24 条では、経済制
裁をはじめとした対外政策に関して、加盟国の全会一致が求められることが示
されている。また、EU 機能条約 2 条 4 項は、EU が共通外交・安全保障政策
を実施することができることを示しており、さらに、同条 215 条には経済制裁
（制限措置）に関する規定が定められている。

　EU の経済制裁における法的手続きは以下のとおりである。経済制裁に関す
る規則や決定は、CFSP の枠組みによって決定される。まず、加盟国、EU 外
務・安全保障上級代表（以下上級代表）、対外行動庁によって、経済制裁に関す
る提案がなされる。この提案は主に欧州委員会の助言が元になっている。次に
外務理事会（Foreign Affairs Council）において経済制裁にこの提案が示され、
政治・安全委員会（Polictical and Security Committee）において議論される。さ

図 4-1　経済制裁の政策的流れ

①法案の提出

各加盟国から欧州対外行動庁に対して法案を提出する。

②法案提出後

法案が外務理事会において公示され、政治・安全委員会において議論される。

③交渉

各加盟国の代表による決定交渉。

④常駐代表委員会

常駐代表委員会によって予審が行われる。

⑤理事会

決定の最終承認。

⑥規則

必要であれば、EU 機能条約 215 条に基づいた審議会によって規則が実施される。

らにこの提案は、制裁対象国の属する地域を担当する理事会のワーキング・グループにおいて精査される。経済制裁に関する措置について合意を得たのち、その提案は RELEX（対外関係相談委員会）に移動する。RELEX は、特に CFSP の制度的、法的、物流的、財政的側面について、EU 理事会の決定事項の準備と実施全般を検証する役割を担っている。加えて、RELEX は 2004 年から経済制裁に関する問題について議論する部署を設置している。RELEX において、各加盟国が制裁内容について具体的に議論する。経済制裁に関する内容について、各加盟国の合意が得られた後、COREPER II（常駐代表委員会）に提出される。CORPER II では、理事会での作業の準備が行われる。ここでは、決定と規則の精査が行われ、理事会において全会一致で採択されるよう、

代表者が準備を行う。その後、理事会において決定がなされ、採択されたその日に発効される。理事会は欧州議会に対して、その決定・規則の採択がなされたことを通達する。また、実施される経済制裁に関して、例えば資産凍結のように追加での規則が必要な場合、その規則は通常ではEU機能条約215条に基づいて、経済制裁に関する決定と同時に採択される。以上が、経済制裁に関連したCFSPの決定に関する規則・決定の採択の流れである。

以上の流れから見て取れる通り、EUの経済制裁については、理事会と委員会、そして欧州対外行動庁が大きな権限を持っており、欧州議会はCFSPの決定について公示されるものの、公式に関与することはできない。そのため、いうまでもないことではあるが、経済制裁は他の対外政策と同じく、全会一致によって実施される政策の1つである。EUの経済制裁としては主に、対象の資産凍結と渡航禁止措置、武器輸出禁止措置、金融措置、投資禁止、そして対象国からの飛行・航行禁止措置と貿易制限といったものが挙げられる。CFSPの決定によって、EUは共同体として経済制裁を実施するが、これは加盟国による独自の経済制裁を妨げるものではない。つまり、EUの経済制裁は加盟国による議論の結果、共通の立場として実施されるものである。言い換えれば、いずれかの加盟国が反対した場合には、その経済制裁は実施されないのである。

2 2022年までの対ロシア・ベラルーシ制裁についての概要

2022年のEUの対ロシア・ベラルーシ制裁について説明する前に、2014年のロシアのウクライナ東部に対する軍事介入、そしてベラルーシの民主主義に関する経済制裁の概要を示す。

(1) ウクライナ侵攻以前の対ロシア制裁

2022年のロシアのウクライナ侵攻以前の経済制裁は大きく①クリミア半島「併合」に関するもの②ウクライナ東部での戦闘行為に対するもの③ロシアの民主主義に反する行動の3点に分けられる。それぞれ、制裁の意図が異なるため、分けて説明する必要があるだろう。

2014 年のマイダン革命（尊厳革命）の発端は、2013 年 11 月に当時のウクライナ大統領であったヤヌコビッチが、EU との連合協定を棚上げしたことである。連合協定は、EU と第三国の結びつきや連携を強化する条約であり、EU 運営条約第 217 条に規定されている。連合協定は、今まで① EU 加盟に至るまでのプロセスとして（2004 年の第 5 次加盟国拡大地域に対して）②経済関係の構築（非 EU 加盟国との自由貿易協定）③そして、旧植民地等への支援の一環として広く、EU に用いられてきた。2004 年の加盟国拡大以降実施された、ENP（欧州近隣諸国政策）の枠組みの中で 2009 年から実施されてきた EaP（東方パートナーシップ）は、基本的な価値、例えば民主主義などを EU と共有する国につき、連合協定を締結する方針を掲げていた。東野（2014）は「EU への接近を希望する国々は同協定（連合協定）の締結を強く求め、その交渉・締結・署名に至るプロセスと並行して強力に国内改革を推し進めてきた」ことを指摘している。つまり、連合協定は EU と他国との間で経済的・政治的な結びつきを深める協定というだけでなく、他国の政治改革を推し進める協定であり、EU の外交政策において重要な協定であるといえる。その連合協定が棚上げされた背景には、ウクライナ−ロシア間のエネルギー価格のやり取りなどが挙げられる。マイダン革命は当初、親欧的な知識人や学生によるデモであったが、次第に当時の政府の汚職に対する抗議のデモと化し、次第に過激派が暴徒化し、警察と衝突するようになっていった。そして年が明けると、デモ参加者側にも警察側にも死者が出るほどの大きな衝突へと発展していった。これに対して、首相の辞任や政権側の指導者と野党側の停戦合意がとられたものの、状況は沈静化しなかった。また、2 月 22 日にはヤヌコビッチがキーウから逃亡し、議会が大統領を解任する事態になった。

　また、服部（2015）は、当該時期にウクライナにおいて、EU とロシアの利害が対立することは必然的な要素が大きいとしている。具体的には、ロシアがウクライナに対して、ユーラシア関税同盟に加入し、EU と距離を置くように迫ったことを指摘している。一方、EU は 2014 年 1 月 22 日に連合協定に対する「作り話」（Myths about the EU-Ukraine Association Agreement）を公表し、ロシアに対するシグナルを示している。具体的には、EU-ウクライナの連合協定がロシア-ウクライナ間の関係を排除するものではないことなどが挙げられ

写真 4-2　ウクライナ正教会の首座主教大聖堂である聖ミハイル黄金ドーム修道院

（出所）筆者撮影。

写真 4-3　ロシアに対して抗議活動をするウクライナ活動家（2018 年 3 月プラハ）

（出所）筆者撮影。

ている。加えて、この文書はウクライナ国内に対して、誤解を排除するための
シグナルであったといえよう。その配慮は大きく 2 点に分けられる。1 点目は、
ウクライナの EU 市場への接近に関しての配慮である。特に、この連合協定が
ウクライナ市場に EU 製品を氾濫させるものではなく、ウクライナ企業の国際

的競争力を高めるものであること、さらに取り扱いの難しい分野については保護政策を実施することを示している。2点目は、ウクライナとEUの接近に関する誤解についての説明である。これは、連合協定の締結によるEU基準の導入についての資金についての説明に加えて、例えばウクライナとEUの査証なし渡航の協議と連合協定は別物であること、また同性婚の是非などの文化的・宗教的な問題は連合協定と関係がないことを示した。

　以上のことからEUは、自身の政策によってロシアとウクライナの関係性を破壊する意図が無いことを国内外に示していたことがわかるだろう。むしろ、ウクライナがロシアとEU、どちらとも良好な関係を持つことを推奨していたのである。しかしながら、ロシアが「親露派」とする人々によって、クリミアは占領され、ウクライナ東部はロシアによる武力介入がなされたのである。

(2) 2014年クリミア占領に対する制裁

　ロシアのクリミア半島の占領について、EUが各加盟国首脳と共同声明で非難したのは2014年3月6日のことであった。そこでは、クリミア最高評議会におけるロシアへの「編入」に関する国民投票の決定について、当該決定がウクライナの憲法に違反していることを指摘した。そして同月17日の外務理事会において、クリミア自治州における国民投票の違法性を指摘し、その結果を認めることはできないと表明している。そのうえで、同月20日の欧州理事会において、ロシアによるクリミア・セバストポリの占領を受けて、12人のロシアとクリミアの役人に対してEU域内に対する査証停止と資産凍結を実施することを決定した。さらに、同年5月12日の外務理事会において決定された制裁基準の拡大に伴い、ロシアによるクリミア半島の占領によって利益を得たクリミア・セバストポリの2団体に対して資産凍結の制裁がなされた。

　そして同年6月23日に、クリミア・セバストポリに対して新たな制裁が実施されることとなった。その内容は、個人に対する制裁ではなく、クリミア・セバストポリ全体に対する制裁であった。具体的には、ウクライナ当局からの原産地証明書が付与されていない、クリミア・セバストポリ原産の製品の輸入禁止であった。それは、ロシアによるクリミア・セバストポリの占領を認めな

いという EU の政策の一環であり、さらには制裁と同時進行で進行していた EU-ウクライナの経済的な接近に関して、ロシアの関与を認めないことを示すものであったといえよう。さらに、同年 7 月 16 日に開催された欧州理事会特別会合において、ロシアと「分離主義者」が停戦に関する行動を示さなかったことを受けて、クリミア・セバストポリに対して①クリミア・セバストポリへの投資を制限すること②金融機関は、ロシアの当該地域の占領に対して容認するような計画に対する融資を控えること、といった提案を欧州委員会と欧州対外行動庁に対して要請した。

そして、同年 12 月 18 日に外務理事会は、クリミア・セバストポリへの投資、貿易に対する新たな制裁を実施した。具体的には、クリミア・セバストポリの不動産・事業・企業への投資の禁止、EU 企業のクリミア・セバストポリの観光サービスの禁止（特にクリミア半島の港へのクルーズ船の寄港禁止）が定められた。以上の制裁は、個人制裁の対象の増減はあるものの、2022 年まで随時延長されている。また、2022 年 2 月 21 日にクリミア・セバストポリでのロシア連邦下院議員選挙が実施されたことを受けて、新たに 5 人が制裁対象となった。

以上のことから、クリミア・セバストポリに関連した制裁は、個人制裁だけではなく、当該地域全体に対するものであったことがわかる。その背景には、国際法を無視したロシアの占領行為に対する抗議だけではなく、当該地域が EU-ウクライナの経済関係の強化の抜け穴になることを防ぐための措置であったといえるだろう。

(3) 2014 年ウクライナ東部紛争に対する制裁

続いて、ウクライナ東部に関するロシアの軍事介入に関する制裁の流れを整理する。2014 年 3 月 3 日の外務理事会において、EU と G8 参加国はウクライナ情勢を鑑み、同年 6 月にソチで行われる予定であった G8 サミットへの参加準備を中断するという外交制裁を実施した。そして、ロシアの領土侵害に対する国際法違反とロシアの黒海艦隊のウクライナ駐留を非難し、平和的な解決を求める姿勢を示した。そのうえで、ロシアによる領土侵害の規模が縮小されない

場合、EUはロシアとの関係に影響を及ぼす措置を取ると示している。ここでのEUのロシアに対する措置は、経済的なものではなく主に査証に関する協議などの、外交的制裁であった。さらに、外務理事会はウクライナの国家資金を不正利用した人間に対する資産の凍結や回収に関する制裁の採択を迅速に取り組むことについて同意した。

　また、欧州理事会は2014年3月6日にウクライナに関する臨時会合を開いた。EUおよび各加盟国は、共同声明においてウクライナの支持を表明し、さらに、ロシアの行動を非難することを示した。さらに、EUはウクライナとロシア双方との対話の準備ができていることを示した。そして、外交的制裁として同月3日に外務理事会において合意された通り、ロシアとの二国間協議の中断と、ソチで行われる予定であったG8の参加準備の停止といった外交制裁の決定を行った。そのうえで、ウクライナとロシアの対話の成果が得られない場合、渡航禁止措置や資産凍結、EU-ロシア首脳会議のキャンセルといった追加での制裁の準備があることを表明した。なお同月20日の欧州理事会においてさらに、実施予定であったEU-ロシアサミットの中止と、各加盟国によるロシアとの二国間会談の停止を決定した。

　同月17日の外務理事会では、ウクライナの主権と独立を侵害している21人の公人と当該人物たちに関連する個人および団体に対してEU域内の渡航禁止と資産凍結という個別制裁が発効された。そのうえで、EUはウクライナとロシアの対話を推進する準備ができていることを改めて表明したうえで、ロシアに対する段階的な撤退を求めた。そして、ロシアの行動によってさらにウクライナ情勢が不安定化した場合、EUはさらに厳しい経済制裁をロシアに実施することを警告した。加えて、同月20日の欧州理事会では、欧州委員会に対してロシアの行動次第では、より広範な経済・貿易制裁の実施するように要請を行った。

　同年4月14日と15日に実施された外務理事会は、ロシアによるウクライナ東部での国際法違反行為に対して非難し、ウクライナ国境からロシア軍を撤退させるように求めた。そのうえで、新たにウクライナの国家資金を横領した個人4人に対して、EU域内の資産凍結と査証停止の決定を行った。さらに、同年5月12日に実施された外務理事会において、ウクライナの安定や安全を損

ない、OSCE をはじめとした国際機関の活動を妨害する行動を行う個人や団体を制裁対象として追加した。その数は、クリミア・セバストポリに関連した制裁対象の個人と合わせて 13 であった。また、同年 6 月 23 日の外務理事会において、新たな制裁の準備があることを示した。

　また、EU は制裁を通して OSCE が中心となって試みていた停戦や国境監視プログラムの合意の支援を実施していた。それを裏付けるように、同月 26 日27 日に実施されていた欧州理事会において、ロシアと「分離主義者」によって①停戦と国境管理に関する OSCE の監視メカニズムに関する合意②国境検問所がウクライナによって管理されること③ OSCE オブザーバーを含む人質の解放④ウクライナ側が提示した和平計画に関する交渉の開始の 4 点が同月30 日までに実施しなければ、さらなる制裁を実施することを示した。そのうえで、同年 7 月 16 日に実施された欧州理事会では、先に示した 4 点の項目をロシアと「分離主義者」が実施しなかったことに対して、以下の 6 点の措置が示された。1 点目は、ウクライナへの軍事介入に対して支援している組織、人物に関するリストが 7 月末までに作成され、個人制裁を実施することであった（当該項目に対しては、7 月 18 日に外務理事会において合意がなされた）。2 点目は、EIB（欧州投資銀行）によるロシアへの新しい融資業務の承認停止であった。3 点目は、加盟国は欧州復興銀行と同じ立場であると示したことであった。4 点目は欧州委員会が EU-ロシア間の地域協力プログラムの一時停止を示唆したことであった。さらに、5 点目、6 点目として、先述したクリミア・セバストポリに対する制裁の提案が 2 点示された。また、同月 22 日に実施された外務理事会において、マレーシア航空 17 便撃墜事件に対する OSCE の調査に対する協力を示した。さらに、同外務理事会において欧州委員会と欧州対外行動庁に対して、さらなる制裁の強化の提案を求めた。具体的には、EU 市場に対するアクセス、防衛、軍民両用製品、エネルギー部門を含めた機密技術を対象にした制裁の拡大である。また、同月 25 日に欧州理事会は、ウクライナへの軍事介入に関する 15 人の人物と 18 の団体に対して新たに制裁を決定した。そして、欧州理事会は同月 27 日に、ロシアとの分野的協力・交流を対象とした追加制裁について合意した。この決定により、ロシアの国営金融機関の EU 市場へのアクセスの制限、武器貿易の禁止、軍民両用製品の輸出禁止、石油部門に

おける機密技術へのロシアのアクセス制限がなされた。さらにこの決定の公表の中で、EU は停戦協定の交渉がロシアによって妨げられていることを非難し、そのうえで、ウクライナ情勢が改善された場合には、EU は制裁を解除する準備があることを示している。また同日には、拡大された個人制裁の対象リストを公表している。また、同月 31 日には、EU 市民と企業がロシア国営関連企業に対する投資の制限が決定された。また、同年 8 月 30 日に開催された欧州理事会において、いまだにロシアの軍事介入が激化していることを懸念したうえで、追加での経済制裁の準備ができていることが示された。また、同時にロシアによる EU への報復制裁に対して、欧州委員会が EU 域内に例外的な措置を講じたことに対して、歓迎を示した。

　同年 9 月 5 日にウクライナ、ロシア、「分離主義者」による停戦協定（ミンスク 1 合意）が調印された。しかし、この停戦協定は調印直後に双方ともに違反が相次いだ。ウクライナ情勢の悪化を受けて同年 9 月 12 日には外務理事会は EU 市民および国民に対して、ロシアの 5 つの主要な国営銀行、ロシアの防衛関連企業、エネルギー関連企業への投資、仲介を禁止した。特に、石油関連の事業についての関与は禁止となった。また、同年 11 月 17 日の外務理事会において、停戦協定の再開を歓迎し、さらに状況が悪化した場合の追加制裁の準備があることを示した。そのうえで、同月 29 日には新たな制裁対象の拡大を示した。この段階での EU による個人制裁の対象の個人と企業はそれぞれ 132 人と 28 団体となった。

　2015 年 2 月 9 日には新たな停戦協定の締結のために、外務理事会は新たな経済制裁の対象として「分離主義者」とロシアを支持する個人に対しての制裁の準備を示したうえで、2 月 16 日までの実施の猶予を示した。そのうえで、欧州理事会は同月 12 日にミンスクⅡ合意の締結についての支持を示したうえで、停戦が実施されない場合新たな制裁を実施することを示した。しかし、停戦協定が即時履行されなかったことから、同月 16 日に同月 9 日に決定されていた制裁が実施された。さらに、同年 3 月 19 日の欧州理事会において、経済制裁の実施と解除についてはミンスク合意の履行の状況に合わせることが決定された。これ以降、個人の制裁リストの増減はあれど、本件に関する経済制裁は 2022 年まで延長されていた。

以上のことから、ウクライナ東部に関する制裁は、クリミア・セバストポリ地域への制裁と比較した場合、以下の事が指摘できるだろう。1点目は、経済制裁の対象が地域に対する直接的な制裁ではないことである。これは、東部地域が「分離主義者」によって独立が主張されている一方で、ロシアによる直接的な占領行為がなされていなかったことが挙げられるだろう。2点目は、EU-ロシア関係についての外交制裁における制限がなされていることである。さらに、ロシアの国営企業に対する投資の制限といったEU市民・企業に対する行動制限が課されている。これは、経済的な活動を遮断することによって、ロシアに対してEUの立場を示す狙いがあったといえるだろう。実際に、経済制裁の追加・強化に関しては、度々ロシアに対しての警告と合わせて行われていたのである。確かに、EUの行動はミンスクⅡ合意の協議の一助になった可能性がある。しかし一方、実際にはミンスク合意は履行されず、尚且2022年にはロシアによって破棄されたことから、制裁の長期化により徐々に形骸化していったことが指摘できるだろう。

　また、対ロシア制裁の延長について、EU加盟国内での温度差があったことも指摘できるだろう。経済制裁に消極的あるいは反対していた国は、イタリア、チェコ、キプロス、ギリシャ、ハンガリーが挙げられる。一方で、経済制裁に積極的な国は、ポーランド、ラトビア、エストニア、リトアニアが挙げられる。イギリスはEU脱退以降も引き続き、ミンスク合意履行までロシアに対して圧力をかけることをウクライナに対して表明していた。また、ポーランドやバルト三国はロシアの報復制裁によって深刻な打撃を受けているものの、歴史的な背景やロシアの軍事力に対する脅威から、一致してロシアに対して厳しい姿勢をとっている。しかし、経済制裁の延長について、EU加盟国は共通の立場として実施していたことから、ロシアの行動を非難するという対外的姿勢は共通であったといえよう。

(4) ロシアの人権侵害に対する制裁

　また、EUはウクライナ危機とは別件で、ロシアの個人に対して制裁を実施している。具体的には、ロシアの活動家であるナワリヌイに対する逮捕・判

決・迫害の責任者に対する個人制裁であった。この制裁は、EU の人道制裁
〔Council Regulation (EU) 2020/1998〕において実施された初めての制裁であった。
これは、2021 年 3 月 2 日に発効された制裁である。制裁対象となったのは主
に検察・警察関係の個人であった。

3 2022 年までのベラルーシに対する EU の経済制裁

　2022 年までの EU による対ベラルーシ制裁は、当該国による民主主義の侵
害に対する非難を中心としたものであった。ベラルーシに対する制裁は 2 件あ
げられる。まず、2004 年からの制裁内容としては、1999 年から 2000 年の間の
ベラルーシにおける人権侵害についての欧州評議会に提出された「プーゴリデ
スレポート（Pourgourides report）」を元に、人権侵害に関与した人物に対する
制裁であった。この制裁は、2006 年の大統領選挙の状況に対する非難として
強化された。しかし、2015 年には政治犯の釈放により大半の経済制裁は停止・
解除された。

　次に EU がベラルーシに対して実施した制裁は、2020 年から開始された。
この制裁は主に 2020 年の大統領選挙に関連したものであった。同年 8 月 19 日
の欧州理事会において、8 月 9 日に実施された大統領選挙の不当性を非難し、
さらに同年 10 月 1 日には政治犯として拘束された抗議者の釈放とメディアの
自由を求めた。そのうえで、同月 2 日には政府に批判的な個人やジャーナリス
トを抑圧した個人、そして選挙の不正に関する責任者である個人合わせて 40
人に制裁が実施された。その内容は、EU 域内の渡航禁止、資産凍結であった。
さらに、同年 11 月 16 日にはベラルーシ大統領のルカシェンコとその息子を含
めた 15 人の個人が制裁対象となった。加えて、同年 12 月 17 日には言論の弾
圧を行っている個人と現在のベラルーシ政権の恩恵を受けている企業を制裁対
象として追加した。

　さらに、2021 年 5 月 23 日のライアンエアー 4978 便の強制着陸とベラルー
シのジャーナリストであるラマン・プラタセヴィチなどの拘束を受けて、同月
24 日に欧州理事会はそれに対する非難を行った。さらに同年 6 月 4 日には、外
務理事会はベラルーシの航空会社による EU 空域の進入禁止を定めた。さらに、

その対象は同月 21 日に候補国と欧州経済地域の上空にまで拡大された。また同日に外務理事会はライアンエアー 4978 便の強制着陸に関与した個人・団体を含めた、言論の弾圧に加担した個人・団体に対して新たな制裁を実施した。

　加えて、EU の対ベラルーシ制裁には、民主主義に対する措置だけではなく、シリア難民に対する処遇についても焦点となっていた。2021 年 11 月 15 日にはシリア難民の違法な国境通過に関与した個人・団体に対して制裁を実施した。さらに、同年 12 月 2 日には自由な言論の弾圧に貢献している司法やプロパガンダ機関と、EU への違法な国境通過の扇動と組織化を支援した団体に対して制裁を拡大した。さらに、今までベラルーシに対して実施した個人制裁は 2022 年 2 月 24 日に 1 年延長されることが決定された。加えて、同年 6 月 3 日には、ベラルーシの民主主義の抑圧と人権侵害に対して、新たに 12 人の個人と 8 団体・企業に個人制裁が実施された。この段階での、ベラルーシに対する制裁の対象は 195 人と 35 団体・企業である。

　以上のことから、2022 年のロシアによるウクライナ侵攻に関連した制裁以前から、対ベラルーシ制裁はすでに広く実施されていた。そして、その内容は EU の対外政策の理念の 1 つである、民主主義の保護や人権の保護を中心としたものであった。

　しかし、2020 年の対ベラルーシ制裁に対して、加盟国であるキプロスは当初反対の姿勢を示し、9 月には制裁に関する決定がなされなかった。その背景には、キプロス－トルコ関係と、それに対して EU が解決に積極的ではなかったとキプロスが認識していたことが挙げられる。このように、全会一致をとる対外政策は、加盟国の状況によって、EU として共通の立場を示すことができない場合がある。それにより、EU は、アメリカなどによる対ベラルーシ制裁と比較して、経済制裁などの行動が遅延する事態に陥ったのである。

4　ウクライナ侵攻に関する EU の対ロシア・ベラルーシ制裁の概要

　次に、2022 年のロシアによるウクライナ侵攻に関する制裁について、時系列に沿って整理する。なお、執筆現在（2022 年 9 月）段階、ウクライナ情勢は

混迷を極めているため、その後の追加制裁についての指摘はできないことを事前にご容赦いただきたい。

（1）EU の制裁第 1 弾

　外務理事会は、2022 年 2 月 23 日にウクライナのドネツク州・ルハンスク（ルガンスク）州の独立の承認を認めたロシアの決定と、その後のロシア軍派遣の決定に関しての制裁を決定した。具体的な内容は以下のとおりである。

　①同月 15 日にロシア下院議会で決定された、プーチンに対するドネツク州・ルハンスク州の独立に関しての承認の要請に関して、賛成票を投じたロシア下院議員 351 人に対する制裁

　②ウクライナの領土保全・主権・独立の弱体化を脅かす 27 の個人と団体に対する個人制裁（ドネツク・ルハンスクの領土でのロシアの事業を支援している、あるいは利益を得ているオリガルヒ、そして侵攻と不安化行動を実施している上級将校、ウクライナに対する誤情報に責任のある個人が対象）

　③ドネツク州・ルハンスク州内の非ウクライナ政府支配地域との経済関係の制限（ウクライナ政府が管理していない地域からの商品の輸入禁止、および特定の経済部門に対する貿易と投資の制限、そして特定の技術と商品の輸出禁止、観光サービスの提供の禁止）

　④ロシアの EU 資本および金融市場とサービスへのアクセスの制限

　さらに、EU はロシアに対してこの 2 州の独立の承認の撤回および、ミンスク Ⅱ 合意によって形成された議論グループ（ノルマンディー形式）に戻るように求めた。さらに、この 2 州の独立について、他国に対して承認しないよう呼び掛けている。

（2）EU の制裁第 2 弾

　2022 年 2 月 24 日の欧州理事会では、EU はロシアによる軍事侵略を非難した。そして、ロシアに対して①軍事行動の即時中止②ウクライナからの軍隊の無条件撤収③ウクライナの主権を尊重する④国際法の尊重⑤フェイクニュース

の流布とサイバー攻撃の停止を求めた。さらに、欧州理事会は、さらなる制裁措置に合意し、同月 25 日に外務理事会によってそれらが決定された。具体的な内容としては、以下の通りである。

① プーチンとラブロフ外務大臣、ドネツク・ルハンスク地域の独立を即時承認したロシア国家安全保障評議会のメンバー、ドネツク・ルハンスク地域との条約に関する政府決定を批准したロシア下院議員、ロシアの軍事侵略を助長させたベラルーシの個人に対する個人制裁

② 金融制裁の拡大（EU の取引所におけるロシアの国有魏業の株式に関連するサービスや提供の禁止、ロシアからの資金流入の制限）対象はロシアの銀行市場の 70% と防衛分野を含む主要な国営企業

③ ロシアに対する、石油精製における特定の商品および技術の販売、供給、譲渡、輸出の禁止と関連サービスの提供の禁止

④ EU は航空および宇宙産業の商品および技術を対象とする輸出禁止、並びにそれらの商品と技術に関する保険や保守サービスの提供、関連技術および財政的支援の提供の禁止

⑤ ロシアの防衛および安全保障部門の技術強化に貢献する可能性のある特定の商品の技術輸出、および軍民両用の商品と技術の輸出にさらなる制限

⑥ 外交官、その他公務員、商業取引関係者のビザ円滑化規定の恩恵の停止

(3) EU の制裁第 3 弾

　2022 年 2 月 28 日に外務理事会は、ウクライナに対する支援政策を決定したうえで、さらにロシアに対する制裁を実施した。具体的には、ロシアの航空機に対して EU 域内の着陸、離陸、上空通過の禁止とロシア中央銀行との取引停止を決定した。さらに外務理事会は、同年 3 月 2 日には、オトクリチェ（Bank Otkritie）、ノビコムバンク（Novikombank）、プロムズビジバンク（Promsvyazbank）、バンクロシア（Rossiya Bank）、ソフコムバンク（Sovcombank）、VEB バンク、および VTB バンクの SWIFT（国際銀行間通信協会）からの排除、またロシア直接投資基金が共同出資するプロジェクトへの参加やロシアへのユーロ紙幣の販売や譲渡の禁止を決定した。加えて、スプートニク（Sputnik）とロシア・トゥ

デイ（Russia Today）の EU 域内での放送活動の停止を決定した。さらに、外務理事会は、ロシアのウクライナ侵攻に対してベラルーシが関与したことを非難した。ベラルーシの関与について、EU は具体的に、ロシアによるベラルーシ領土内でのミサイル発射許可とロシア軍の輸送許可、ロシア軍用機のベラルーシ上空の飛行許可、そして給油所の提供を挙げている。そのうえで、ベラルーシの軍関係者に対して個人制裁を拡大することを決定した。さらに、ベラルーシに対してたばこ製品、鉱物性燃料、瀝青物質及びガス状炭化水素製品、塩化カリウム製品、木材製品、セメント製品、鉄鋼製品、ゴム製品、軍民両用製品、そして軍事・技術・防衛・セキュリティ開発といった、ベラルーシの経済に貢献する可能性のある高度な技術の輸出に対しての制限がなされることになった。そのうえで、同月 9 日には、ロシアの金融部門に対する制裁と同じく、ベラルーシの金融部門に対して追加の制裁を採択している。その内容は①ベラルーシの 3 銀行の SWIFT からの排除②ベラルーシ中央銀行との取引禁止③EU 域内でのベラルーシの国営企業の株式に関する上場及びサービス提供の禁止④ベラルーシから EU への資金流入の大幅制限⑤ベラルーシへのユーロ建て紙幣の提供の禁止であった。また、金融部門の制裁に関して、譲渡可能な証券の概念に暗号資産を明確に含めることを決定した。さらに同日、ロシアに対する航行用品と無線技術の輸出が制限された。また、さらに EU は、個人制裁の対象を 160 人に拡大した。具体的には、オリガルヒと著名な実業家の家族、そしてロシア連邦評議会の 146 人が対象となっている。

(4) EU の制裁第 4 弾

2022 年 3 月 15 日には、さらなる経済制裁が決定された。具体的には、①特定の国有企業とのすべての取引の禁止②ロシアに対して、信用格付け機関の利用停止③デュアルユース製品の輸出禁止の徹底④エネルギー部門への新規投資の禁止と包括的な輸出制限の導入⑤鉄鋼・高級品に対するさらなる貿易制限が決定された。さらに、オリガルヒやロビイストに加えて、軍事に関連する主要企業に対する制裁を決定した。また、これとは別に WTO（世界貿易機関）に対する声明に参加することを承認した。これにより、WTO 加盟国における、

ロシアの最恵国待遇の停止がなされた。

(5) EU の制裁第 5 弾

　2022 年 4 月 8 日に、ロシア軍のウクライナ侵攻における残虐な行為を受けて、外務理事会では以下の制裁が決定された。具体的な内容としては、① 2022 年 8 月以降、ロシアからの石炭およびその他の固体化石燃料の輸入を禁止する②すべてのロシア船舶の EU 域内の港への寄港の禁止③ロシアとベラルーシの道路輸送事業者の EU 域内への侵入禁止（ただし、医薬品、食品、および人道目的の回路などの特例がある）④木材、セメント、魚介類、酒などの商品の輸入⑤既存の金融制裁の強化が決定された。そのうえで、ロシア軍に対して民間人の安全な避難の提供と人道支援を強く求めた。

(6) EU の制裁第 6 弾

　2022 年 6 月 3 日に外務理事会は、以下の決定をした。具体的には、①海上輸送のロシア産原油、石油精製品の輸入禁止（ブルガリアとクロアチアは一時的な特例あり）② SWIFT 排除の銀行を拡大③放送禁止のテレビ局の拡大④軍事産業の強化につながる技術などの輸出制限の対象企業拡大⑤コンサルティング、会計、広報の提供の禁止ロシア船舶に対する保険、再保険提供の禁止である。さらに、制裁対象の個人・企業を拡大した。なお、今回の制裁決定の中で、ロシア産原油の禁輸措置に関して、ハンガリーが反対の姿勢を示した。

(7) EU のさらなる制裁

　2022 年 7 月 21 日、外務理事会は、ロシアに対して新たな制裁「保全と協力」を実施した。具体的には、①宝飾品を含むロシア産の金の購入、輸入、譲渡の新たな禁止②軍民両用製品の輸出管理を強化③港の寄港の禁止の強化④預金の預け入れの禁止⑤モスクワ市長を含むさらなる 54 人の個人と 10 の団体の制裁が実施された。そのうえで、世界中の食料不安につながる可能性のある措置を

回避することを約束した。加えて、EU 域外の国・国民に対してロシアからの医療製品の購入を妨げるものではないことを合わせて示している。

　また、同年 8 月 4 日に外務理事会は、元ウクライナ大統領であるヤヌコビッチとその息子を個人制裁の対象に加えた。

　以上が、現在までの EU による経済制裁の概要である。

おわりに

　最後に、EU の対ロシア・ベラルーシ制裁に対する評価と展望を示す。

(1) EU の経済制裁の特徴とジレンマ

　EU の対ロシア・ベラルーシ制裁を振り返ると、大きく 2 点の特徴を挙げることができるだろう。1 点目は、2014 年以降のウクライナ情勢に対して、EU が経済制裁によって、状況を改善させる姿勢を示していることである。特にこれは、2014 年以降の経済制裁の焦点に、停戦協定が挙げられていることが、その根拠であろう。2 点目は、民主主義や自由、人権の侵害に対して、強い抗議の姿勢を示していることである。これは、特に 2022 年のウクライナに対する侵攻が開始される以前の対ベラルーシ制裁から明らかである。しかし、この 2 点目の EU の基本理念を推進するべく実施された制裁が、結果として、ルカシェンコと EU の関係を更に希薄なものにする要因の 1 つになったと指摘することができる。例えば、1 度目の制裁解除後の 2020 年 7 月 1 日には、ベラルーシと EU の査証円滑化に関する協定が発効されたことなどが示す通り、EU とベラルーシの関係性は改善の糸口が見出されていた。しかし、先述の通り、大統領選での不正等に対して EU が、ベラルーシに対して制裁を実施し、さらにベラルーシは 2021 年に、東方パートナーシップへの参加を停止した。経済制裁は、EU の理念を基にした対外政策の 1 つであるため、ベラルーシ大統領選の不正に対して実施するのは、妥当である。しかし、この政策により、EU とベラルーシの関係は悪化し、ベラルーシとロシアの関係構築を加速させたともいえるだろう。言い換えれば、EU の経済制裁がベラルーシに対して、関係構築の選択肢を狭めた結果、2022 年のウクライナ侵攻におけるベラルーシの

立場を構築した要因の1つとなったといえる。今回のウクライナ侵攻には、このような制裁のジレンマが見受けられるのだ。

　また、EU の共通の立場として、経済制裁を実施するためには、EU 加盟国の全会一致が必要となる。そのため、2020 年の対ベラルーシ制裁におけるキプロスや、2022 年の対ロシア制裁におけるハンガリーといった、制裁に反対する国の「説得」が必要となる。その結果、経済制裁の迅速性や効力に影響を与える。しかし、加盟国が共通の立場として制裁を実施するのは、制裁対象国だけでなく、国際社会に対する影響力が強いことが挙げられるだろう。ボレル上級代表は、2021 年 6 月のプレスにおいて、EU の制裁は懲罰ではなく、政治的目的や行動を変更させるために実施していることを説明している。さらに、彼は 2022 年 5 月 9 日の Euronews のインタビューの中で、「私たちはロシアと戦っているのではなく、ウクライナを守っている。ウクライナを守るということは国際秩序を擁護することを意味する。ロシアの人々に対して非難をしているのではなく、プーチンを非難している」と述べている。このことから、EU は共通の立場として経済制裁を実施することにより、国際社会に、EU の理念と立場を示しているといえる。

(2) EU は制裁に耐えうるのか

　とりわけ、対ロシア制裁を比較すると、2014 年の経済制裁は EU の立場を示し、また、停戦協定の履行を促すための手段であった一方、2022 年の制裁はそれに加えて、その内容は EU 加盟国の身を切るような制裁であった。その結果、EU 加盟国はエネルギー問題に直面している。大きく、その状況が変化するのは、冬である。現在、EU はエネルギーにおける脱ロシア化を図っている。アメリカからの LNG 輸入量の拡大だけでなく、天然ガスをイスラエルから購入し、エジプトで液体化し、EU 諸国に販売するルートの構築がなされている。加えて、アゼルバイジャンから天然ガスの購入の増量、さらに、カタールからドイツへの LNG ガスの輸出が計画されている。しかし、このような購入ルートの拡大、とりわけパイプラインによる天然ガス取引には長期的な計画が必要となる。そのため、2022 年の冬を「越え」たとしても、EU 域内のエネ

ルギー問題自体は解消されることはない。さらに、エネルギーの購入ルートが複数になることにより情勢的に不安定な地域との取引が拡大すると、今後EUのエネルギー問題はさらに、世界情勢の動向に左右されることとなる。

　また、ロシア・ベラルーシに対して強い姿勢を示すために実施されている経済制裁ではあるが、効果には即効性がない。たとえ、ロシア経済に大きな打撃を与えたとしても、ロシア軍の即時停戦には直接つながらない。イギリスのシンクタンクであるチャタム・ハウスのカタリナ・ヴァルチュクは2022年2月の段階で、ウクライナ情勢と西側諸国の動向は非対照的であると指摘している。しかし、ボレル上級代表は同年7月に、欧州のハイテク技術・製品の制限は、ロシア軍に徐々に影響をもたらすだろうと指摘している。ロシアのウクライナ侵攻が長期化の動向を見せるなか、西側から軍事支援を受けるウクライナと欧州のハイテク技術・製品が制限されているロシアとでは、その戦力に差が出てくることは容易に想像できる。

　以上のことから、経済制裁の影響力の観点から、ロシアのウクライナ侵攻が長期化した場合、その効果を徐々に発揮することができるだろう。しかし、その成果を得るためには、エネルギーという大きな問題に対して、長期的に対処する必要があるのだ。

【参考文献】

猪口孝・田中明彦・恒川惠一・薬師寺泰蔵・山内昌之編［2005］『国際政治事典』弘文堂。

小笠原高雪・栗栖薫子・広瀬佳一・宮坂直史・森川幸一編［2017］『国際関係・安全保障用語辞典〔第2版〕』ミネルヴァ書房。

奥迫元［2017］「グローバル化時代における経済制裁をめぐる理論的再検討——経済制裁のグローバル・ガバナンスを求めて」臼井実稲子・奥迫元・山本武彦編『経済制裁の研究』志學社。

川田侃・大畠英樹編［2003］『国際政治経済辞典』東京書籍。

服部倫卓［2015］「ウクライナ経済の実相と対EU関係」『日本EU学会年報』第35号，137-163頁。

東野篤子［2014］「ウクライナ危機をめぐるEUの対応」『ロシア・ユーラシアの経済と社会』987号，17-37頁。

本多美樹［2013］『国連による経済制裁と人道上の諸問題——「スマート・サンクション」の模索』国際書院。

山本武彦［2000］「経済制裁と『安全保障のジレンマ』」『早稲田政治経済学雑誌』341号，

　早稲田大学，96-127 頁。

Baldwin,David［1985］Economic statecraft, Princeton University Press.

EU MUG「世界的注目を集める EU の制裁の仕組み」http://eumag.jp/issues/c0814/（最終閲覧日：2022 年 9 月 1 日）。

.

PROFILE ●●● 山上亜紗美（京都府立大学非常勤講師）
2017 年、立命館大学政策科学研究科博士前期課程修了。学士（法学）、修士（政策科学）。2019 年より、京都府立大学公共政策学部にて非常勤講師。専門は EU の対外政策。

第5章

ウクライナ侵攻後のドイツの安全保障・エネルギー政策の変容

中川 洋一

はじめに

　2022年のロシアのウクライナ侵攻は、武断型権力政治による民主主義秩序の破壊であり、今後の国際秩序の趨勢が民主主義であり続けるのか、あるいは権威主義となるのかを問うている。民主主義が衰退する今日、ロシアのウクライナ侵攻への対応に民主主義の存亡が賭かっている。欧州安全保障秩序体系はロシアを含む協調的安全保障秩序体系を離れ、ロシア抜きか、ロシアに対抗的な安全保障「無秩序」体系へと移行した。このような状況下、ドイツは転換を迫られており、今後どのように欧州秩序の再編と民主主義の再生にむけて指導的役割を示すのか、或いは無為に座視するかが問われている。

　またドイツ・ショルツ政権は、国内ではロシアのウクライナ侵攻を通じて危機に瀕している。2022年3月を頂点に、政府の政策運営に対する評価は低下の一途を辿り、11月には組閣以後、最低値を更新した。政府への評価が低下した当初の要因はCOVID-19対策にあったが、ロシアのウクライナ侵攻問題が「政治化」し、ドイツ社会における最重要争点と化したり、また、ロシアによるウクライナ侵攻の副産物である価格高騰が、ドイツ社会の第2の重要争点と化す中で（ARD 2. 6. 2022）、5月以後は、ロシアによるウクライナ侵攻をめぐる評価が、政府への低評価の要因となっている。すなわち、ウクライナへの武器供給を中心とする支援疲れや外交政策、経済制裁をめぐる価格高騰やエネルギー安全保障への否定的評価がショルツ政権への不信の主因となっており、

ショルツ政権の真価が問われている。

1　ウクライナ侵攻とドイツの安全保障政策

（1）分析視座と枠組み

　21世紀のドイツ外交をめぐっては、ドイツは多国間機構下であれ、今後欧州の覇権を握り、権力政治を展開するのかという「ドイツ問題」や、ドイツはどのような大国であり、今後どのような役割を担う（べき）かが議論となり、現在もその議論は継続している。また、Brexit以後、ドイツの指導力が議論されてきた。しかし、彼らの議論はつまるところ、「普通の大国」やシビリアンパワーといった「主導像（Leitbild）」をめぐる議論に収斂する（中川 2020：iv）。

　主導像は、主権国家といった行為主体の目標に関する観念であると同時に、行為主体が現状を認識し、行動目標を定義する雛型である。また主導像は行為主体の問題認識を司る「認知地図」として機能し、行為主体の性格や役割を明らかにする。シビリアンパワーとは、国際社会を文明化する意思と能力、文明化を達成するための手段、特有の価値志向や政策の流儀を持つ行為主体のことである。国際社会の文明化とは、民主主義共同体において、軍事力の使用や権力政治を追求する代わりに、国内社会で受容されている普遍的な価値や規範を国際関係へ適用し、平和的な国家間関係を構築することを意味する。シビリアンパワーは価値合理的であり、物質的かつ規範的な利益を追求する。また、国際社会の文明化を達成すべく、たとえば国家が保有する主権を超国家機構に委譲したり、制度的な紛争収拾を重視するといった目標を追求する。これに対して「普通の大国」とは、権力志向の外交を追求し、他のパートナー諸国と同様、国益の積極的な擁護や、指導的な役割を目指すアクターのことである。

　2022年のロシアによるウクライナ侵攻をめぐり、ドイツの対応を議論した先行研究には、ドイツ外交の変化を論じたものがある（鶴岡 2022）。しかし、同研究は、ドイツ外交の何が変わったのかに関する観念レベルの変化や、変化の要因を十分に解明していない。

また 2022 年のロシアによるウクライナ侵攻の原因をめぐっては、喧々諤々の議論があり、様々な長期的及び短期的要因が指摘されている（e.g. 大串 2022; 広瀬 2022）。一連の先行研究は、ロシアと EU（欧州連合）加盟国間のエネルギー連繋構造や、独露間バルト海底天然ガス輸送管であるノルドストリーム（NS）2 の完成が、ロシアによるウクライナ侵攻の決定に及ぼした影響を看過している。先行研究には、第 2 次メルケル政権期迄の独露エネルギー関係の分析があるが（Szabo 2015; Svyatets 2016）、第 3 次メルケル政権期以後のそれについては、分析余地があるように思われる。

　先行研究は、独露エネルギー関係は、SPD（ドイツ社会民主党）の新東方外交における「接近による変化」を基盤としたが、2022 年のロシアによるウクライナ侵攻によって破綻したとする（中村 2022; 進藤 2022）。またドイツ政府の対ロシア政策は経済利益を重視しており、彼らの態度はロシアに誤ったサインを与えたとする（森井 2022）。

　オッパーマンは、2014 年のロシアによるクリミア占領に際して、ドイツは、EU の苛烈な対ロシア経済制裁を擁護したと主張した（Oppermann: 632ff）。しかし、これは事実と反するように思われる。

　またエネルギー政策をめぐる先行研究は、ドイツと米欧諸国との対立や、2022 年の EU のエネルギー源の対露制裁をめぐる「垂直的」及び「水平的」欧州化の様態を明らかにしていない。

　こうした背景の下で私は、2022 年のロシアによるウクライナ侵攻におけるドイツの安全保障分野や、エネルギー分野における政策決定過程について、新しい知見を与えながら叙述する。

　また、ロシアのウクライナ侵攻の要因として、私はエネルギー源をめぐる EU 諸国やドイツの依存が及ぼした影響に迫る。私は、2014 年時の EU の対ロシア経済制裁はそもそも象徴的制裁にすぎず、実効性に乏しかったこと、そこではドイツはむしろ、ロシアへの経済制裁に対する抵抗勢力であったことを論じる。また私は、独露エネルギー経済関係が政治家とエネルギー業界間の緊密な癒着や独露企業間の合弁事業の下で連繋構造を成しており、その構造が「凍結」したまま近年においても持続していたことを論じる。ロシアがウクライナに侵攻する場合、米欧諸国による経済制裁が予測された。そうした制裁への

（予防的）対抗措置として、エネルギー供給を戦略的威嚇手段として利用する選択肢が NS2 の完成により確立した結果、プーチン露大統領は他の要因との融合力学の下で、ウクライナ侵攻を決定した可能性がある。ドイツは EU 加盟国の中でもロシア産エネルギー源に大きく依拠している国であり、ドイツの事例はロシアの戦略を理解する上で好例である。さらに、2022 年の EU のエネルギー源の対露制裁をめぐる「垂直的」及び「水平的」欧州化の様態を明らかにする。

　最終的に、私は「主導像」の分析枠組みを用いて、ドイツ安全保障エネルギー政策の質的変容を解明する。

　政策変容の要因を理解する枠組みとして、私は「重大局面」と「政策起業家」の概念を援用する。一国社会の観念は基本的に長期的かつ緩やかに変容する。しかし、「重大局面」と「政策起業家」の効果的連繋により、通常より短期で、行為主体の「適切性の論理」を決定する新規の観念や、それと合致する政策が創出され、政策転換が生じる。「重大局面」とは危機や政策上の失敗のことである。「政策起業家」とは、政策決定の場やその周囲において、顕著な政策転換を導くことに熱心な行為主体であり、多くが政策決定者である（Hyde-Price and Jeffery 2001 : 693-7）。

　また私は、「欧州化」の分析枠組みを用いる。欧州化とは、共有する政策枠組みへの収斂過程や、行為主体や制度、理念や利益に作用する EU 下の構造的変化の過程である（cf. Jokela 2011 : 23）。「垂直的欧州化」は、EU での決定が加盟国で実行され、制度や政策決定過程における変容を導く過程である。「水平的欧州化」は、加盟国間で最善の様式や模範的指標が採用される、開放型調整のような特定の統治制度に基づく政策調整過程であり、加盟国が EU の要請を拒む政策領域で看取される（Magne 2019 : 430）。

　本章 1 節 2 項以後では、私はロシアのクリミア占領をめぐる米欧諸国の対応を概観した後、2022 年のロシアによるウクライナ侵攻に焦点を移し、ドイツの安全保障政策の政策決定過程を叙述する。2 節では、シュレーダー政権と第 1 次及び 2 次メルケル政権期の独露経済関係を概観した後、先行研究が明らかにしていない、第 3 次及び 4 次メルケル政権における独露間エネルギー経済政策を扱う。そこでは政府レベルでの独露エネルギー関係、企業間合弁事業や政

治家と企業間の連繋構造や、エネルギー政策をめぐるドイツとアメリカや中東欧諸国との対立関係を明らかにする。また、3節で2022年のウクライナ侵攻におけるドイツのエネルギー政策や、エネルギー分野における欧州化の様態を分析する。4節では、ロシアによるウクライナ侵攻の事例を通じて、ショルツ政権の安全保障エネルギー政策の主導像を明らかにする。

(2) 協調的安全保障秩序体系の段階的崩壊と、武断型権力政治の拡大

　冷戦後の欧州では、CSCE（欧州安全保障協力会議）ヘルシンキ最終議定書、パリ憲章、NATO（北大西洋条約機構）・ロシア基本文書といった国際法で規定された民主主義的価値原則を基盤に、ロシアを包摂したEUやNATO、OSCE（欧州安全保障協力機構）による協調的安全保障秩序体系が成立した。同体系は脱権力政治観に基づくポストモダン・コスモポリタン共同体への発展性を秘めている。同体系下では、ロシアは拒否権を有したが、発言権や共創権に乏しく、また自らの価値観の修正を求められた。

　2000年以後、ロシアはプーチン大統領の下、エネルギー価格の高騰を背景とする経済成長を基に国力を充実し、政治的にも安定を取り戻した。こうした背景の下で、プーチンは権威主義政治や、「軍事力の行使と軍事力行使による脅迫を前提とした国際関係上の行動」として規定される、「武断型権力政治（Machtpolitik）（マーチン・ワイト教授）」を推し進め、欧州秩序の改編と「第3ローマ帝国の建設（下斗米伸夫教授）」を実行し始めた。

　ジョージア戦争や、リビアやシリアへの武力介入を通じて、彼は勢力圏の維持と拡大を図った。自国の勢力圏下にあった筈のウクライナでは2014年、マイダン革命により親露派政権が瓦解した。このため、プーチン大統領はウクライナでの勢力圏の奪還と拡大を企図した。

　2014年3月のロシアによるクリミア半島の占領を契機に、冷戦後の欧州秩序は局部崩壊した。同4月には東ウクライナの親ロシア派分離勢力が独立共和国の設立を宣言、ウクライナ政府との間で武力衝突を開始した。

　2014年9月にOSCEの支援により、ウクライナ・ロシア両政府と分離勢力は、停戦合意に締結した（ミンスクI）。しかし、これが機能しなかったため、

2015 年 2 月に、ドイツとフランスが仲介する形で、プーチン大統領、ウクライナ大統領、メルケル独首相、オランド仏大統領は包括的措置について改めて署名した（ミンスク II）。ミンスク II はウクライナと分離独立派双方の武器使用の即時停止、OSCE による停戦監視、ウクライナ・ロシア間の安全地帯の設置と OSCE による監視、ウクライナ領内の不法武装勢力や戦闘員・傭兵の撤退、ルハンスクとドネツクの特別な地位に関する法律の採択、両州での選挙を規定していた。しかし、停戦合意は遵守されず、戦闘は終息しなかった。

　2019 年にウクライナは、EU 及び NATO 加盟を目標とする憲法改正を実施した。ゼレンスキー政権も 2020 年 9 月、ウクライナが NATO 加盟を求める路線を再確認した。またバイデン政権は、対ロ強硬姿勢を示した。さらに 2021 年 6 月の NATO 首脳会議での共同宣言において、NATO は、ウクライナは NATO 加盟国となると言及した（広瀬 2022：13）。プーチン大統領は、このようなウクライナの NATO への接近に、安全保障上の脅威と焦りを覚えた。

　2021 年春にロシアはウクライナ国境で軍事演習を行い、11 月には少なくと

も 10 万人規模の兵員をウクライナ国境に派遣、軍事的威嚇を繰り返した。こうした背景から、バイデン大統領は、ロシアはウクライナに侵攻するとの見方を強めた。12 月 12 日には、G7 外相は、ロシアがウクライナへ侵攻すれば重大な結果を伴うことになると警告した。

一方ロシア政府は 12 月、NATO への書簡の中で、ウクライナの NATO 加盟はロシアの安全にとっての直接的脅威であり、望ましくないと主張した。またロシアは、NATO は東方不拡大の約定を違えていると主張した。こうした論理の下に、ロシアは NATO に、NATO の東方拡大の終了、ロケット防空システムの配備の中止、旧ソ連の勢力圏における米軍基地の設立の中止と 1997 年の時点への回帰を求めた。また、ロシア政府はウクライナ政府をファシズム政権と断じ、脱ファシズム化及び武装解除を求めた。

2021 年 12 月に成立したドイツのショルツ政権は、二重戦略を展開した。同政権は「衝突ではなく対話」という標語の下でロシアとの対話を進め、外交的紛争収拾を試みる一方、ウクライナへの侵攻の際には経済制裁を発動するという威嚇や、NATO 下での軍事的抑止を実施した。2022 年にフランスは欧州理事会議長国、ドイツは G7 議長国を務めており、ドイツ政府はたとえばオランダやアメリカ、ロシアとの 2 国間、ドイツとフランスとポーランドのワイマール三角同盟による 3 国間、ドイツ、フランス、ウクライナ、ロシアの「ノルマンディー形式会談」の 4 国間、EU、NATO、G7 の多彩な国際的枠組みの下で、ロシア・ウクライナ間の緊張を外交的に収拾する努力を進めた。ショルツ独首相、ランブレヒト独防衛相やベーアボック独外相といった政策決定者の下では、外交交渉の場では当初、ベーアボック外相が相対的に主導権を握った。首脳級の会談の場では、ショルツ首相は、ロシアとのパイプを持つマクロン仏大統領の影に潜み、存在感を示しえずにいた。

ショルツ首相は、ロシアがルハンスクとドネツク共和国の独立を承認することは、ミンスク合意の内容を一方的に破棄する行動であるため、これを避け、和平合意内容を遵守し、緊張緩和に努めることを求めた（Ruck 2022）。またベーアボック外相は、ウクライナの主権と国境の不変性や、ウクライナとロシアとの対立の外交的解決を主張した。

ラブロフ露外相は、EU と OSCE とは対話の余地はないとする一方、ノルマ

ンディー形式による対話については、交渉の余地を排除しなかった。このため
2022年1月18日にベーアボック外相はラブロフに対話の継続を勧め、ノルマ
ンディー形式会談の再会に向けて尽力した。こうして1月26日、2年ぶりに
ノルマンディー形式会談が開催されたが、ウクライナとロシア代表は合意に至
らず、合同声明の中で、無条件でのミンスク合意の遵守を表明するに止まった。

　ウクライナ政府は、幾度となくドイツに対して、防衛的武器であれ、武器の
供給を求めた。SIPRI（ストックホルム国際平和研究所）によるとドイツは2021
年時、世界第6位の武器輸出大国であるが、クリミア占領以来、ウクライナに
武器を提供してきたアメリカやイギリスなどとは異なり、ウクライナに全く武
器を供与してこなかった。ドイツは第2次世界大戦以来、武器供与をNATO
やEU加盟国に限り、戦争地域や人権侵害のある国家へは武器を供給しないと
する、武器輸出に関する禁忌を外交原則として制度化した。基本法26条2項
は、戦争遂行を目的とする特定の武器は、政府の合意においてのみ製造され、
搬送され、市販することができると規定している。また同1項は、民族の平和
的共存を妨げる意思の遂行、特に攻撃的戦争の準備は違法であると規定してい
る。しかし、政府自身が武器供与を決定する場合、違法ではないとされた
（Prantl 2014：6）。ドイツ政府は厳格な武器輸出原則の存在や、殺傷能力を備え
た武器の供与はロシアを刺激して事態を悪化させかねないという思慮、抑制的
武器輸出政策の実施という連立協定の内容を背景に、ウクライナへの武器の供
給を拒絶した。与野党を含め、ドイツ社会には、たとえそれが防衛的なもので
あれ、武器を戦闘地域であるウクライナに供与しないということで合意が存在
した。2月当初、ドイツ人の71％がウクライナへの武器供給を誤りと断じた
（ARD 3.2.2022）。この合意が、ロシアによるウクライナ侵攻まで維持された。

　ベーアボック外相は2022年1月6日のワシントン訪問の際に、ドイツは、
他国とは別の対応を示すとしてウクライナへの武器の供与を拒否し、代わりに
野戦病院の建設を支援する意思を表明した（Teichmann 2022）。ウクライナの
クレバ外相は、1月25日、ドイツに防衛的武器の供与を求めるほか、即時の
対ロシア制裁や、NS2の稼働停止を求めた。アメリカ、イギリスやバルト3
国がウクライナへの武器の供給を決定する中、米欧諸国間では、ドイツも同盟
国と歩調を合わせるべきという圧力が高まった。このためドイツ政府は1月

26 日、ウクライナへのヘルメット 5 千個の供与を決定するとともに、野戦病院を敷設した。しかし、同盟国はドイツ政府を酷評した。

ウクライナ国境で軍事的緊張が続く中、米政府はウクライナに隣接するポーランドやルーマニアに合計 3 千人規模の部隊の派遣を進めた。これをうけて 2 月 6 日、ランブレヒト防衛相とショルツ首相は、「安全保障状況の緊迫化」を根拠に、NATO の軍事的抑止の強化としてリトアニアへの駐留軍 500 名に 350 名を増員することを決定すると共に、バルト 3 国やルーマニア上空における NATO の監視活動に軍を参加させた。ドイツはこうした派兵を通じて、同盟国への連帯意識を示し、同盟国からの信頼を維持しようとした。

一方、ウクライナ政府の要請を受けて、EU は SWIFT（国際銀行間通信協会）からロシア銀行を排除する経済制裁を企図した。しかし、ショルツ首相は SWIFT からのロシア銀行の排除がドイツのエネルギー輸入に悪影響をもたらすことを恐れ、同制裁に同意しなかったため、EU は同制裁を発動できなかった。

またバイデン政権はショルツ首相に NS2 の稼働に必要な承認手続きの停止を求めたが、ショルツ首相は、エネルギー源の輸入への悪影響を恐れて、肯んじなかった。ショルツ首相の決定の背景には、ドイツ世論の意向も影響した。2022 年 1 月から 2 月にかけて、ドイツ人のほぼ 6 割が NS2 の保持を求めていた（ARD 6. 1. 2022 ; 3. 2. 2022）。バイデン大統領を中心に同盟国はショルツ首相のこうした外交政策を批判し、ドイツは国際的信用を損なった。

15 万のロシア兵力がウクライナ国境に集結したため、ウクライナ政府は国家非常事態宣言を発令した。バイデン大統領は 2 月 19 日、ロシアはキーウへの侵攻を決断したと語ると共に、ウクライナへの支援と連帯を表明した。ドイツ政府は、ノルマンディー形式の下でミンスク合意内容を履行させること、西側政府はウクライナに対する持続的な連帯と支援を強調するとともに、ロシアが侵攻の暴挙に出る際には、苛烈な処置で応じる準備があること、対話姿勢の維持に重心を置くことを語った（ARD 18. 2. 2022）。

2 月 21 日、プーチン大統領がウクライナ東部の親露派、ルハンスクとドネツク共和国の独立を承認する大統領令に署名すると共に、両共和国と友好協力相互支援条約を締結した。2 月 21 日、ショルツ首相は彼に対して、両共和国

の独立の承認は、ミンスク合意内容の一方的な破棄であるため、同内容を遵守することと、国境駐屯兵力の減少を含む、緊張緩和努力を求めた（Ruck 2022）。

23日に東ウクライナの親露派共和国がロシアに軍事支援を要請した後、プーチン大統領は同地の平和維持と称してロシア軍の派兵を決定し、ロシア連邦理事会もこれを支持した。24日、UNSC（国連安全保障理事会）が開会されたが、グテーレス国連事務総長がプーチン大統領に自制を求める発言の只中、ロシアは、ロシア市民をウクライナ政府から防衛するという根拠を元に、ウクライナ東部へ侵攻した。

(3) 2022年のウクライナ侵攻の衝撃

2022年のロシアによるウクライナ侵攻は世界を震撼させた。ロシアがウクライナ侵攻を決断した短期的背景の一因には、メルケル首相の退任や、NS2の完成があったと思われる。

UNSCは2月25日、国連憲章や国際法違反として、ロシアのウクライナからの即時撤退を求める決議案を採決にかけたが、UNSCはロシアの拒否により同決議案を否決した。欧米諸国は、戦争資金の流入を阻止するため、ロシアへの経済制裁を開始した。

エストニアがドイツ政府に、ウクライナへの旧東独製榴弾砲を転出する許可を求めた。また、2月25日には、オロングレン蘭防衛相が対戦車砲をウクライナに転出する許可を求めた。ドイツはオランダに400丁の対戦車砲「パンツァーファウスト」、エストニアに旧東独製榴弾砲を輸出していたが、契約内容では、そうした武器を第三国に転出する際には、ドイツ政府の合意が必要であるとされていた。ドイツ政府は先述の武器輸出禁忌原則を基に、これを拒んでいた。

しかし、ロシアによるウクライナ侵攻という「重大局面」は、ドイツの政策起業家やドイツ社会に心的衝撃を与えた。この結果、2月26日から27日にかけて、ドイツの外交安全保障政策は転換点を迎えた（中川 2022）。

ハーベック独経済気候保全相は2021年5月の時点で、既にウクライナへの武器の供給を支持していた。しかし、出身政党である緑の党内で批判を浴びた

ため、彼は以後沈黙を守っていた。2月25日、彼は腹心のギーゴルト経済気候保全省政務国務相を通じて関係閣僚に、国連憲章51条の個別的自衛権を根拠に、武器供与への支持を説く書簡を送付した。防衛省と外務省でも、オランダとエストニアの要請への承認は不可避であるという結論に至った。

ベーアボック外相はロシアのウクライナ侵攻後も、ドイツは禁忌をおかす心づもりはないと語っていた（ARD Das Erste, 26. 2. 2022）。しかし、26日朝に彼女は態度を翻し、エストニアによる、旧東独製榴弾砲のウクライナへの転出を容認した。ショルツ首相は、ウクライナへの武器供与について閣僚に意見を求めた。同日午後、ベーアボック外相は、パンツァーファウストの転出を許可すると共に、防空ロケット「スティンガー」を至急供与する必要があると回答した。この後、ショルツ首相は配下の政策顧問と協議後、ウクライナへの武器供与を決定した（Feldenkirchen, Gebauer, Hagen et al. 2022 : 14f）。彼は、2月26日晩、1000門のタイプ3型対戦車砲と500基の「スティンガー」をウクライナに供与することを決定した。またドイツはオランダとエストニアに輸出した武器のウクライナへの転出を許可した。さらにドイツ政府は、14機の空軍機や1万トンの燃料の拠出を行う意思を示した。

2月19日迄の時点では、たとえば「アンネ・ヴィル」という政治座談番組でレットゲンCDU（ドイツキリスト教民主同盟）議会外交問題委員が語ったように、彼や野党CDU/CSU（キリスト教社会同盟）はウクライナへの武器の供給に反対の姿勢を示していた。しかし、ウクライナ侵攻を受けてCDU/CSUも翻意し、政府の決定を支持した。

ドイツ政府は禁忌を破壊し、ウクライナという戦闘地域への武器の供給を決定した。この政策転換を境に、ウクライナ政策をめぐる主導権がベーアボック外相から、ショルツ首相へと移行した。しかしこの禁忌の破壊は、これまでに先例があった。2014年、第3次メルケル政権は、ISIS（イスラム国）に抵抗するクルド人自治政府に対して、武器輸出禁忌の「例外」措置として「ミラン」型対戦車砲やグレネードランチャーを供給した（中川 2020:185ff）。ただし、2014年の事例とは異なり、2022年のウクライナ侵攻の事例では、ドイツ政府は重火器の送付も決定した。

またドイツは、防衛費を対GDP（国内総生産）比2％以上へ増大させ、政策

を転換した。これまでトランプ大統領や他のNATO加盟国はドイツに対して、防衛費のGDP2％目標の達成を求めてきたが、ドイツは拒絶してきた。21世紀にはドイツの防衛費は対GDP比1から1.3％を推移した。フォンデアライエンやクランプ・カレンバウアー独防衛相は防衛費を近年増額させたが、それでも対GDP比約1.4％であった。しかし2022年2月27日、ショルツ首相は臨時連邦議会で、2024年まで防衛予算の対GDP比2％以上の追求を表明すると共に、特別防衛基金1千億ユーロを供出し、連邦軍の装備の近代化のために充当させることを表明した。たとえば、核共有のために、米戦略核の輸送機として用いられ、もはや旧式化したトルネード戦闘機の代替機として、F35の購入を企図した。またユーロファイター主力戦闘機の兵器の改装や、イスラエルからのドローン機の購入費として充てるとした。

　SPDや緑の党はこれまで、防衛費対GDP比2％超えや核共有に強く反対してきた。第4次メルケル政権下ではCDU/CSUは、2024年迄にGDP比1.5％迄の増額を主張し、SPDは防衛費の増額は軍国主義を再び覚醒させるとの懸念から、「2％目標」に反対していた。SPD党内左派の領袖格ミュッツェニッヒSPD院内総務も、かねてより核共有の終了を主張し、防衛費対GDP比2％の達成や武器輸出に反対していた。しかし彼は今回、首相の決定を支持した。

　ベーアボック外相は、2021年連邦議会選挙戦において、防衛費GDP比2％への反対を表明していた。また連立協定では、全加盟国の合意を前提に、核抑止戦略の放棄を求めた。しかし彼女は今回、首相の決定を支持した。

　SPDや緑の党の大半も首相の決定を支持した。しかし2月29日、SPD党内左派の「フォーラム民主主義左翼」や他の組織は、特別防衛基金と防衛費GDP比2％以上の主張に反対した。また緑の党青年団共同党首も首相の決定を批判した（Reinwein 7.3.2022）。

　SPDや緑の党が武器供給や防衛費の増額を支持し、見解を翻した背景は、「重大局面」と軍事力に根差した武断型権力政治という現実への心的衝撃に加え、自衛権や、ウクライナ市民をブチャ虐殺といった悲劇から免れさせるという人権を重視する意識や、与党としての実用本位主義にあると考えられる。この点で彼らの翻意の背景は、彼らが1992年から95年までのボスニア戦争や1999年のコソボ戦争に際して、人権重視意識や与党としての実用本位主義か

ら、当初の連邦軍の派兵反対という立場を放棄し、派兵支持へと翻意していった背景と類似していた（中川 2020 参照）。

以後、ショルツ首相は「戦争に突入しない、単独行動を行わない、ドイツがロシアよりも被害を被る制裁は行わない、軍備へのより多くの投資」（Ismar and Meier 2022）という政策目標を追求した。ドイツが武器供与に対する積極的な姿勢に転じた結果、EU は合同でウクライナへ武器を供給する立場を示すことに成功した。EU 理事会は 2 月 28 日、ウクライナ軍への武器や装備品などの軍事物資の支援について採択した。

政府が設定した特別防衛基金は実質的には国債の発行であるが、基本法は債務ブレーキに関する 109 条と 115 条で、自然災害や異例の緊急事態といった例外を除いては、許容しうる国債の発行を毎年 GDP 比最大 0.35％と定めており、これは 130 億ユーロでしかない。このため、基本法の条文改正が企図された。基本法の条文改正には上下院の 3 分の 2 の支持が必要となるため、最大野党 CDU/CSU の支持が不可欠であった。このため、与野党は主張内容の合意点を目指して協議した。

与野党は、特別基金を専ら軍隊の装備費用に充当するのか、2％目標を持続的に達成させるのかをめぐって衝突した。ベーアボック外相は、選挙公約に記載したサイバー安全保障への充当や、外交や開発協力に充当させるという意図から、基本法条文の加筆内容として、特別基金の設置目的を、同盟や防衛能力の強化とすることで閣議決定を導くことに成功した。ミュッツェニッヒを中心に、SPD の一部も同案を支持した。リントナー財務相は、拡大安全保障概念の意識から、外交や紛争予防への基金の供与を求めた。他方で CDU/CSU は、基本法条文の加筆内容として、特別基金の設置目的を専ら連邦軍の装備の充実とすることを、政府の特別基金案に合意する条件として譲らなかった。与党は譲歩し、CDU/CSU の主張が反映された。5 月 29 日、与野党間で特別基金をめぐる合意が成立した。

6 月 3 日、連邦議会は 2022 年度予算案を可決した。1992 年以来最高額である、504 億ユーロが防衛費に充当され、連邦軍兵士の装備、ユーロドローン、空挺監視システム「ペガサス」、P8A ポセイドン対潜哨戒機などの購入費や連邦軍のデジタル化に充当されるとした（BMVg 20. 5. 2022）。また連邦議会は特

別防衛基金の設立についても可決した。その際、基本法 87a 条において、「同盟及び防衛力を強化するために、連邦政府は 1 千億ユーロまでの特別基金を設定出来る」とする 1a 項を加える条文改正が、議会の 3 分の 2 の多数の支持の下で成立した（ibid. 3. 6. 2022）。6 月 10 日に連邦参議院も 2022 年度予算法案と特別防衛基金の条文改正を可決した。

　ロシアのウクライナ侵攻後、ドイツは NATO 軍の一員として、NATO の抑止戦略に参画した。ドイツは、NATO 域内東翼部に位置するルーマニアやバルト 3 国方面への連邦軍の配備を増強した。NATO の SACEUR（欧州連合軍最高司令官）は、2 月 25 日の緊急会合で、フランスが主導し、ドイツ連邦軍 13,700 名を含む NATO の NRF（NATO 即応部隊）地上軍 4 万名までをルーマニアへ派遣することを決定した。抑止と NATO 域内防衛のために NRF を展開することは史上初の事例であった。またドイツ政府はパトリオットミサイルの提供に加えて、北海やバルト海での洋上活動のためにコルベット艦やフリゲート艦の派遣を決定した。3 月 1 日には、NATO はイギリスが主導する戦闘群（バトルグループ）をバルト 3 国地域へ展開し、同地域での抑止と警戒活動に従事することを決定した。

　ウクライナが重火器の供与を求めると、ショルツ首相は、重火器の供与に強く抵抗した。ショルツ首相や SPD は、戦略的対空防衛や攻撃の間接性という観点から、ウクライナへの武器供与内容を決定した。そして、レオパルド 1 といった戦車の供与については、直接攻撃を加え、戦争の昂進化を導く恐れがあるという観点から拒絶した。ショルツ首相の慎重な姿勢は、戦車を含めた、あらゆる武器供給に積極的であり、ウクライナ政府とドイツの軍需企業との仲介を取り持つハーベック率いる経済気候保全省と対立した。彼らはかつて SPD 出身のシュトルック防衛相が「我々の国益はヒンドゥークシュで護られる」と語ってアフガニスタン派兵を正当化した発言を引きながら、「我々の地政学上の利益はウクライナで護られる」と語り、SPD をこきおろした。また緑の党左派のホーフライター連邦議会欧州委員議員や FDP の指導的政治家は、首相の慎重な姿勢を批判した（Amann, Becker, Feldenkirchen, et al. 2022 : 25）。またベーアボック外相もウクライナの支援内容に禁忌があってはならないとして、ウクライナへの重火器の供与を支持した。このように、反戦主義で高名な緑の

党のほうが、SPD よりも重火器の供与に積極的な姿勢を示すという皮肉な現象が発生した。

4 月中旬以後、アメリカが曲射砲、装甲車やヘリコプターといった重火器の拠出を決定すると、イギリス、カナダ、フランスなど西側諸国がこれに同調した。フォンデアライエン欧州委員長は 4 月 17 日、兵器支援が可能な EU 加盟国が迅速にウクライナに兵器を供給することを求めた。しかし、ショルツ首相は「戦車や装甲車を送る準備はできていない」という立場に固執した。また SPD は重火器を供給するためには NATO の統一的見解が必要という立場を示し、重火器の供給に反対した。

4 月 11 日にドイツ国内軍需企業ラインメタルが、ドイツ政府にレオパルド 1 戦車 50 台をウクライナに供給する許可を求めたが、ドイツ政府はこれを認可しなかった。度重なる批判を受け、ショルツ政権は、スロベニアがウクライナに T72 戦車を供与し、ドイツはスロベニアにマルダー歩兵戦闘車を送るという案を示したが、ポーランドやバルト 3 国はこうしたドイツ政府の姿勢を非難し、ドイツに武器供与を積極的に行うよう求めた。

4 月 26 日のウクライナ防衛諮問会議でオースティン米国防長官とブリンケン米国務長官が欧州諸国にウクライナへの武器供給を求めた。ランブレヒト国防相は与党内の安全保障政策担当政治家との面談において、重火器の供与はロシアとの紛争の昂進の危険性を高めかねないため、ドイツはウクライナには全く戦車を供給しないことを確認した。その上で 4 月 27 日、ショルツ首相はゲパルト対空防衛自走砲をウクライナに供与することを決定した。またオランダが再度ドイツ政府に対して、ドイツで製造された PzH2000 自走榴弾砲をウクライナに提供してよいかを尋ね、ドイツ政府は最低 7 台の同榴弾砲の供与を許可した。また与野党は、ウクライナへの武器供給をめぐって衝突していたが、4 月 28 日、連邦議会は、ウクライナの自衛権を支持し、ロシアへの経済制裁に加えて、重火器や防空設備の供与を排除しないとする、ウクライナへの包括的支援動議を採択した。6 月 1 日にはウクライナの要請に応え、ドイツ政府はアイリス TSLM 戦略防空車の供与を決定した。

ショルツ首相が重火器の供与に慎重であった背景には、ドイツが交戦国とみなされ、ロシアと直接交戦し、ひいては核戦争に陥る事態を恐れたことがあっ

た。また、ミュッツェニッヒ院内総務を中心とする SPD 党内左派が、政府の安保政策の軍事化を批判したことがあった。彼らは与党院内会派の動議で、和平に向けた外交努力を強調した。また彼らは、ドイツ軍需業界の戦車供与に明確には賛同していなかった（Ismar and von Salzen 2022）。また、ドイツ世論の政府に対する不信や見解の二極化がある。3 月以来、与党 SPD の支持は堅実に低下した。また 4 月中旬に 55％がウクライナへの重火器の供与に賛成したことを頂点に（ARD 14. 4. 2022）、戦争に巻き込まれることへの不安や「支援疲れ」が見え始め、供与への支持は低下した。5 月には 63％が、ドイツが戦争に引き込まれることへの恐れを抱いた（ARD 13. 5. 2022）。8 月にはドイツのウクライナへの武器供給は 39％（－3）が「適当」、23％（－6）が「不十分」、32％（＋9）が「やりすぎ」と回答した（括弧内は 6 月比）（ARD 4. 8. 2022）。

　重火器の供与と並行して、ショルツ首相は戦争終結のための外交努力も講じた。6 月末のエルマウ G7 首脳会議では、アメリカやイギリスが武器供与の加速化と制裁強化を訴える一方、ドイツ、フランスとイタリアは停戦和平による出口戦略を求めた。ショルツ首相は、プーチンに影響を及ぼすと考えられる中国やインド、南アフリカ共和国との首脳会談を行った。

2　独露間エネルギー関係の政治経済学

(1)「貿易による変化」路線の確立とエネルギー面における独露の連繫

　ロシアによるウクライナ侵攻を考える際、独露間エネルギー関係を把握することが鍵となる。本項では、21 世紀における独露間エネルギー関係を取り上げる。両国が相互に緊密に連繫し、ドイツがロシアのエネルギー源に依存する構造が「凍結」されたまま発展した様態を概観する。

　ドイツは中国に次ぐロシアの最大貿易国である。現在、6 千社以上のドイツ企業がロシアに生産や営業活動の拠点を置いている。ロシア（ソ連）との緊密な経済関係の起源は、ブラント政権下の新東方政策に認められる。しかし、新東方政策が、政治・文化・経済面の協力関係の構築を通じてソ連との緊張緩和を模索したが、ソ連の体制転換を企図していなかったのに対して、21 世紀の

162

「東方政策」は、経済協力に矮小化され、かつロシアの体制転換を期待する政策であった（クンドナニ 2019 : 124ff）。

　1990 年代の独露間関係は停滞状況にあり、経済関係も同様であった。しかし、シュレーダー政権下（1998-2002）、ロシア経済が復興したことや、シュレーダーとプーチンとの肝胆相照らす個人的友好関係を背景に、独露間経済関係は蜜月を迎えた。シュレーダー政権下では、ロシア政策は首相の専管事項であり、彼は国内実業界の利益と経済発展を重視した、輸出推進型のロシア外交を展開した。同時に彼は「貿易による変化」を合言葉に、ロシアを民主主義への体制転換や国際協調主義に導くことを目指した。

　ソ連崩壊後のロシアにおいて、エネルギー資源は、ロシア政府が資源ナショナリズムの下で経済発展を果たす上で非常に重要な役割を果たした。2000 年にはエネルギー産出額はロシアの GDP の 25% を占めた（Trenin 2011 : 266f）。

　ドイツは、ロシアへのエネルギー依存が高い国であり、ロシアによるクリミア併合以前の 2013 年には、ロシアからの全輸入品目における天然ガス、原油や石油製品の占有率は 85% に達しており、2021 年にはそれらの占有率を希少金属、石炭、鉄鋼、冶金鉱石、木材の占有率と合わせると、90% に上っていた（Schrader and Laaser 2022 : 12）。

　天然ガスはドイツの対ロシア外交におけるアキレス腱である。天然ガスは発電所の燃料のみならず、化学製品の材料として用いられる。ドイツで製造される製品の 9 割にガスが必要な化学製品が使用されるため、ロシアからの天然ガスの供給が途絶えれば、化学、製鉄、セメントなどのエネルギー集約型製造企業だけではなく、建設や自動車産業など多くの主要産業も停止に追い込まれる。

　2000 年代のロシア・ウクライナ間のガス紛争を経て 2005 年 9 月、シュレーダー独首相とプーチン大統領は、ロシアからバルト海を通り、ウクライナを経由せずに直接天然ガスをドイツに送付する配送管、NS1 の建設に合意した。これは、ドイツがロシアからの天然ガスの主要な供給国となる一方、EU 諸国のロシアへのエネルギー依存を強めることを意味していた。ロシアのガスプロム社が NS1 の資本の過半数を保有していた。

　第 1 次メルケル政権（2005-2009）は CDU/CSU と SPD による大連立政権であった。前政権時に首相府長官の要職を務め、政策の要諦を継受したシュタイ

写真 5-2　ドイツ連邦首相府

（出所）https://commons.wikimedia.org/wiki/Category:Bundeskanzleramt_(Berlin)#
/media/File:150706-Bundeskanzleramt_Berlin.jpg. (Julian Mößle)

ンマイヤー独外相が前政権のロシア政策を踏襲した。彼と腹心のエルラーは、
「相互依存による現代化」や「連繋による接近」を合言葉に、貿易関係の緊密
化によりロシアとの緊張を緩和し、戦争再発を防ぐという方針を推進した。こ
うした発想は後継の政策決定者間で継受された。

　CDU/CSU では、「天然ガスのために沈黙する」現実派と、人権価値を重視
し、「天然ガスを追求するが、事あればロシアに物申す」派との緊張関係が存
在した。メルケル首相は「懐刀」のホイスゲン外交政策顧問や、党内人権重視
派との共同歩調の下で、対ロシア・エネルギー政策を推進した（Szabo：38f）。
しかし、2008 年のジョージア戦争や、ロシア・ウクライナ間の度重なるエネ
ルギー危機を背景に、独露関係は悪化した。

　第 2 次メルケル政権（2009-2013）は、CDU/CSU と FDP（ドイツ自由民主党）
の連立政権であった。メルケル首相自身はプーチン大統領との経済関係に懐疑
的であり、ロシア政策の優先順位は低く、指導力を振るうこともせず、政策に
殆んど変更はなかった（ibid.：43）。同政権では、首相官房府がロシア政策を専
管し、安全保障分野においては、EU の目標と合致する政策を追求したが、経

（出所）https://commons.wikimedia.org/wiki/File:Nord_Stream_ceremony.jpeg
　　　（www.kremlin.ru）

済エネルギー分野においては、ドイツは、EU の目標と抵触してでも、ドイツ
の経済業界の利益を追求した（ibid.: 44）。

　NS1 建設計画はドイツと EU 加盟国、特に東欧諸国との良好な関係を阻害し
た。2005 年の建設合意の際、ポーランドのシコルスキ防衛相は、1939 年の独
ソ不可侵条約の再来として批判し、ドイツは、天然ガスの獲得のために歴史を
忘れ、NSDAP（国民社会主義ドイツ労働者党）の侵略という歴史的背景に対す
る近隣諸国の懸念を無視している、との印象を与えた。またスロバキア、リト
アニアといった東欧諸国はロシアの天然ガスに依拠しているが、ロシアが NS1
海底輸送管を通じてウクライナを迂回して EU 諸国へ天然ガスを輸出すること
ができるため、彼らは、ロシアがかつてのソ連勢力圏の国々に対して新たな政
治的圧力を及ぼし、地政学的目標を追求することを懸念した（Becker, Dohmen,
Flammang, et al 2020: 28）。2011 年から、NS1 が稼働した。結局、ドイツは中
東欧諸国との関係を損ねてでも、独露間エネルギー経済関係を重視した。

(2) ロシアのエネルギー源依存構造の「凍結」

EU の経済制裁の空洞化とドイツの「独自の道」

　第 3 次メルケル政権（2013-2017）は CDU/CSU と SPD の大連立政権であっ
た。2014 年のロシアによるクリミア占領に対して、EU は 2014 年 8 月 1 日、
様々な措置を含んだ対ロシア経済制裁を発動した。その結果、ドイツの全輸出
量におけるロシア向け輸出の比率は、それまでの 3.5% から 2% へと低下した
（Schrader and Laaser 2022 : 22）。しかし、それは経済制裁とは名ばかりの、寧
ろ象徴的措置に過ぎず、実効性に乏しかった。制裁対象は極めて選別的であり、
武器、軍民両用物品・技術、エネルギー経済設備、特定の資本市場取引を対象
とした。そこでは、EU 加盟国が依存する民間貿易、エネルギー源やその他の
原材料の輸入は、経済制裁の対象として除外された。クリミアに対しては、
EU は完全な経済制裁を講じたが、経済上殆んど無価値であった（ibid : 4）。

　天然ガスや石油の消費者価格が上昇するため、EU 加盟国内では、ロシアか
らの天然ガスや石油の輸入に対する経済制裁の実施をめぐり合意を見ず
（Baumgärtner, Dohmen, Flammang et al. 2020 : 26）、その結果、ロシアからの天
然ガスや石油の輸入は十分に阻止されなかった。就中ドイツはイタリア、オー
ストリア、ギリシャやキプロスと同様、経済制裁への抵抗勢力であった。ドイ
ツの大企業は苛烈な経済制裁の実施を許容しなかった。結局、メルケル首相に
とって、クリミア問題では、安全保障というよりも国内企業や経済上の考慮が
優先した（Bierling 2014 : 263f）。

　ロシアによるクリミア占領の僅か 1 年後の 2015 年、ドイツ企業とロシア企
業が NS2 の建設に合意し、政府はこれを承認した。メルケル首相、シュタイ
ンマイヤー外相、ガブリエル独経済相といった政策決定者達は NS2 の建設を
推進した。特に与党 SPD 閣僚が同計画を積極的に推進させた。ドイツは天然
ガスの代替エネルギーとなる LNG（液化天然ガス）基地の建設を拒絶し、NS2
の建設を推進することで、ロシアのエネルギー源への依存構造をむしろ強化さ
せた。その結果、ドイツの輸入量におけるロシア産天然ガスや石炭、原油の比
率は高い値を維持した。2021 年のドイツの輸入構造によれば、ロシアからの
全輸入品目において、原油や石油製品は 38.3%、天然ガスは 29.8% を占めてお

り、合計約 68% に達していた（Schrader and Laaser 2022:12）。

　彼らが同建設計画を推進した背景は、第 1 に経済利益に加えて、貿易を通じてロシアを多国間での国際法秩序体制下に埋め込むことができると考えたためであった。第 2 にドイツ経済界がロシアとの経済関係を求め、院外活動を展開した。第 3 に、不充分な RES（再生可能エネルギー源）の供給状況を背景に、2010 年の「エネルギー概念」において、政府が天然ガスを架橋電源と位置付け、同エネルギー源への依存を強化したことがあった。2011 年の脱原発決定は、同エネルギー源への依存に拍車をかけた。ウクライナとロシア間のエネルギー危機や 2014 年以後の EU の対ロシア経済制裁以後、EU ではエネルギーの多角化が唱導され、ドイツ国内でも代替エネルギー源としての LNG の獲得が争点化したが、ロシア産天然ガスが安価であるため、投資の割が合わないとして、LNG の利用は実現してこなかった。

　第 4 次メルケル大連立政権（2017-2021）でも、与党は NS2 計画の堅持という合意を維持した。マース独外相は、同計画はドイツがロシアとの接触を維持できる手段であり、「橋を破壊する」行為は、ロシアが軍事的にも経済的にも中国との協調の緊密化を導くことになるため危険であり、ドイツ、EU、アメリカの何れの利益にも合致しないとして、同計画を正当化した（Becker, Dohmen, von Hammerstein et al. 2021 : 25）。

　しかし、NS2 建設計画は独米関係やドイツと EU 加盟国、特に中東欧諸国との関係を阻害した。アメリカやポーランド、バルト 3 国やウクライナは、NS2 の建設により EU はロシアへのエネルギー依存を高め、その結果、エネルギー安全保障が脅かされる、またロシアが輸送管を政治的な武器として使用するから、建設を推進すべきではないと主張してドイツを批判した。トランプ米大統領は、2017 年の制裁法を通じて NS2 に対する経済制裁を発動すると威嚇し、NS2 の建設は一時中断された。この威嚇はイラクや北朝鮮、ロシアといった権威主義国と同列にドイツへの経済制裁を議論するものであったため、独米関係は著しく悪化した。マース外相は、「同盟国に対する制裁措置の適用は誤った手段である。ドイツと欧州は自身のエネルギー政策に対して自立して決定する」として反駁した。米政府は、NS2 はロシアの攻撃的拡張政策や経済的抑圧政策の一端であり、アメリカの安全保障利益を脅かすと考えていた。しかし

図5-1　ノルドストリーム１及び２とその周辺図

●ノルドストリーム１
●ノルドストリーム２

（出所）https://www.berria.eus/albisteak/218737/berlinek-eta-moskuk-laquosabotajetsatraquo-jo-dituzte-nord-streameko-isuriak.htm（Berria）をもとに筆者作成

　ドイツ政府やEUは、米政府が自国のLNGをEUに輸出する目的からこのような制裁措置を講じたと考慮した（Becker, Dohmen, Flammang, et al 2020 : 27f）。また2019年のミュンヘン安全保障会議でも、アメリカはNS2計画に反対したが、メルケル首相は「ロシアとの関係をすべて断ち切ることが欧州の利益になるとは思わない」と反駁した。

　2020年にプーチン大統領がロシア野党党首ナワリヌイの毒殺未遂に関与したとの疑惑が生じた際には、ロシアへの制裁措置として、NS2計画の停止がドイツ国内で議論された。レットゲン議会外交委員やホイスゲン外交政策首相顧問は、NS2計画の終了を主張した。しかし、CDU/CSU幹部会や同党院内会派は彼らの主張を支持しなかった。ボルヤンスSPD党首も、NS2の建設停止

に反対した。建設停止を命じるには、連邦議会で新法を制定する必要があった。また、建設停止の場合には、ドイツ政府がエネルギー企業に損害賠償を支払う必要があった。

さらにEU加盟国は、ロシア産天然ガスや石油の輸入を停止すれば、EU圏内のエネルギー価格が増大する上、ウクライナの経済状況を悪化させるという判断から、NS2の建設停止を支持しなかった。このため、NS2の建設停止は実行に移されず、個人や施設、経済取引に対する制裁措置が実施された（Baumgärtner, Dohmen, Flammang et al. 2020 : 25f）。

しかし、2021年にロシアによるウクライナへの軍事的圧力が増大すると、CDU/CSUを中心にNS2計画への反対派は増大した。ラシェットCDU党首は、もしロシアがウクライナの利益に反するようにパイプライン計画に携わるのであれば、たとえ同パイプラインが完成していたとしても、ドイツは同計画を停止させるとした（Becker, Dohmen, von Hammerstein et al. 2021 : 25）。2021年9月にパイプラインは完成したが、バイデン米大統領との会談後、ショルツ首相は2022年2月22日、同輸送管の稼働手続きを停止した。NS2は今も稼働していない。

企業間や企業・政治家間連繋構造の深化

独露企業間の合弁事業や、企業や政治家との癒着関係を通じて、独露間エネルギー関係は分かち難い連繋構造にあり、かつそうした構造は凍結されてきた。

ロシアの天然ガス経営を伝統的に牛耳ってきたのはガスプロム社であった。同社は国営企業であるが、プーチン大統領が、自身の経済的利益を追求する私企業と化している。同時に同社は、彼がロシアの国益の達成を目指して外交政策を展開する際の、有用な道具であった。

2015年、ドイツ政府はガスプロム社のドイツ市場への参入を許可した。2015年以来、2022年5月まで、ヴィンガスを傘下に入れたガスプロム社の姉妹会社、ガスプロム・ゲルマーニアが天然ガスを供給した。合弁契約の見返りに、ドイツ最大の原油および天然ガス生産会社であるヴィンターシャル社はシベリアでの天然ガス田を獲得した。ヴィンターシャル社は、ノルトライン・ヴェストファーレン州やニーダーザクセン州を牙城とする、ドイツエネルギー大

企業の RWE や BASF の姉妹会社であるが、ガスプロム社の傘下にある。2015 年にはガスプロム社はドイツ国内の天然ガス貯蔵能力の 20％以上を保有するに至った（Gude 2022：33）。

　西欧最大級であり、ドイツ全土の天然ガスの使用量の 5 分の 1 以上が貯蔵されている、ヴィンガス社の地下ガス貯蔵庫のあるレーデンでは、ヴィンガス社の子会社アストラがガスを供給している。ヴィンガスはドイツガス市場の 18％を保有するヨーロッパ株式会社と、ヴィンターシャルとの合弁会社である。ドイツで貯蔵されている天然ガスの 25％がガスプロム社やその姉妹会社由来であり、ガスプロム社はドイツ国内での最大の天然ガス供給会社となっていた。

　SPD 主導州の州首相はロシアと緊密なエネルギー経済関係を構築した。シュレーダー首相は、首相退任後は石油コンツェルン・ロズネフトや NS 合弁会社の取締役員会会長を務めた。彼は元ニーダーザクセン州首相であった。後任のヴァイル・ニーダーザクセン州首相も、「ドイツとロシア間の経済協力は両国の政治システムを接近させることにも繋がる」と語り、親ロシア的政策をとった。

　ヴァイル州首相政権期に、RWE はオリガルヒのフリードマンを中心とする投資家企業組合が管理するレターワングループと、姉妹会社 RWE Dea との合併を持ち掛け、フリードマン達は RWE Dea を獲得した。またヴァイル州首相は、ヴィンターシャルとガスプロム・ゲルマーニアの経済取引を州の利益やドイツのエネルギー安全保障を脅かす行為とはみなさず、看過した（ibid：32f）。

　またシュヴェーズィヒ・メクレンブルク・フォアポンメルン州首相は NS2 計画を、地域経済を促進させるものとして利用した。したがってロシア空軍によるシリアでの病院への誤爆やスクリパリ毒殺未遂事件を背景に、マース外相がロシアへの経済制裁を求めると、ヴァイル州首相やシュヴェーズィヒ州首相が制裁に反対した（ibid：33）。

3 ウクライナ侵攻後のドイツのエネルギー政策をめぐる政治経済学

(1) 国内社会の危機と混迷

　ショルツ政権は連立合意文書で、2022 年の脱原発に加え、2038 年の脱石炭を 2030 年代の脱石炭へと前倒しすることを決定した。また、総発電量における RES（再生可能エネルギー源）比を 2030 年までに 80％にすることを決定した。脱原発と脱炭素化により不足する電力需給を安定化させるために、メルケル政権と同様、ショルツ政権は架橋電源として天然ガスの利用を重視し、その結果、ロシアの天然ガスへの依存がますます拡大した。NS2 はドイツへのガス供給の 7 割を賄う予定であった。

　2022 年 1 月 11 日、ハーベック経済気候保全相は、「気候保全冒頭報告書」において、2030 年までの GHG（温室効果ガス）排出削減速度をこれまでの 3 倍加速化するとして、風力発電と太陽光発電の拡充計画に言及した。陸上風力発電所を設置できる国土面積を現行の 0.5％から 2％へと拡充するほか、2030 年までに太陽光発電を 140GW から 200GW へ拡充し、総電力供給量における RES 比現行 42％を 2030 年に 80％、2035 年までに RES による全電力供給を達成するという目標を確認した。また、エネルギー価格の値上げによる市民への悪影響を緩和するために、2023 年の RES 賦課金の廃止などを提示した（BMWK 11. 1. 2022）。

　ロシアによるウクライナ侵攻に対して EU やアメリカが経済制裁を発動し、ハーベック経済気候保全相が、「エネルギー政策では、気候変動との闘いのみならず、一国の安全保障が重要である」と語ったように、2022 年のロシアによるウクライナ侵攻は、ドイツの気候保全エネルギー政策への余波を生み出した。2022 年 2 月時点で、ドイツは天然ガスの 55％、原油の 35％、石炭の 50％をロシアからの輸入に依拠していた。対露禁輸制裁の煽りを受けて、ドイツ国内のエネルギー価格や生活必需品の価格は上昇し、政府は対応に迫られた。2022 年 3 月のドイツの消費者物価指数は前月と比べて 7.3％の上昇を記録し、

1990 年以来最も高い値を記録した。エネルギー価格は前月と比べて 39.5％ の上昇となった。6 月初めには、ドイツ国内では 7.9％ の物価上昇が観測され、ドイツは統一後かつてない規模での価格急騰を経験した。ドイツでは毎年約 900 億㎥ の天然ガスが使用され、2 ／ 3 が光熱費として利用される。ハーベック経済気候保全相は、ロシアがガス供給を止める場合に、冬季に甚大な危機がもたらされることを警戒した。

ロシアのエネルギー源依存を克服すべく、政府は第 1 に、RES による全電力供給という目標の達成速度を加速化した。4 月 6 日には、政府は EEG（再生可能エネルギー法）や、洋上風力エネルギー法など関連法をまとめた、第 1 次気候保護包括案（「イースター包括案」）を閣議決定した。7 月 7 日に連邦議会、8 日に連邦参議院は同法案を可決した。同法により政府は、RES の拡充を飛躍的に推進する。他方で、2035 年までに気候中立となるエネルギー供給を行うという目標は FDP の要請により、文面から削除された。RES 賦課金は撤廃し、脱炭素後、RES は市場主導で提供される（Schmidt 2022）。

政府は第 2 にエネルギー供給の多様化を図った。LNG を輸入するため、シュレスヴィヒ・ホルシュタイン州ブルンスビュッテルとニーダーザクセン州ヴィルヘルムスハーフェンに LNG の輸入基地を建設することを決定し、5 月 20 日、認可手続きを簡素化する LNG 加速法を成立させた。5 隻の浮体式 LNG 貯蔵・FSRU（再ガス化設備）が上述 2 港に接岸された。またドイツはオランダとノルウェーから天然ガスを調達した。さらに、予備電力源として、石炭発電所を 2022 年 7 月 14 日から 2023 年 4 月 30 日まで利用することを規定した（BMWK 21. 7. 2022）。

また政府は第 3 に、天然ガスの備蓄やエネルギー効率化、節電を進めた。3 月 25 日に連邦議会、4 月 8 日に連邦参議院はエネルギー経済法改正法を可決し、国内天然ガス貯蔵施設運営者に対して、最低貯蔵率を義務づけた。7 月 21 日の「エネルギー確保包括案」により、天然ガス貯蔵率基準値を上昇させると共に、エネルギー効率化や節電を進めた（BMWK 21. 7. 2022）。

政府は第 4 に天然ガス供給の安定化のために、8 月 4 日、10 月 1 日以後、期間限定でガス賦課金を導入することを閣議決定し、これまでガス輸入業者が一手に負担してきた供給不足に起因する追加費用を需要者に転嫁することとなっ

た。

全輸入量におけるロシア産原油の比率は、2 月末迄 35% だったが、6 月末までに 12% に低下した。また全輸入量におけるロシア産の天然ガス比は 2 月末に 55% であったが、4 月末には 35% に低下した。

ロシアによるウクライナ侵攻がドイツ国内における最重要争点、価格高騰が第 2 の重要争点と化す中で、政府の評価は政権発足後、最低値へと低下した。7 月にはドイツ人の 76% が価格の高騰、66% がエネルギー供給の保証をめぐり、政府の政策に不満を示し（ARD 7. 7. 2022）、9 月には 68% が政府の政策に（非常に）不満と回答した（ARD 1. 9. 2022）。政府はこのため、電源価格やエネルギー売上税の値下げや、安価な交通券の導入、インフレ報奨金といった、低中所得者を中心とする負担軽減策により慰撫を試みた。

ドイツは 2022 年までの脱原発を決定しているが、エネルギー供給の逼迫に伴い、原発の継続稼働をめぐる議論が生じた。ハーベック経済気候保全相は 2 月、原子力発電所の稼働延長を不適当とした。しかし、6 月には与党 FDP を中心に、原発の稼働延長を求める主張が登場した。NS1 による天然ガスの供給の減少やエネルギー価格の急騰を受けて、世論の論調は原発の継続使用を求める空気へと移行した。8 月には「（2022 年以後も）原子力エネルギーを数か月引き続き利用する」、「長期利用する」と回答した者は同率（41%）であり（ARD 4. 8. 2022）、82% が 2022 年以後の原発の利用を支持した。

9 月 2 日、ガスプロムは NS1 によるガス供給を再開しないことを明らかにし、3 日間でガス価格が 30% 値上がりした。この「重大局面」を背景に、ハーベック経済気候保全相は、2022 年で稼働停止が決まっている原発 3 基のうち、ニーダーザクセン州内の 1 基を除く 2 基を 2023 年 4 月まで緊急予備電力源として「待機状態」にすることを決定した。緑の党は、10 月のニーダーザクセン州選挙における悪影響を恐れて、同州の原発基を予備電力の対象とすることを避けた。しかし 9 月 5 日、リントナー財務相と FDP 党幹部会は、少なくとも 2024 年までの稼働延長を求め、ハーベックや緑の党と対立した（e. g. Hackenbruch, Ismar and Schlandt 2022）。最終的に 10 月 17 日、ショルツ首相は上述原発 3 基を最長 2023 年 4 月 15 日まで稼働させる法制度の設置を決定した。

(2) EU におけるドイツの欧州化

　ドイツは EU 下で、エネルギー源をめぐる対露経済制裁にどのように応じ、政策を変容させたのであろうか。

　EU 理事会は 3 月 2 日、ロシアの 7 銀行を SWIFT から除籍する経済制裁措置を採択した。ロシアから天然ガスを輸入するドイツは、輸入の際の支障を恐れて SWIFT からのロシアの除籍に難色を示したが、対象銀行を限定することで合意した（小林 2022:34）。

　またフォンデアライエン EU 委員長はロシアのエネルギー依存からの独立を訴え、2027 年以後、ロシアから全くエネルギー源を輸入すべきではないとした。3 月 8 日にバイデン大統領が、ロシアからのガス、石炭や原油の輸入を禁止することを決定し、EU 諸国はドイツにロシア産原油、天然ガスや石炭の輸入を禁止するよう求めた。しかし、ハーベック経済気候保全相は、エネルギー価格の安定とエネルギー安全保障の観点から、これを拒否した（ARD Tagesschau 3. 3. 2022）。こうした政策は、「我が身を削る」ロシアへの経済制裁に及び腰なドイツの世論を背景としていた。2022 年 4 月末には、22％だけがロシアのガスと石油の輸入を即時停止すべきと回答し、54％は数年をかけて段階的に輸入を削減すべきと回答した。19％はロシアからの輸入を持続すべきと回答した（ARD 28. 4. 2022）。

　3 月 10 日のベルサイユ EU 非公式首脳会談では、加盟国は「ベルサイユ宣言」を採択し、ロシアのエネルギー源への依存からできる限り早期に脱却することで合意した。しかし、各国首脳は具体的手段について合意を見なかった。ラトビア首相が、ロシアからの原油や天然ガスの輸入禁止を求めたが、ショルツ首相はエネルギー価格の高騰への懸念から、頑なにロシア産エネルギー源の輸入禁止措置を拒否した（ARD Tagesschau, 10. 3. 2022）。

　3 月 15 日に EU 理事会は第 4 弾の包括的制裁措置を採択し、同措置は特定のロシア国営石油関連企業との全取引の禁止やロシアのエネルギー産業への新規および拡大投資、エネルギー産業に必要な物品、技術、サービスなどの輸出を原則禁止した。しかし、上述のドイツの事情もあり、ロシアからの天然ガス、石油などの化石燃料、希少資源の不可欠な輸入は対象外とされた（Council of

the EU 15. 3. 2022)。

　3月にウクライナのブチャでは、ロシア軍による市民への大量虐殺が発生した。同事件が明るみになったことを「重大局面」に、4月5日、欧州委員会は対ロシア制裁措置を提案した。G7が4月の首脳声明で、ロシアからの石炭輸入の禁止を進めることを発表した後（外務省 2022年4月）、4月8日には、EU理事会は2022年8月以後のロシアからの石炭やその他の固形化石燃料の輸入や輸送を禁じる、第5弾の包括的制裁措置を採択した（Council of the EU 8. 4. 2022）。

　5月4日に欧州委員会は、天然ガスよりも収入が多いことから特に重視したロシア産原油の制裁に関して、段階的禁輸措置を含む第6弾の包括的制裁措置を提案した。ドイツは同原油への依存度を低下させることに成功し、年末までに同原油を輸入禁止できる目途が立ったため、同輸入禁止への積極的姿勢を示した。

　しかし、ロシア産原油への依存度の高いハンガリーといったEU加盟国の反対により、EU理事会は同措置を採択できなかった。このためEUは、ハンガリーとスロバキアに2024年末まで原油の輸入を認める譲歩案を提示した。またチェコには2024年6月まで禁輸の実施を猶予することが検討された。5月9日、G7は、ロシア産原油輸入の段階的廃止ないし禁止を含め、ロシア産エネルギーへの依存を段階的に低下させるという声明を発した（外務省 2022年5月）。5月30日の欧州理事会特別会合は、ハンガリーへの妥協案として、パイプラインを通じた輸入を一時的に制裁対象から除外した（小林 2022:39-40）。この妥協の下で同理事会は、海上輸送でのロシア産原油および石油製品の原則輸入禁止で合意した（Council of the EU 31. 5. 2022）。同合意を受けてEU理事会は6月3日、ロシア産原油のEUへの輸入禁止を柱とする第6弾対ロシア包括的制裁措置を採択した（Council of the EU 3. 6. 2022）。

　ロシアは天然ガスや石油を戦略的武器として利用し、米欧諸国の対露経済制裁への予防的及び報復外交を展開した。プーチン大統領は天然ガスの供給がドイツのアキレス腱であることを理解しており、欧州向けのガス供給量を減らすことでエネルギー価格の上昇を促し、ドイツに最も高額の電気使用量を支払わせて政治的圧力を加えた。この結果、ショルツ政府は、ウクライナ侵攻に対す

る対ロシア制裁として、NS2 の運用を停止することを躊躇した（Hoyer 2022）。しかしバイデン大統領との会談後、2 月 22 日、ドイツ政府は NS2 の稼働許可申請の審査手続きを停止した。

ノバク露副首相は 3 月 8 日、欧米諸国がロシア産原油などエネルギー資源の輸入禁止措置を講じる場合、稼働中の NS1 による西欧への天然ガス供給を停止する権利があると発言し、天然ガスの供給をめぐる報復の姿勢を示唆した。またプーチン大統領は 4 月 1 日以後、天然ガスの輸入代金をルーブルで支払わない場合には、天然ガスの供給を止めると脅迫し、EU はこれを拒否した。ガスプロムは 4 月 27 日、ルーブル支払いを拒否したポーランドとブルガリアへの天然ガスの供給を停止した。両国へのガス供給停止だけで、欧州のガス価格は 24％上昇した。6 月初めにはロシアはデンマークへのガス供給を停止し、中旬にはイタリアとスロバキアで供給量を約半減化した。また、ドイツでは 6 月 14 日以後、NS1 経由のガス供給量は通常の 40％へと縮小し、8 月 31 日以後、ガスの供給は停止した。

また 9 月 7 日には、メドベージェフ前露大統領が、EU が天然ガスの価格上限を設定する場合、ロシアは欧州向けの天然ガスの供給を停止すると表明し、プーチン大統領も、G7 がロシア産石油の取引価格に上限を設定する場合、エネルギー源を供給しないと威嚇した。

4　ショルツ政権の安全保障エネルギー政策の主導像

（1）主導像モデルと観念群

先行研究に基づき、シビリアンパワーと「普通の大国」といった主導像モデルの観念を抽出し、それを以下表 5-1 に纏めた（cf. Harnisch and Maull 2001; Rittberger 2003; 中川 2020:21）。この観念に基づき、本項はウクライナ侵攻後のドイツの安全保障・エネルギー政策の主導像を分析する。

「行動動機としての価値志向」とは、利益の獲得を犠牲にしても規範といった価値志向に基づく観念を指す。

「反軍事主義」は、軍事力の使用に対する慎重さや、紛争収拾の際に軍事力

表 5-1　主導像モデルとその観念

シビリアンパワー	普通の大国
行動動機としての価値志向	権力と国益の強力なる追求
反軍事主義	軍事力の重視
多国間主義／超国家主義者	主権の束縛の拒絶
「慎重の文化」	歴史的考慮による慎重な政策の放棄
法による支配の推進者	法による支配への懐疑
人権擁護	(不在)
社会・経済的不均衡の排除	安全保障に従属した開発支援
(不在)	均衡化

(出所) 中川 2020 : 21 を修正。

を用いず、非軍事的手段や外交手段による紛争解決や、自由民主主義社会の構築を目指す観念である。

「慎重の文化」とは、NSDAP（国家社会主義ドイツ労働者党）による欧州の覇権の追求といった歴史的背景から、軍事力の使用や安全保障政策において自制を図る観念を指す。

「権力と国益の強力なる追求」とは、理念的要素を重視せず、損得考量の下で、短期的な国益や権力の極大化を図る観念を指す。

「軍事力の重視」とは、紛争収拾の際に軍事力を積極的に用いる危機管理や、権力を極大化する資源として軍事力を用いる観念である。

多国間機構に帰属することで、多国間での決定や負担を履行といった行動の自由裁量域の束縛が生まれる。「主権の束縛への拒絶」とはそれらを避け、単独行動をとる観念のことである。

「歴史的考慮による慎重な政策の放棄」とは、歴史的背景を根拠に特定の外交行動を禁忌とし、慎重な政策をとることを戒める観念を指す。

「均衡化」とは、覇権国や複数の連合体に対抗する諸力を形成し、不均衡な権力配置を是正することで国際的影響力を獲得する観念を意味する。

(2) 座標

　ショルツ政権の政策起業家は、多国間機構の決定に沿った形で経済制裁に参加した。これらの行動からは、「多国間主義／超国家主義者」の観念を見出すことができる。

　彼らは様々な次元における国際舞台を通じて、ロシアとの外交的対話による紛争収拾を試みたが、これは「反軍事主義」の意識の表れであった。他方で、彼らは拡大安全保障概念を語るが、紛争予防や平和構築の強調度が幾分弱い。

　5月8日の敗戦記念日、ショルツ首相はTVでウクライナに対する重火器を含めた武器の提供は、ドイツの歴史的責任であると語った。彼の発言からは、「慎重の文化」を見出すことができる。

　またショルツ政権の政策決定者達は、東方諸条約やCSCEのヘルシンキ最終議定書において重視した、国境不可侵性や、領土保全原則を強調することで、ロシアのウクライナ侵攻を非難した。このように、同政権の政策からは、「法による支配の推進者」の観念を見いだすことができる。

　ウクライナの自衛権を重視して武器供給に転じた事実や、ブチャ虐殺を非難した事実から、「人権擁護」の観念を見出すことができる。

　ドイツは、自由で民主的、社会的に公正なウクライナの復興に向けて、2024年のウクライナ復興会議の主催国を担う（BMZ　5. 7. 2022）。この行動から、「反軍事主義」「社会・経済的不均衡の排除」の観念を見出すことができる。

　一方でドイツの政策決定者達は、ロシアによるウクライナ侵攻後、歴代政権が遵守した、武器供与をめぐる禁忌原則をさらに破壊した。2014年のクルド人への武器供与事例では、ドイツはロケットランチャーといった軽火器の供与にとどまったが（中川 2020）、2022年のロシアによるウクライナ侵攻に際しては、ドイツは重火器を供与した。但し、ウクライナに戦車は供与しないという一定の自制は未だ残存している。すなわち、「歴史的考慮による慎重な政策の放棄」と「慎重の文化」の観念が、前者優位ながら併存している。

　またショルツ政権は軍事化傾向を強力に進めた。1980年代でも防衛費は300億ユーロ相当を超えなかったのが、2019年以後は400億ユーロを超え、2022年には、当初の503億ユーロに加え、特別基金の一部を計上した。またショル

ツ政権は「同盟の連帯」の掛け声の下で、NATO 活動の下で域内欧州東翼地域へ連邦軍を派遣した。ウクライナへの武器の供与は、ドイツの政策起業家による、同盟の連帯を重視する意識の反映であった。

　さらにドイツ政府は、安価な天然ガスの獲得という国益を追求する背景から、NS を継続利用した。その際ドイツ政府は、アメリカや東欧諸国の意見を無視し、米欧安全保障という国際公共財を危機に晒した。ロシアによるウクライナ侵攻勃発後もドイツは当初、エネルギー源の確保という国益観点から SWIFT からのロシア銀行の排除や対露エネルギー源輸入制裁措置を拒んだ。ドイツのこうした行動からは「権力と国益の強力なる追求」と「主権の束縛への拒絶」の観念が見いだされる。

　ロシアのウクライナ侵攻後、ショルツ政権は軍事的抑止を強化した。防衛特別基金の設置や防衛費対 GDP 比 2%目標を遵守した姿勢は、軍事化への努力であり、「軍事力の重視」や「同盟の連帯」の観念を見出すことができる。さらにこうした行動は、均衡化を強く追求することで、第 3 次世界大戦の勃発を抑止しようとする意識の反映であった。すなわち「均衡化」の観念を見出すことができる。このように、ドイツ外交は双面神ヤヌスのようにシビリアンパワーと「普通の大国」の両観念が併存した、但し後者優位の「主導像」を保有している。

おわりに

　2022 年のロシアによるウクライナ侵攻後、「重大局面」と政策起業家の効果的連繋により、ドイツの安全保障政策が転換した。ショルツ政権はウクライナ危機に際して、多様な国際舞台で紛争収拾努力を講じた。ドイツはウクライナから武器供給の要請を受けたが、禁忌原則に基づき、要請を拒んだ。しかし、ロシアがウクライナの国境及び領土を侵害する「重大局面」に直面した政策起業家は、国境や領土不可侵の国際法規範や自由民主主義規範の重視、ウクライナへの連帯や同国の自衛権の尊重から、禁忌を放棄した。21 世紀、ドイツの防衛費の対 GDP 比は低下していた。しかし、ロシアのウクライナ侵攻という「重大局面」を契機に、「政策起業家」は禁忌を放棄し、防衛費 GDP 比 2%超えを決定し、史上最大額の防衛費を計上した。このようにドイツ外交は軍事化

した。SPD や緑の党が武器供給や防衛費をめぐり、支持へと見解を翻した背景は、「重大局面」と軍事力に根差した武断型権力政治という現実への心的衝撃に加え、自衛権や人権を重視する意識、与党としての実用本位主義にあった。

　独露間エネルギー経済関係における連繋構造や、ロシアのエネルギー源への偏重的依存という構造は、ロシアによるクリミア侵攻と EU の経済制裁後も「凍結」した。この構造は独露企業間の合弁事業や政治家とエネルギー業界間の癒着を通じて強化され、それはウクライナ侵攻まで堅持された。ドイツにとって同経済関係の構築は、元来はロシアを法による支配に基づく欧州秩序に組み込む政治的意図を要因としていたが、やがて、それはむしろ経済的実益を重視する口実へと変質した。メルケル政権のロシアへの融和政策の縮図がエネルギー政策であり、NS2 計画であった。

　ドイツや多くの EU 諸国は、ロシアとの共創による、（幻想の）協調的安全保障秩序体系を構築し続けているという意識の下で、クリミア占領後もロシア産エネルギー源への依存構造を断ち切れず、EU の対露経済制裁を無力化した。しかし実際には、ロシアは欧州協調的安保秩序体系から既に離脱しており、EU 諸国は構造を刷新することもなく、経済優先主義の下でロシアとの経済的相互依存関係を維持した。こうした状況が、ロシアがウクライナ侵攻を決定する遠因の１つであったと思われる。

　またロシアによるウクライナ侵攻を「重大局面」に、ドイツの政策起業家は、エネルギー分野においても RES の普及の加速化とロシア産エネルギー源、特に天然ガスへの依存度の後退という政策変容を行った。ロシアはエネルギー源を戦略的武器として利用し、米欧諸国の対露経済制裁への予防的及び報復外交を展開した。ガスの供給停止を「重大局面」に、ショルツ首相は、脱原発路線を修正し、期間限定で原発３基を継続稼働させることを決定した。

　ドイツはシビリアンパワーの観念と「普通の大国」の観念の双方が併存した「主導像」を有している。但し、ショルツ政権下では、この主導像におけるシビリアンパワーの観念は弱まり、「普通の大国」の観念の相対的比重が一層強化された。

　アメリカや EU の経済制裁は全く効力を発揮していないという批判が存在する。しかし様々な点から、アメリカや EU の経済制裁は奏功しており、中長期

的にロシア経済への悪影響が予測される。ロシアの GDP は 2022 年第 2 四半期において 4.7％減少し、冶金分野では 29％低下し、ロシア国内の価格高騰率は 15％を超えた。ドイツのロシア向け輸出は低下し、経済制裁のために今後も低下すると思われる。ロシアからの輸入は先年と比べて 24％減少した。天然ガスの輸出による収入は、価格の上昇にもかかわらず、経済制裁の結果、全体として低下することが今後見込まれる。一方、オリガルヒに対する制裁は期待よりも奏功していない。またロシアの原油産業には制裁は奏功していない。原油の注文量は 3 月及び 4 月は凋落したが、その後、インドを中心とする注文が増大したため、全体として注文量は増大している（Herold, Lumetsberger and Mumme 2022）。

　米欧諸国は戦争勃発後、NATO を中心に、ロシアへの抑止体制を構築した。また米欧諸国は「戦後の」ウクライナの開発支援制度を進展させた。しかし、肝心の停戦や和平に向けた状況は悪化の一途である。次段階として、ドイツは南アフリカやインドといった多様な国々を仲介役に、ロシアとの「現実的緊張緩和」（H. D. ゲンシャー）を実施し、停戦や和平を主導する必要がある。最終的には米欧諸国はロシアを包摂した新たな欧州及びユーラシア協調安保秩序を再構築する必要があるだろう。

【参考文献】
岩間陽子［2022］「「戦後」秩序　再構築の条件」『外交』vol. 73、2022 年 5/6 月。
大串敦［2022］「ウクライナ侵攻」『世界』2022 年 4 月。
外務省（2022 年 4 月）「G7 首脳声明」。
―――（2022 年 5 月）「G7 首脳声明」。
―――（2022 年 6 月）「G7 首脳コミュニケ」。
小林義久［2022］『国連安保理とウクライナ侵攻』筑摩書房。
クンドナニ、ハンス（中村登志哉訳）［2019］『ドイツ・パワーの逆説』一藝社。
シュラーズ、ミランダ［2022］「エネルギー危機のヨーロッパ」『世界』no.958。
進藤理香子［2022］「岐路に立つドイツ――ロシアによるウクライナ侵攻」『経済』no. 323。
鶴岡路人［2022］「欧州は目覚めたのか」池内恵編『ウクライナ戦争と世界のゆくえ』東京大学出版会、31-45 頁。
中川洋一［2020］『ドイツはシビリアンパワーか、普通の大国か？――ドイツの外交政策と政策理念の危機と革新』法律文化社。
―――［2022］「ドイツからの視点」「緊急ウェビナー　ウクライナ危機と世界 戦争・平和・勢力圏・民主主義」（立命館大学，2022 年 3 月 3 日）（http://www.ritsumei.ac.jp/

file.jsp?id=532778）

中村登志哉［2022］「独とは異なる財政事情」『毎日新聞』、6 月 15 日。

広瀬佳一［2022］「NATO の変貌とエスカレーション・リスク」『世界』2022 年 5 月臨時増刊号。

宮脇昇［2022］「資源地政学からみたユーラシア」渡邉啓貴編『ユーラシア・ダイナミズムと日本』中央公論新社，363-382 頁。

森井裕一［2022］「ドイツが武器供与に一大転換した決意のほど」エコノミスト・オンライン（https://weekly-economist.mainichi.jp/articles/20220329/se1/00m/020/054000c）

Amann, Melanie, Becker, Markus, Feldenkirchen, Markus et al. [2022], "Gemach, gemach!," Der Spiegel, 4. 6.

ARD (6. 1. 2022), "Knapp 70 Prozent für kürzere Quarantäre," DeutschlandTrend.

—— (3. 2. 2022), "Union erstmals seit Monaten vor der SPD," DeutschlandTrend.

—— (3. 3. 2022), " Mehrheit unterstützt deutschen Ukraine-Kurs," DeutschlandTrend.

—— (14. 4. 2022), "Mehrheit für Lieferung schwerer Waffen," DeutschlandTrend.

—— (28. 4. 2022), "Lieferung schwerer Waffen umstritten," DeutschlandTrend.

—— (13. 5. 2022), "Viele Deutsche haben Kriegsangst," DeutschlandTrend.

—— (2. 6. 2022), "Fast jeder Zweite muss sich einschränken," DeutschlandTrend.

—— (7. 7. 2022), "Klimaschutz soll nicht hinteranstehen," DeutschlandTrend.

—— (4. 8. 2022), " Klare Mehrheit für längere AKW-Nutzung," DeutschlandTrend.

—— (1. 9. 2022)," Nur Minderheit will Entlastung für alle," DeutschlandTrend.

ARD Das Erste, (26. 2. 2022), "Brennpunkt. Krieg gegen die Ukraine," (https://www.ardmediathek.de/video/brennpunkt/brennpunkt-krieg-gegen-die-ukraine/das-erste/Y3JpZDovL3dkci5kZS9CZWl0cmFnLTc5ZGU4MTRlLTQ0MzMtNDk5NC1iNzE5LTE1YjQ0MGY4NTU5OQ).

ARD Tagesschau (3. 3. 2022), "Hilfsprogramm für deutsche Firmen," (https://www.tagesschau.de/wirtschaft/unternehmen/hilfsprogramm-deutsche-firmen-sanktionen-101.html).

—— (10. 3. 2022), "Streitpunkt russisches Gas," (https://www.tagesschau.de/ausland/europa/eu-gipfel-versailles-ukraine-krieg-101.html).

Baumgärtner, Maik, Dohmen, Frank, Flammang, Andreas et al. [2020], "Schuss ins eigene Knie," Der Spiegel, 12. 9.

Becker, Markus, Dohmen, Frank, Flammang, Andreas et al [2020], "In Trumps Visier," Der Spiegel, 29. 8. 2020.

Becker, Markus, Dohmen, Frank, von Hammerstein, Konstantin et al. [2021], "Putins Röhren," Der Spiegel, 10. 7.

Bierling, Stephan [2014], *Vormacht wider Willen. Deutsche Außenpolitik von der Wiedervereinigung bis zur Gegenwart*, C. H. Beck.

Bundesministerium für Verteidigung (BMVg) (20. 5. 2022), "Verteidigungshaushalt 2022 beschlossen," (https://www.bmvg.de/de/aktuelles/verteidigungshaushalt-2022-

beschlossen-5429244).

――― (3. 6. 2022), " Ministerin: „Wir sorgen für eine voll einsatzbereite Bundeswehr"," (https://www.bmvg.de/de/aktuelles/ministerin-wir-sorgen-fuer-voll-einsatzbereite-bundeswehr-5438596).

Bundesministerium für Wirtschaft und Klimaschutz (BMWK) (11. 1. 2022),"Eröffnungsbilanz Klimaschutz".

――― (21. 7. 2022) "Energiesicherungspaket: Weitere Stärkung der Vorsorge".

Bundesministerium für wirtschaftliche Zusammenarbeit und Entwicklung (BMZ) (5.7.2022) "Offizielle Erklärung der Bundesregierung durch Ministerin Svenja Schulze bei der Ukraine Recovery Conference in Lugano," (https://www.bmz.de/de/aktuelles/reden/ministerin-svenja-schulze/220705-national-statement-germany-ukraine-recovery-conference-116542).

Council of the EU (15. 3. 2022), "Fourth package of sanctions in view of Russia's military aggression against Ukraine," Press release. (https://www.consilium.europa.eu/en/press/press-releases/2022/03/15/fourth-package-of-sanctions-in-view-of-russia-s-military-aggression-against-ukraine-15-additional-individuals-and-9-entities-subject-to-eu-restrictive-measures/).

――― (8. 4. 2022), "Fifth package of sanctions in view of Russia's military aggression against Ukraine," Press release. (https://www.consilium.europa.eu/en/press/press-releases/2022/04/08/fifth-package-of-sanctions-in-view-of-russia-s-military-aggression-against-ukraine-eu-adopts-restrictive-measures-against-an-additional-218-individuals-and-18-entities/).

――― (31. 5. 2022), "European Council conclusions on Ukraine," (https://www.consilium.europa.eu/en/press/press-releases/2022/05/31/european-council-conclusions-on-ukraine-30-may-2022/).

――― (3. 6. 2022), "Russia's aggression against Ukraine: EU adopts sixth package of sanctions," Press release. (https://www.consilium.europa.eu/en/press/press-releases/2022/06/03/russia-s-aggression-against-ukraine-eu-adopts-sixth-package-of-sanctions/).

Feldenkirchen, Markus, Gebauer, Mattias, Hagen, Kevin et al. [2022], "Blumen zu Flecktarn," Der Spiegel, 30. 4.

Gebauer, Matthias, and von Hammerstein, Konstantin [2022] "Mit der Schuldenbremse gegen Putin,"Der Spiegel, 28. 5.

Gude, Hubert [2022], "Ziemlich beste Freunde," Der Spiegel, Nr. 21, 21. 5.

Hackenbruch, von Felix, Ismar, Georg and Schlandt, Jakob [2022], "Notstrom," Der Tagesspiegel, 7. 9.

Harnisch, Sebastian and Maull, Hanns W. (eds.) [2001], *Germany as a Civilian Power? The Foreign Policy of the Berlin Republic*, Manchester university press.

Herold, Frank, Lumetsberger, Sandra and Mumme, Thorsten [2022], "Wirken die

Sanktionen gegen Putin überhaupt?," Der Tagesspiegel, 15. 8.

Hoyer, Katja [2022], "Germany has become a weak link in NATO's line of defense," Washington Post, 21. 1. (https://www.washingtonpost.com/opinions/2022/01/21/germany-has-become-weak-link-natos-line-defense/).

Hyde-Price, Adrian, and Jeffery, Checkel [2001], "Germany in the European Union," Journal of common market studies, 39(4), pp. 689–717.

Ismar, Georg and Meier, Albrecht [2022], "Zwei gegen den Zweiful," Der Tagesspiegel, 10. 5.

Ismar, Georg and von Salze, Claudia [2022], "Berlin sagt Lieferung von Panzern an Kiew zu," Der Tagesspiegel, 27. 4.

Jokela, Juha [2011], *Europeanisation and Foreign policy*, Routledge.

Magne, José M. [2019], *Contemporary European politics*, Routledge.

Oppermann, Kai [2019], "Deutsche Außenpolitik während der dritten Amtszeit Angela Merkels. Krisenmanagement zwischen internationalen Erwartungen und innenpolitishen Vorbehalten," Zohlnhöfer, Reimut and Saalfeld, Thomas (eds.), *Zwischen Stillstand, Politikwandel und Krisenmanagement*, Springer VS, pp. 619–644.

Prantl, Heribert [2014], "Selbst beschlossen, selbst genehmigt," Süddeutsche Zeitung, 16./17. 8.

Reinwein, Alexander [2022], "Die Zeit drängt. Die Verteidigungsausgaben sollen drastisch steigen," Das Parlament, Nr. 10-11, 7. 3.

Rittberger, Volker [2003], "Deutschland in der internationalen Politik. Welche Rolle nach der Vereinigung?" Rittberger, Volker (ed.), Demokratie-Entwicklung-Frieden, Nomos.

Ruck, Ina [2022], "Die Separatistenführer können Putin jetzt um Hilfe bitten," ARD Tagesschau, 21. 2.

Schmidt, Michael [2022], "Koalition streicht das Ziel der klimaneutralen Stromversorgung bis 2035," Das Parlament, Nr. 28-29, 11. 7.

Svyatets, Ekaterina [2016], *Energy Security and Cooperation in Eurasia. Power, Profits and Politics*, Routledge.

Szabo, Stephen [2015], *Germany, Russia, and the Rise of Geo-Economics*, Bloomsbury USA Academic.

Teichmann, Torsten [2022], "Wie die USA die Ukraine unterstützen," ARD Tagesschau, 20. 1. (https://www.tagesschau.de/ausland/europa/militaerhilfe-ukraine-usa-101.html).

Wilczynski, Martha [2022], "Russland berät über Anerkennung selbsternannter Volksrepubliken" ARD Tagesschau 24, 21. 2 (https://www.tagesschau.de/ausland/europa/putin-ukraine-125.html).

* 上述の全 URL アドレスは、2022 年 11 月 8 日に最終確認した。

PROFILE ●●● 中川洋一（立命館大学講師）
J. W. G. フランクフルト大学社会科学部博士課程修了（Ph. D.）。元在独日本国大使館専門調査員。著書に『ドイツはシビリアンパワーか、普通の大国か？』（法律文化社、2020 年）など。

第6章

ウクライナ侵攻と「水の武器化」

玉 井 良 尚

はじめに

　2022年2月に勃発したロシアによるウクライナ侵攻は、国際社会に衝撃をもたらした。その衝撃は、国連安保理常任理事国が隣国へ軍事侵攻を行ったということだけにとどまらず、民間人への拷問・虐殺や民間施設への攻撃・破壊、そして稼働中の原子力発電所への攻撃および制圧、さらには軍事要塞化などといった違法な戦闘方法を行ったということにも起因する。とくに戦時における原子力発電所への攻撃は、1977年に成立したジュネーブ諸条約第一追加議定書（以下、第一追加議定書）第56条において原則禁止されており、ロシアも同条約を批准している。にもかかわらず、ロシア軍は、原子力発電所を軍事要塞化し、さらにそこから周辺地域へミサイル攻撃さえも行っている。

　だが、今回の軍事侵攻では、原子力発電所への攻撃だけでなく、他にも見過ごすことのできない戦闘方法が行われている。それは「水の武器化」である。水インフラのダムと堤防は、原子力発電所と同様に先の第一追加議定書第56条において「危険な力を内蔵する工作物および施設」として戦時において攻撃禁止とされている。また第一追加議定書第54条では、飲用水供給施設や灌漑施設に対しても攻撃が禁止されている。そして、今回の武力紛争ではロシアとウクライナ双方ともに水インフラを利用し、水を「武器化」している。このことは、今回のウクライナ侵攻にとどまらず、第一追加議定書第54条および第56条の死文化の危機をもたらし、さらに今後、世界の人びとにとって不可欠である水環境へのリスク増大につながる怖れがある。

本章では、国内外のメディア情報などから今回の武力紛争における「水の武器化」について分析するとともに、今後の第一追加議定書の国際法としての効力や影響について考察する。

1　「水の武器化」と国際人道法

　これまで筆者は、軍が水資源を軍事戦略に組み込み管理運用すること、そしてそれを目指す軍の能力とその行使を「制水権」と独自に定義し、これまで世界で起きた紛争を通じ分析を行ってきた。制水権の対象には、水資源そのものだけでなく、河川や運河などの水路、ダムや堤防、浄水施設など水インフラも含まれ、軍によるこの行使がどのような問題を引き起こすのか調査している（玉井 2021）。これまでの筆者の研究を踏まえていえば、今回のロシアとウクライナとの間の武力紛争は、今後の世界各国の軍隊による制水権行使の在り方を占う大いなる試金石となりつつある。なぜならば、ロシア軍とウクライナ軍との間の制水権の角逐、とくに防衛側であるウクライナ軍の軍事行動が国際人道法的に許される「水の武器化」の領域を拡大しつつあるからである。

　そもそも軍による自由な制水権の行使は認められていない。これは、国際人道法において戦時における水インフラ施設や自然環境の保護が謳われていることによる。そこで本節ではまず、「水の武器化」を抑制している国際人道法について概観するとともに、その限界についても論じる。

（1）ジュネーブ諸条約第一追加議定書

　件の国際人道法とは、ジュネーブ諸条約第一追加議定書のことである[1]。第一追加議定書における水インフラも含めた戦時水環境保護に関する特徴的な点は、2つの観点からのアプローチが同時に希求されていることにある。それは、

---

1)　ジュネーブ諸条約追加議定書には第二追加議定書もあり、第一追加議定書は国家間で勃発した武力紛争に対応する一方、第二追加議定書は国内紛争、すなわち内戦に対応する。本章のウクライナ侵攻に関する国際人道法は、とくに記述がない限り、第一追加議定書に関して扱う。

「攻撃してはいけない」といった戦闘方法および手段の制限による保護と、実際に攻撃禁止対象を具体的に明示するリスト方式による保護という2つの実践アプローチである。そのことを踏まえた上で、水インフラも含めた水環境保護に関する規定について見ていく（以下の下線部は筆者による）。

第54条　文民たる住民の生存に不可欠な物の保護
1　戦闘の方法として文民を飢餓の状態に置くことは、禁止する。
2　食糧、食糧生産のための農業地域、作物、家畜、<u>飲料水の施設及び供給設備、かんがい設備等</u>文民たる住民の生存に不可欠な物をこれらが生命を維持する手段としての価値を有するが故に<u>文民たる住民又は敵対する紛争当事者に与えない</u>という特定の目的のため、これらの物を攻撃し、破壊し、移動させ又は利用することができないようにすることは、文民を飢餓の状態に置き又は退去させるという動機によるかその他の動機によるかを問わず、禁止する。

第56条　危険な力を内蔵する工作物及び施設の保護
1　危険な力を内蔵する工作物及び施設、すなわち、<u>ダム、堤防及び原子力発電所は、これらの物が軍事目標である場合であっても、これらを攻撃することが危険な力の放出を引き起こし、その結果文民たる住民の間に重大な損失をもたらすときは、攻撃の対象としてはならない。</u>これらの工作物又は施設の場所又は近傍に位置する他の軍事目標は、当該他の軍事目標に対する攻撃がこれらの工作物又は施設からの危険な力の放出を引き起こし、その結果文民たる住民の間に重大な損失をもたらす場合には、攻撃の対象としてはならない。

　第54条と第56条を読んでいただければわかるが、条文で保護が謳われているのは、上水道などの給水施設と灌漑施設、そしてダムと堤防といった所謂「水インフラ施設」である。くわえて第一追加議定書には、水環境保護を謳う条文も存在する。それらは以下である（以下の下線部は筆者による）。

第35条　基本原則

3　自然環境に対して広範、長期的かつ深刻な損害を与えることを目的と
する又は与えることが予測される戦闘の方法及び手段を用いることは、禁
止する。

第55条　自然環境の保護

1　戦闘においては、自然環境を広範、長期的かつ深刻な損害から保護す
るために注意を払う。その保護には、自然環境に対してそのような損害を
与え、それにより住民の健康又は生存を害することを目的とする又は害す
ることが予測される戦闘の方法及び手段の使用の禁止を含む。

2　復仇の手段として自然環境を攻撃することは、禁止する。

　第一追加議定書第35条および第55条に明記されている「自然環境」には当
然、水環境も含まれると捉えて然るべきである。これら戦時における自然保護
規定に関しては、第一追加議定書起草のために開催された外交官会議において、
参加国から「国際武力紛争における自然環境の保護への重要かつ新たな貢献で
ある」と評されるほど斬新なものであった（ICRC CDDH/SR.39[2]）。第35条3
は戦闘方法の制限による保護であり、第54条、第55条、そして第56条は対
象リストの明確化による保護である（Sandoz, Swinarski and Zimmermann 1987：
662）。したがって生命にとって不可欠な「水」は、国際人道法によって保護さ
れており、この国際人道法が遵守される限り、軍による「水の武器化」の展開
は強力に制限されたものとなる。

(2) 第56条の複雑な受容状況

　だが実際のところ、第一追加議定書による「水の武器化」の制限は、2つの
点で強力なものではない。第一に、第56条における国連安保理常任理事国の

2）　以下、CDDH の表記は ICRC, *Official Records of the Diplomatic Conference on the Reaffirmation and Development of International Humanitarian Law Applicable in Armed Conflict* の史料を指す。

表 6-1　戦時水資源保護規定をめぐる国連安保理常任理事国の受容状況

	アメリカ	イギリス	フランス	ロシア（ソ連）	中華人民共和国
第一追加議定書への加入	未加入	1998 年	2001 年	1989 年	1983 年
第二追加議定書への加入	未加入	1998 年	1984 年	1989 年	1983 年
第 56 条への姿勢	—	留保	留保	留保なし	留保なし

（出所）筆者作成。

受容状況が複雑であることにある。そもそも今日の世界の覇権国アメリカは、第一追加議定書自体に加入していない。そして、国連安保理常任理事国であり、アメリカを中心とする世界最大の軍事同盟 NATO（北大西洋条約機構）の主要加盟国であるイギリスとフランスは、第一追加議定書に加入はしているものの、第 56 条に対しては国際法上の「留保」を宣言している。対してロシアと中国は第一追加議定書に加入するとともに、第 56 条に対して留保を宣言していない。つまり、現在の安保理常任理事国内における第 56 条の受容状況は、西側陣営のほうが後ろ向きなのである。そして今回の紛争当事国であるウクライナは、1990 年に第一追加議定書を批准するとともに、第 56 条に対して留保も宣言していない。それゆえに今回のウクライナ侵攻は、第一追加議定書が成立して以来、初となる第 56 条受容国同士の戦争であり、戦時水インフラ保護の今後を評価するのに極めて良い事例といえるのである[3]。

(3) 保護消滅規定

　そして第二に、戦時水保護規定には「保護消滅」が存在する。第 54 条と第 56 条双方ともに以下のような規定がある（以下の下線部は筆者による）。

---

3)　第一追加議定書締約国同士の武力紛争としては他に、2008 年にロシア（1989 年批准）とジョージア（1993 年加入）との間で勃発した南オセチア紛争がある。ただし当該紛争は、一方の当事国ジョージアが第一追加議定書に署名はしているものの未批准であり、さらに武力衝突も 10 日間の短期で停止した。それゆえに批准国同士でかつ大規模な武力衝突は今回のウクライナ侵攻が初といえる。

第 54 条

3　2 に規定する禁止は、2 に規定する物が次の手段として敵対する紛争当事者によって利用される場合には、適用しない。

(a)　専ら当該敵対する紛争当事者の軍隊の構成員の生命を維持する手段

(b)　生命を維持する手段でないときであっても軍事行動を直接支援する手段。ただし、いかなる場合においても、2 に規定する物に対し、文民たる住民の食糧又は水を十分でない状態とし、その結果当該文民たる住民を飢餓の状態に置き又はその移動を余儀なくさせることが予測される措置をとってはならない。

［中略］

5　いずれの紛争当事者にとっても侵入から自国の領域を防衛する重大な必要があることにかんがみ、紛争当事者は、絶対的な軍事上の必要によって要求される場合には、自国の支配の下にある領域において 2 に規定する禁止から免れることができる。

第 56 条

2　1 に規定する攻撃からの特別の保護は、次の場合にのみ消滅する。

(a)　ダム又は堤防については、これらが通常の機能以外の機能のために、かつ、軍事行動に対し常時の、重要なかつ直接の支援を行うために利用されており、これらに対する攻撃がそのような支援を終了させるための唯一の実行可能な方法である場合

(b)　原子力発電所については、これが軍事行動に対し常時の、重要なかつ直接の支援を行うために電力を供給しており、これに対する攻撃がそのような支援を終了させるための唯一の実行可能な方法である場合

(c)　1 に規定する工作物又は施設の場所又は近傍に位置する他の軍事目標については、これらが軍事行動に対し常時の、重要なかつ直接の支援を行うために利用されており、これらに対する攻撃がそのような支援を終了させるための唯一の実行可能な方法である場合

このように第54条と第56条には保護消滅に関する規定が設けられており、それゆえに保護は絶対ではない。

　保護消滅規定の設置をめぐっては、第一追加議定書起草の為の外交官会議おいて多くの参加国から意見が噴出した。これら保護消滅規定が設けられた理由は、「防衛戦争」の場合に備えてである。侵略国に攻め込まれた場合、防衛する側の国には不戦条約や国連憲章で認められた「自衛権」を行使する権利がある。ただ、あらゆる民間施設に保護を与えてしまうと、自衛権に基づく軍事力の行使ができなくなってしまう。くわえて、侵略行為自体が国際法違反であるがゆえに、そもそも侵略国が国際人道法を遵守することは考え難く、むしろ法的に保護されているものを積極的に軍事利用する可能性のほうが高い。それゆえに、少なくない数の会議参加国が無条件の保護とその拡大に難色を示した。

2　保護消滅規定成立の過程

(1)　自然環境保護をめぐる論争

　第55条が規定する自然環境の保護に対しては、フランスは「人道法の範疇を超え、実際に戦争法を規制する最初の条項である」と評す一方で、「人道目的で策定されたものであるが、それらは国家の防衛と安全保障に直接的な影響を及ぼす」と問題を呈した。オーストラリアは、第55条に対して「自国領土における締約国の権利を侵害することなく、戦争の手法として自然環境を破壊することを禁止する」といった抜け道を設けた修正案を提案した（ICRC CDDH/Ⅲ/60）。イギリスは第35条3や第55条に関して、「環境が保護されるのは、基本的に文民の保護のためである」として、敵軍に利用されている場合、「保護消滅条項」を適用すると会議で宣言した（ICRC　CDDH/SR.39）。

　これに対して、起草者たるICRC（赤十字国際委員会）は、自然環境保護規定については短期的な損害を与える砲撃のような軍事行動まで禁止するものではないとの現実的な説明を行った。そもそもICRCが戦時における自然環境保護を規定化しようとしたのは、ベトナム戦争で引き起こされた大規模環境破壊への反発にある（Sandoz, Swinarski and Zimmermann：663）。ベトナム戦争中、ア

メリカ軍は、確信犯で敵の姿を隠す密林それ自体を目標にナパーム弾で燃やし、枯葉剤を大量散布して消し去ろうとし、その過程で尋常ならざる森林と土壌、水源の破壊と汚染を引き起こした（レ・カオ・ダイ 2004 および栗原 2020）。この環境破壊に対する世界の知識層の懸念を反映したのが 1972 年のストックホルム宣言であり、この宣言によって環境破壊もまた人権侵害であるとの認識を国際世論に広めた。ICRC は、ベトナム戦争の惨禍とストックホルム宣言を念頭に、戦時環境保護規定をつくり出したのである。それゆえに ICRC は、自然環境を主目標としない通常戦闘にまで規定を厳しく適用する意思はなかった（Sandoz, Swinarski and Zimmermann 1987：410-419）[4]。

(2) 第 54 条と第 56 条における保護消滅規定設定をめぐる論争

　外交官会議では、保護消滅条項を設けることに反対する国や、逆に第 54 条の規定に自国の基幹産業およびそのインフラ施設を加えようとする国も存在した。

　たとえば、農業大国のオーストラリアは、「文民たる住民の生存に不可欠な物の保護」とする第 54 条を食糧安全保障の反映とみなし、保護の対象および内容に関しては最終版そのままに、条項タイトルを "Protection of foodstuffs and food producing areas"（食糧および食糧生産地の保護）に変更しようとした（ICRC　CDDH/Ⅲ/49）。また、イラクやサウジアラビアなどの中東産油国は、当該条項の保護対象に「燃料貯蔵施設」と「製油所」を加えるように求めた（ICRC　CDDH/Ⅲ/63 and Add.1）。オーストラリアの条項タイトル変更提案は受け入れられなかったが、農地や作物が人間の生存にとって不可欠なのは当然なので条文内容はそのままとなった。中東産油国が中心となった保護対象に石油生産設備と貯蔵施設を含める提案に関しては、ワーキンググループで拒否された。その理由は、提案対象が「文民の生存」の観点では相応しくないからとし、そして、もし保護対象とするのであれば、別の条文で扱われるべきである

---

　4)　ICRC のコメンタリーによれば、自然環境保護規定は、自然環境への攻撃・被害が人びとの身体的または精神的健康に有害な影響につながることを防ぐために、予防的措置を講じる必要があったために起草したとしている。

192

との結論に達したからである（ICRC　CDDH/Ⅲ/264/Rev.1 および CDDH/407/Rev.1, para.12）[5]。

　だが、保護消滅規定を望む声は非常に大きかった。戦時における自然環境保護に関しては先の ICRC の説明で議論は収束したものの、第54条および第56条では、伝統的な軍事作戦である「焦土作戦」との整合性から問題となった。ICRC は、第54条について「枯葉剤など化学物質による貯水池等の水源汚染、または農地の焼却や作物の投棄を含むすべての可能性を網羅しうる表現にした」と説明した（Sandoz, Swinarski and Zimmermann 1987：655）。すなわち ICRC は、当該規定によって「焦土作戦」を封じようとしていた。焦土作戦とは、敵軍が自国領土に侵攻した場合、敵軍によって利用される可能性のある領内の食糧・燃料・インフラ施設等を焼却、投棄、または破壊して利用不可能にし、敵軍の兵站を消耗させる軍事作戦のことをいう。とくに今回のウクライナ侵攻の当事者であるロシアは、大北方戦争やナポレオンのロシア遠征、そして第2次世界大戦での独ソ戦などでこの焦土作戦を採用し、多くの自国民を犠牲にしながらも戦争に勝利した歴史を有する（コレンクール 1981 およびグランツ、ハウス 2003）。焦土作戦は軍人にとって抗いがたい軍事作戦の1つなのである。そして、現代戦争においては将兵の飲用水を含めた食糧補給と、さらに基地機能や軍需生産維持の為に電力供給が重要となる。それゆえに焦土作戦実行時には、飲用水供給施設や灌漑施設、水力発電ダムなどの防衛的な意味での破壊が浮上するのである。

　この問題に対し、イギリスやベルギーなどは、保護対象を示す第54条2に対して「締約国は自国の領土で敵に渡さない限りにおいて、作物、飲料水供給、灌漑施設、家畜、食料品、または食料生産地域を攻撃、破壊、除去、または投棄することは禁止する」（下線部は筆者による）との修正案を提案するなどした

5）　その後、石油施設等を他の条文で保護対象に加えることに同意したものの、スポンサーが最終的に提案を撤回したため、提案は結実しなかった。しかし、第一追加議定書成立後、大規模な国家間武力紛争となった 1991 年の湾岸戦争において、油田火災による環境破壊の問題が発生したのは皮肉である。結果的に、石油関連施設を保護対象とすべきだったのかもしれないが、当時の ICRC は石油火災を危険な力とみなしておらず、くわえて原油の海洋流出などは、第 55 条の自然環境破壊の禁止規定で適用可能と考えていた節がある。

（ICRC　CDDH/Ⅲ/67）。このように諸国家は、自国の軍事防衛政策に対して自由であろうとした。

　その結果、本来、文民の保護を強化するはずであった第54条は、焦土作戦も含めた防衛戦争の論理を残すこととなった。それが表れたのが、先述の第54条3および5の規定である。まず、第54条3において、「(a) 専ら当該敵対する紛争当事者の軍隊の構成員の生命を維持する手段」「(b) 生命を維持する手段でないときであっても軍事行動を直接支援する手段」として敵対者に利用される場合に、そして第54条5において、紛争当事者が「自国の領域を防衛する重大な必要があることにかんがみ、……絶対的な軍事上の必要によって要求される場合」に保護の消滅を設定したのである。そして実際に発動した場合、飲用水供給施設や灌漑施設も破壊対象となり得ることとなる。保護消滅規定に関してICRCは、「外交会議で多くの国が自国防衛手段の制限を望まなかったことから、当初の草案になかった当該条項が設けられた」と正直に吐露している（Sandoz, Swinarski and Zimmermann 1987：658）。ただしICRCは、軍事的に必要な場合、防衛側が自分たちの領土において水資源や作物といった文民の生存に不可欠な物を破壊する場合があることを認める一方で、「占領軍の支配下にある領土では、占領者はそのような破壊を実行することはできない」とし、また、占領軍が撤退する場合の焦土作戦は禁止されているとの解釈をとっている。つまり、焦土作戦は防衛戦争における防衛側のみ許されている（Sandoz, Swinarski and Zimmermann 1987：659）。

　そして何よりも会議で紛糾したのが、第56条における保護消滅条項であった。とくにダムと原子力発電所は危険な力を内蔵する工作物および施設であり、これらの破壊は周辺に甚大な被害をもたらす。その一方で、ダムや河川堤防は防衛線および兵站線として軍事利用される場合もある。実際に過去、アメリカ軍は、ベトナム戦争において北ベトナムが堤防を兵站線として利用していたため、これを遮断するために河川堤防に対し攻撃を仕掛けている（陸井 1969）[6]。ダムや堤防が軍事利用されることを警戒する国々にとって、攻撃禁止は「現実を理解していない」ことと捉え、占拠する敵を追い出すために施設への攻撃を

6）　これに関してアメリカ側は、北ベトナムが堤防上に対空火器を設置していたために攻撃したのであって、堤防攻撃に関しては意図的ではないとの見解を出している。

必要とする場合もあり得るとした。そして、これら主張の問題の核心は、武力紛争時にダムや原子力発電所が攻撃からの完全な保護が与えられる一方で、これらが軍事施設化された場合の対処をどうするのかという点にある。この国際法上の保護と軍事化の両方の事態が組み合わさった場合に予想されるのは、軍が攻撃することのできない軍事的聖域の出現と、それを見越した上での軍事要塞化である。実際、アメリカはこのことに関し、「軍事目的のために使用しない、または軍事目標にしないということの保証は、それら施設を管理している紛争当事者次第である」として、「敵の軍事に影響を持ち、かつ直接的に貢献している場合、または工作物及び施設の部分的ないしは全面的破壊又は無効化が明確な軍事的利益をもたらす場合、当該施設は軍事目標とみなされるべきである」と主張した。

　これに対してICRCは、「この規定が言及する工作物及び施設（ダムや堤防、原子力発電所）は、もしそれらが攻撃されれば結果として大惨事となるため、特別の保護が求められる」としつつ、「規定の意図するところは、工作物及び施設の単なる保護ではなく、危険な威力の解放を避けることにある」という極めて現実的政治的解説を行っている。ICRCが規定目的を「工作物及び施設自体の保護」ではなく「破壊による被害の予防」にあるとしている点は重要である。なぜならば、危険な威力の解放を避けることができれば、それは「施設の保護」を意味し、結果として、施設への攻撃の余地を残すことができるからである。したがってここに、ダムと堤防、そして原子力発電所の保護を尊重しつつも、軍事化した場合の攻撃を認めるというスタンスが形成されることになった。これが反映されたのが、第56条2の保護消滅規定なのである。その上で次なる重大な問題が浮上する。それは、誰がダムや堤防、原子力発電所の軍事化を判断し、そして攻撃決定を下すのかである（この点については後ほどあらためて触れる）。このように国際人道法は完全ではないのである。

3　ウクライナ河川の地政学性

　現在、戦場となっているウクライナの国土は「水の武器化」が展開されやすい地政学性を有する。本節では、軍事的に影響を受けやすいウクライナの河川

について地政学的観点から概説する。

(1) 軍事的意義

　ウクライナの国土は、およそ95％が平原で、残り5％が山岳である。さらに平原部の内、およそ70％は低地帯、30％が丘陵地帯である。そのウクライナ国土には河川が大小およそ2,300存在し、ウクライナの都市の多くはこれら河川沿いに展開する。

　ウクライナには、ドニエプル川、ドニエストル川、南ブーフ川、そしてドネツ川という代表的な4つの大河が存在する（図6-1を参照）。これらいずれもウクライナの市民生活と経済活動にとって重要な河川であるが、とくに地政学的に重要なのが、ウクライナ国土の中央に位置し、北から南へ国土を縦断するように流れるドニエプル川である。

　ロシア、ウクライナ、そしてベラルーシの文化的起源とされるキエフ大公国は、9世紀後半から13世紀前半までの間、バレンツ海の属海である白海（White Sea）から黒海にかけての東欧地域で栄えた。キエフ大公国は、スカンジナビア半島のバイキングであるヴァリャーグのリューリク家が現在ロシアのサンクトペテルブルク南に位置するノヴゴロドを支配したことに端を発し、その後ドニエプル川に沿って南下し、黒海沿岸までその領域を拡大したとされる。キエフ大公国が栄えた要因は、ドニエプル川とヴォルガ川の両河川を治め、河川交通「ヴァリャーグからギリシャへの道」の支配に成功したことにある。この河川交通を利用し、当時のギリシャ、つまりコンスタンティノープルを中心にバルカン半島とアナトリア半島を支配し経済的豊かさを誇っていたビザンツ帝国と交易することで、キエフ大公国は東欧平原における「南北交易」を独占したのである（亀山2022）。

　キエフ大公国が栄えた要因であるドニエプル川とヴォルガ川を一連にして地政学的に俯瞰することは、今日においても尚、有効である。たとえば、両河川に基づいてロシア西部の都市を俯瞰してみよう。まず、ウラル山脈とカフカス山脈、さらに遠くはカルパティア山脈に囲まれたロシア西部とウクライナ、ベラルーシの領域は東欧に一大平原を成している。その平原を流れるドニエプル

図6-1　ウクライナの代表的な河川

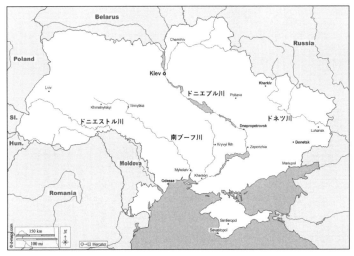

（出所）筆者作成。

川上流とヴォルガ川上流に包み込まれるようにロシアの首都モスクワがある。そして、モスクワ以外のロシア西部の主要都市の多くも両河川の水系沿岸ないしは両河川の間に展開している（図6-2を参照）。さらにドニエプル川沿岸にウクライナ首都キーウがあり、くわえて、ソ連時代から現在までウクライナにとって重要な工業都市ハルキウが両河川の間に位置する。ここにロシアがキエフ大公国の歴史的な地理的要素の基に立っている一端が垣間見える。

　河川の地政学性で重要なのは、それが国境など政治的境界になりやすいと同時に、戦争が起きると、軍事的防壁となりやすいことである。とりわけ、軍事上の障害となる山岳地が少ない平野部においては、河川や沼地は軍事的障壁としてとくに重視される。それゆえに、モスクワをはじめとしたロシア西部の防衛には、ドニエプル川とヴォルガ川の両河川の支配が必須となる。

　歴史をふり返れば、ドニエプル川がロシア西部、さらにはモスクワの防壁であることは明らかである。ドニエプル川の上流域に位置し、現在ベラルーシとの国境沿いにあるロシアのスモレンスクは、歴史的に多くの戦いの場となってきた。16世紀から17世紀にかけてはスモレンスクの支配をめぐってロシアと

図6-2　ドニエプル川とヴォルガ川から見たロシア西部

（出所）筆者作成。

　ポーランド・リトアニア共和国との間で幾度も戦争が行われた。1812年のフランスのナポレオン軍によるロシア遠征でも当地で戦いが起き、この戦いに敗北したロシア軍は焦土作戦の一環として市内に火を放ち、そしてドニエプル川に架かる橋を破壊した（コレンクール 1981）。第2次世界大戦での独ソ戦では、まず1941年7月にドニエプル川を渡河しようとするドイツ軍と防衛を図るソ連軍との間で第1次スモレンスク攻防戦が、そして1943年8月にはソ連軍がスモレンスクを奪還する第2次スモレンスク攻防戦が起きている。さらに、この第2次スモレンスク攻防戦は、独ソ戦の勝敗を決定づけたとされる全流域が戦闘の舞台となった「ドニエプル川の戦い」に連動したもので、1943年8月から12月にかけて、ドニエプル川をウォーターライン（水の防壁）としたドイツ軍に対し、ソ連軍はドイツが支配する河川西岸への渡河・攻略作戦を敢行し、これに成功した。軍事的防壁となった河川を挟んだ戦闘の為、これに伴う犠牲者は両軍双方で170万から270万人に上る夥しいものとなったが、この勝利によってソ連は自国領土からドイツ軍を完全に撃退することとなった（グランツ、ハウス 2003）。

198

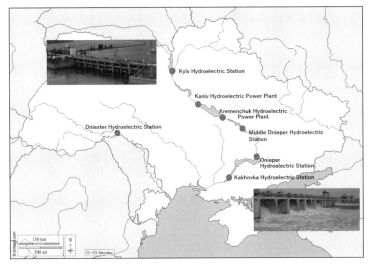

図6-3　ウクライナの水力発電施設

（出所）筆者作成。

　ロシアは、ソ連時代のバルト地域やポーランド東部の併合などが典型であるが、モスクワを少しでも国境線から遠ざけようとする意思を持つことは有名である（須藤 2005）。しかし、河川の重要性に関しては見過ごされている。先述の戦時におけるドニエプル川の重要性を踏まえて考えれば、もしウクライナのNATO加盟が成れば、ロシア側から見ると、ロシア西部もしくはモスクワの防壁としてきた河川を敵に渡すことを意味する。われわれは、この重大さについてより注意を払う必要がある。

(2) 経済的意義

　ドニエプル川はソ連時代に積極的な開発が行われた。当該河川には複数の水力発電施設、それに伴うダムや貯水地が存在する（図6-3を参照）。だが実際のところ、ウクライナ全体の1次エネルギーに占める水力発電のシェアは極めて小さい（表6-2を参照）。それでもドニエプル川の水力発電は重要な位置づけにある。その理由は、同流域における農工業用水としての使用を期待されている

表 6-2　直近 5 年間のウクライナにおける水力発電量とシェアの推移（単位 1,000 toe）

	2016	2017	2018	2019	2020
総エネルギー量	66,323	58,863	60,883	60,452	57,017
水力発電量	660	769	897	560	650
水力発電シェア	0.7%	0.9%	1.0%	0.6%	0.8%

（出所）ウクライナ統計局のデータを基に筆者作成。

図 6-4　ドニプロ工業地域と炭田・鉄鉱石産地の分布

（出所）原子力百科事典 ATOMICA ウェブページ。

からである。

　とくにドニプロ工業地域の産業用水源として重要である。ドニプロ工業地域には、ドニエプル川中流域から東部にかけて炭田と鉄鉱石産出地が多く存在し、それに基づき鉄鋼業集積都市が数多く展開し、同地域の経済的基盤となっている（図 6-4 を参照）。その製鉄の為の電力と工業用水としてドニエプル川の水が重要なのだ。

　くわえて、ドニエプル川開発で今回の戦争に関連してとくに重要なのは、北クリミア運河建設によるウクライナ本土とクリミア半島との間の「水の接続」

図6-5　北クリミア運河の送水路図

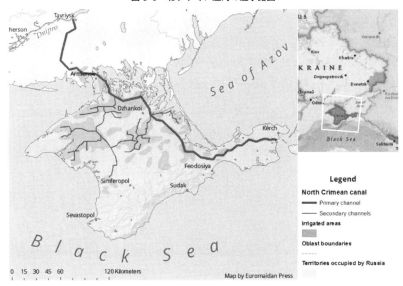

(出所）Euromaidan Press ウェブページ。

である。これは、ドニエプル川下流のウクライナ南部ヘルソン州にあるカホフカ・ダムから取水し、北クリミア運河を通ってクリミア半島へ給水される（図6-5を参照）。そもそもクリミア半島には、雨水を供給源とする河川が存在するものの、当地の年間降雨量が 500mm 程度であるため水資源は限られ、非常に乾燥した土地である。しかしクリミア半島は、黒海の制海権確保という観点では極めて優れた要地であるため、その水資源開発は重要であった。それゆえに、かつてのソ連は、長い時間をかけて北クリミア運河の建設を行った。1963 年に運河建設が開始され、1972 年にはその送水路がクリミア半島の東端であるケルチまでつながった。運河の総距離 402km、幅は 10 〜 15m、深さは 6m で、これによって年平均 12 億〜 15 億㎥の水がクリミアへ供給されるようになった。この水量はクリミア半島での消費量のおよそ 85％を占める。ただし、給水量の 70％は米・大豆栽培のための農業用水として利用されていた。すなわち、北クリミア運河建設は、飲用水の確保のみならず、クリミア半島における食糧生産能力の向上、そして半島内の農家の経済的自立も視野に入れた開発でもあ

った（Euromaidan Press ウェブページ）。

このようにドニエプル川開発は、ソ連時代にウクライナ東部およびクリミア半島における水源確保および経済産業基盤の強化のために実施されてきた。そして、ドニエプル川とのつながりが深いこれら地域はロシア系住民の割合が大きく、今回の紛争要因となっていることは、同時にドニエプル川が潜在的にロシアにとって重要な河川であることを示唆しているといえる。

4　ウクライナ軍による「水の武器化」

前節においてウクライナ河川の地政学性について説明したが、今回のウクライナ侵攻では、とくにウクライナ軍によって「水の武器化」が積極的に展開されている。本節では、水の武器化に関する2つの事例について紹介したい。

（1）河川の軍事防壁化

まず、今回の戦争では河川が軍事的防壁として利用されている。

侵攻開始の翌2月25日にウクライナ軍は、キーウ北のドニエプル川西岸にあるデミディウ村において自らの手で水門と堤防を破壊し、村を水没させた（写真6-1を参照）。デミディウ村を通るキーウへの幹線道路が水没したため、ベラルーシから侵攻したロシア軍は大幅な迂回を迫られ、これによって多くの地点でロシア軍の車列の大渋滞が発生し、そこをウクライナ軍に急襲され大きな損害を被ることとなった。また、現地ウクライナメディアによれば、この水没によってロシア軍の河川沿いの塹壕陣地も水没し、ロシア軍が陣地の再構築している際にウクライナ軍は砲撃を仕掛け、ロシア軍に大損害を与えることに成功したとされる（Ukrainska Pravda ウェブページ）。人工洪水を起因として大きな損失を被ることとなったロシア軍がキーウへの侵攻を諦めたことで、ウクライナ軍はキーウ防衛に成功した。つまり、ウクライナ軍は河川を防壁としたのである[7]。

先にも述べた通り、このようなダムや堤防破壊を利用した軍事作戦の是非については、すでに1970年代に第一追加議定書起草のための外交官会議で議論

写真 6-1　デミディウ村におけるダム水門が破壊された様子

（出所）Ukrainska Pravda ウェブページ。

写真 6-2　ニューヨークタイムズ電子版で取り上げられた水没したデミディウ村の記事

They Flooded Their Own Village, and Kept the Russians at Bay

（出所）New York Times ウェブサイト。

され、祖国防衛のような破壊による利益が不利益を上回る場合についてはこれ
を認めるとしている。このため、デミディウ村の事例は国際人道法上、水門お
よび堤防破壊が認められる事例と解釈される。ロシア軍のキーウ攻略失敗以降、
ニューヨークタイムズ紙やロイターといった西側メディアは水没した村の自己
犠牲を称えるかのように大々的に報道した（写真 6-2 を参照）。また、村の水没

によって村民は生活に支障をきたしたはずだが、現地ウクライナの報道は、村民たちの「モスカル（moskal：かつてのモスクワ大公国の住民に対する呼称）よりも家の洪水のほうがいい」「首都キーウを救うために何かを犠牲にする必要があった」との声を紹介するなど、そこに悲嘆さはないかのような報道を行っている（Ukrainska Pravda ウェブページ）[8]。

　しかし、ここに重要な評価が抜け落ちている。それは、ダム水門の破壊決定プロセスと責任の所在である。ここに関する報道はなく、ブラックボックスとなってしまっている。ここが、2014 年にダム奪還作戦を実行したアメリカと決定的に異なる点である。2014 年 8 月、イラクで国内最大のモスル・ダムがIS（Islamic State）に襲撃、占拠された。この事態を受け、当時イラクから撤退していたアメリカ軍は、IS 掃討およびダム奪還のために空爆を主とした軍事作戦を開始した。その際、アメリカのホワイトハウスは、モスル・ダムの破壊によって、バグダッドの大使館を含めたアメリカ人の生命・財産が危険にさらされ、そして現地イラク政府の国民に対する公共サービスの提供が立ち行かなくなる怖れがあることを理由に、大統領（当時はオバマ）が「米国の国家安全保障と外交政策の利益にかなうこれらの行動を、米国の外交関係を遂行する憲法上の権限に従い、最高司令官および行政長官として指示し」たとの議会議長宛ての文書を公開している（The Whitehouse Barack Obama ウェブページ）。先にも指摘したようにアメリカは第一追加議定書に加入していない。にもかか

---

7)　キーウ占領を諦めた後、ロシア軍が戦力を集中させた東部州においてもウクライナ軍は河川を軍事的防壁とした戦闘を行っている。それは、東部州の制圧を目指すロシア軍と防衛するウクライナ軍の間で起きた「ドネツ川の戦い」である。ドネツ川は東ウクライナ地域の重要水源であるため、ロシア軍は河川の両岸を制圧し、河川自体の支配を目指す必要がある一方、ウクライナ軍はドネツ川を「防衛線」として扱い、川に架かる橋梁すべてを破壊した。渡河を強行しようとするロシア軍に対してウクライナ軍の攻撃は激しく、最終的にロシア軍は 2 個大隊戦術群を失い、550 名の死者を出すに至った（2022 年 5 月）。この戦いによって、ドネツ川周辺の水インフラ施設も破壊されることとなり、これが東部州における水道停止につながっている。

8)　ただし、キーウ攻略からロシア軍が撤退した後も、村が水没したままであることにデミディウ村の村民らは不満を抱き、2022 年 6 月に村民 60 人がキーウへの幹線道路を塞いで抗議集会を開いた。これを受けて、キーウ地域の行政長であるクレバ（Oleksiy Kuleba）は 8 月までにダムの水門を修理し、問題の解決を図ると村民に約束した（Ukrainska Pravda ウェブページ）

わらず、ダムを軍事対象とした責任者、そしてその結果に対する責任の所在を明らかにしている。これは、国際人道法上の保護消滅という例外規定を行使するにあたって誠に重要なことである。

　翻って、そのような責任が今回のウクライナの事例では明らかにされておらず、結果を称えるのみである。これは、ウクライナ国内の今後の民主的な法治システムの拡充や対外的な信頼の獲得という意味で極めて残念なことといえる。

(2) 北クリミア運河の封鎖

ウクライナによる水制裁

　ウクライナは、河川を軍事的防壁とするだけでなく、今回の軍事侵攻前からロシアに対抗するために水を武器として利用している。2014 年 3 月、ロシアによるクリミア占領が行われると、同年 5 月、ウクライナ当局は、先述のクリミア半島に対する水供給路である北クリミア運河上に土嚢による簡易ダムを築き、クリミアへの水供給を停止した。さらに 2016 年、ウクライナ当局はこの簡易ダムをより強固なコンクリート製ダムへと造りかえた。

　先に指摘したように、運河を通って供給された水の多くはクリミア内で農業用水として利用されていた。それゆえに、この水制裁によって大きな被害を受けたのはクリミアの農業であった。灌漑用水量が供給停止前の 5 億 2,070 万㎥（2013 年）から停止後 1,300 万㎥（2015 年）まで急減したためにクリミア半島内の農家は田畑に作付けができなくなり、クリミア半島の食糧生産は著しく低下した（Ukrainska Pravda ウェブページ）。水供給停止後、ロシア政府は当初、クリミア半島内の水資源だけで事足りるとの認識であったが、2020 年にクリミア半島で歴史的な干ばつによる深刻な水不足が発生すると、ロシア政府は、2020 年から 2024 年の間に総額 480 億ルーブル（459 億は連邦予算、残りは現地クリミア共和国予算）をかけて、半島内にある 23 の貯水池の再開発を行うとともに、地下水の活用と淡水化プラントの建設によって水供給の安定化を図る計画を立てた（クリミア・リアリティズ ウェブページ）。さらに、農業生産力が低下したクリミアに物資を輸送するために、ロシアは、2018 年に完成させたロシア本土とクリミア半島をつなぐ「クリミア大橋」（別名：ケルチ海峡大橋）を

通した食糧などの生活物資の供給体制の拡充も図っている。

水制裁はエコサイドか？

ウクライナが行ったクリミアに対する水供給停止は、国際人道法たる第一追加議定書第54条違反、つまり、文民たる住民の生存に不可欠な物である飲用水施設および灌漑施設を利用させないことの禁止への実質的な違反であるかのように見える。

2020年のクリミア半島における大干ばつによる水不足被害を受けて、2021年8月、ロシア当局は、ウクライナによる北クリミア運河の封鎖に関連して、ロシア連邦刑法第358条に基づくエコサイド（Ecocide）の刑事事件として調査を開始することを発表した（ロシア連邦調査委員会ウェブページ）。エコサイドとは、自然を大規模に破壊し、気候や生態系に大きな被害を引き起こすことを「平和に対する罪」として位置づけ、実際にそれらを引き起こした国家や企業、個人を犯罪者として裁こうとする考え方である（Brisman and South 2014）。ロシア当局は、クリミア半島への水供給が停止した結果、クリミア半島内の農地が枯れただけでなく、水不足によって土壌の塩分濃度の増加につながり、半島における生態系の破壊や動植物の絶滅をもたらし、そしてクリミア市民の健康に悪影響を及ぼしたと主張している（ロシア連邦調査委員会ウェブページ）。エコサイドに関連して興味深いことに、ウクライナの刑法典にもエコサイドに関する刑罰が存在する[9]。

第441条　エコサイド
動植物の大量破壊、大気または水資源の汚染、および環境災害を引き起こす可能性のあるその他いかなる行為も、8年から15年の懲役に処す。

さらに、ウクライナの刑法典には戦争規則への違反に関する罰則条項も存在

---

[9]　UNODC（国連薬物犯罪事務所）のウェブサイトで公開されているウクライナ刑法典の英語訳を参照した（https://sherloc.unodc.org/cld/uploads/res/document/ukr/2001/criminal-code-of-the-republic-of-ukraine-en_html/Ukraine_Criminal_Code_as_of_2010_EN.pdf）。

する。

第 438 条　戦争規則の違反
1　捕虜または文民に対する残虐な扱い、強制労働のための文民の強制送
　　還、占領地における国宝の略奪、国際法によって禁止されている戦争
　　方法の使用、またはウクライナの最高議会（議会）が同意し、そのよ
　　うな行動をとるよう命じた国際機関によって採択された戦争規則のそ
　　の他の違反は、8 年から 12 年の懲役に処す
2　殺人を伴う同一の行為は、10 年から 15 年の懲役または無期懲役に処す

　だが、ウクライナ政府、たとえばウクライナ側の統治機構であるクリミア自
治共和国常駐大統領代理であるコリネヴィチ（Anton Korynevych）は、クリミ
アの民間人保護の役割を担うべきは占領者、つまりはロシアであるとの認識を
示し、水供給停止は国際人道法上合法であると主張している（Ukrainska
Pravda ウェブページ）[10]。この認識は、政府だけでなくウクライナ国民の間にも
広く共有されている。たとえば、2019 年から 2020 年にかけて、議会与党「国
民の僕」の一部の政治家が、クリミアに水を売ることやクリミアへの水制裁の
解除を交渉材料にして東部州からロシアを撤退させる考えを主張したことがあ
る。しかし、こういった構想に対して多くのウクライナ国民は反発し、構想を
表明した政治家はのちに謝罪に追い込まれた（Ukrainska Pravda ウェブページ）。
　さらに 2020 年 3 月、ウクライナ首相のシュミハリ（Denys Anatoliyovych
Shmyhal）がテレビのトーク番組において、人道的見地からクリミアへの水供
給再開を示唆する発言を行ったところ、やはりウクライナ国民から大きな反発
と抗議を受けた（Radio Free Europe Radio Liberty ウェブページ）。そしてこの反
発に対応するため、シュミハリは、テレビ番組で「政府は一時的に占領されて
いるクリミアに住んでいる市民のことを忘れていない」「われわれは市民に水

---

10)　ウクライナにおける国連監視団もクリミアの水不足に関する対応の第一はロシア側
　　にあるとの主張をしているというクリミア現地報道がある（https://ru.krymr.com/a/
　　news-oon-poklonskaya-rossia-neset-otvetstvennost-za-dostup-krymchan-k-vode/
　　30818404.html）。

を供給したい」と述べた上で、「市民と軍事基地への給水を分離することが不可能な技術的理由のため、クリミアの解放まで供給の再開はしない」と釈明した。そして、ウクライナ政府がこの釈明を政府公式ホームページに掲載したことは、これが現在のウクライナ政府の公式な立場といってよい（ウクライナ政府ホームページ）。このように侵攻以前からウクライナ国内は、クリミア解放なくして供給再開はないとの意思で統一されている。

ヘルソン州を核心地とする水をめぐる角逐

そのような中で今回の軍事侵攻が始まると、ロシアは侵攻2日で取水口であるカホフカ・ダムと北クリミア運河があるウクライナ南部ヘルソン州を制圧し、クリミア半島への水の流れを堰き止めていたダムを破壊した。こののち、ロシア側は給水再開に努め、翌3月には8年ぶりに北クリミア運河に水が流された。そして同月下旬に北クリミア運河が満水になると、ロシア側のクリミア共和国首長のアクショーノフ（Sergey Aksyonov）は、「ロシア軍のおかげで十分な量の水が北クリミア運河に戻った」「クリミアの水収支が変わり、住民に必要な量の水を提供することが可能となった」と主張するとともに、「今期、北クリミア運河からの水は無料でクリミアの農地に供給されるだろう」とも述べ、農業生産力の回復への期待を寄せている（Expert South ウェブサイト）。

これら一連のウクライナとロシアによるクリミアにおける水をめぐる角逐は、北クリミア運河を軸にしている。そして運河が通ると同時に、その取水口があるウクライナ南部ヘルソン州はこの戦争における制水権の核心地となっている。それゆえに現在（2022年8月）、ヘルソン州をめぐって両軍が激戦を繰り広げていることは、制水権掌握の観点からも必然といえる。だが、ここでもやはり重要なのは、ウクライナにおいて誰の責任で北クリミア運河を封鎖していたのかである。ウクライナ政府の国際人道上の解釈が明らかになったのは、先述の通り、首相をはじめとする与党の政治家の失言ないしは構想がウクライナ国民の大きな反発を受けて釈明したことによる、ここ数年のことである。飲用水供給施設および灌漑施設を使用させないことは第一追加議定書第54条2の違反であるが、第54条3および5に規定される国土防衛の必要性によって、ウクライナの場合は同条項の違反を免れることができる。だが、免れられるにもか

208

かわらず、ここでもウクライナ政府内の決定プロセスとその責任の所在が明確でない。ただ、国民の反発を受けて釈明の結果出てきたものが政府の見解となったということでしかない。

くわえて、クリミア半島と東部州のそれぞれの事例間でインフラの接続に関するウクライナ側の主張の矛盾も存在する。2017年12月と2018年12月にそれぞれ開かれたEUとウクライナ間の会議後に出された共同声明には、ウクライナの施政権下にある地域とそうでない地域間のインフラ接続について言及した箇所がある。そこには、ウクライナ東部ドネツクとルハンシクの非政府支配地域における人権状況の悪化を憂えた上で、「とくに重要な民間インフラの周囲に安全地帯を設け、そして人や物の移動を容易にすることによって、水、エネルギー、その他の公益事業の供給を保護し、環境リスクを軽減するために、現在政府の管理下にない地域と管理下にある地域との間の社会経済的関係を維持する必要性を認識した」とある（ウクライナ政府ホームページ）。この言及は、2017年ごろからドネツクにおける親露派勢力による浄水場への砲撃とそれに伴う破壊によって、地域全体への給水が停止に追い込まれる事案が多々発生したことによる。クリミアへの水供給停止の理由として、ウクライナ政府は、市民とロシア軍の水利用を分かつことができないことを挙げた。しかし、東部州における親露派勢力とウクライナ市民も分かつことはできない。すなわち、この違いを生んでいるのは、政治判断によって実行しているか否かに過ぎない。であるならば、尚のこと、ウクライナ政府には2つの地域間で、なぜ、対応の違いが生まれているのか説明責任を果たせるように、決定プロセスと責任の所在に関する透明性が求められる。

おわりに──防衛側ウクライナに求められることと今後の展望

このように今回のウクライナ侵攻では、とくにウクライナ側で河川を軍事的防壁としたり、クリミア半島への水供給を停止するなどの「水の武器化」が積極的に行われている。このことは、水が防衛側（弱者側）の武器として使用される傾向にあること、そしてそれが有効であることを示しているといえる。

だが、重大な問題として、大国ロシアに徹底抗戦する弱いウクライナ軍によ

る「水の武器化」について、国際社会は黙認どころか熱烈に支持する傾向にある。判官贔屓によるものであるが、逆にそれは、ウクライナの軍事安全保障における法の支配や透明性の促進の阻害要因を育てることにつながりかねない。実際、本章で明らかにしたように、ウクライナによる水の武器化の政策決定と責任の所在は不明確である。今後、EU ないしは NATO に加盟する可能性のある国家としてこれは由々しき問題である。また、ウクライナの姿勢が今後の軍による制水権をめぐる力の行使の良くも悪くも世界への見本となり、相対的に国際人道法を脆弱化させ、将来的に軍事活動の拡大につながっていく可能性が大いにある。そのなかで、保護消滅条項が政治責任を明らかにされず運用されていくことは絶対に許してはならない。われわれは、今回の武力紛争に関する報道に触れていく中で、この点への認識を強くしていくべきである。もし、ウクライナが上記の懸念に応える軍事行動を展開できれば、祖国の防衛とともに国際人道法の価値を守った国家として後世まで称えられよう。

　また最後に、この武力紛争の今後の展望について、本書執筆陣の一人として少し触れたい。現在（2022 年 8 月時点）、ウクライナ軍は南部ヘルソン州においてドニエプル川両岸を支配するロシア軍を東岸へ押し返すべく、ロシア軍の補給路となっている橋の破壊を試みている。すなわちウクライナ軍は、西岸に展開するロシア軍を後方から圧迫する軍事的な壁としてドニエプル川を利用している。このウクライナ軍の水の武器化にロシア軍が応対すれば、この紛争は次第に「21 世紀版ドニエプル川の戦い」となる可能性が高い。

　実は、ドニエプル川を利用した防衛方法に関して、アメリカの国際政治学者ポーゼン（Barry Posen）が 1994 年 11 月に発表した論文の中で指摘している。1994 年 11 月といえば、ブダペストで開催された OSCE（欧州安全保障協力機構）会議において、ウクライナ、ベラルーシ、カザフスタンが核不拡散条約への加盟、すなわち核兵器の放棄を行った代わりに、アメリカ、イギリス、そしてロシアが上記 3 か国の安全保障を約束した「ブダペスト覚書」が成立する 1 か月前である。論文の中でポーゼンは、核兵器を放棄したウクライナが核保有国ロシアに攻め込まれたとしても、西側諸国の支援を受けながらドニエプル川を利用した防衛に徹すれば、最悪でも国土の半分（ドニエプル川西岸）を守り切れると指摘している（Posen 1994）。そしてまさに、この予測に近い形で戦争が推

210

移しているように見える。

　ロシアにとって戦っている相手はウクライナであるが、ロシアがウクライナの後ろ、主敵としてアメリカを見ていることは間違いない。そして、ロシア側がドニエプル川東岸を完全に支配しないまま停戦なり終戦を迎えることは、ドニエプル川両岸を敵であるアメリカに押さえられることに他ならない。アメリカのウクライナへの武器支援品目では、対艦ミサイルやドローン、ロケット砲・榴弾砲などが注目されているが、2022年6月以降の報道では、このなかに「沿岸・河川巡視船」も加えられるようになってきた（ロイター日本語版ウェブサイト）。その意味で、ロシアとウクライナのどちらかによるドニエプル川沿岸における政治的軍事的優位性の確立が、停戦も含めたこの紛争の結末を左右するのではないかと考える。

【参考文献】

ICRC, *Official Records of the Diplomatic Conference on the Reaffirmation and Development of International Humanitarian Law Applicable in Armed Conflict GENEVA（1974-1977）.*

Brisman, Avi and South, Nigel [2014] *Green Cultural Criminology: Constructions of Environmental Harm, Consumerism, and Resistance to Ecocide,* Routledge.

Posen, Barry [1994] "A defense concept for Ukraine" in Irina Kobrinskaya and Sherman Garnett(eds.) Ukraine: Issues of Security, Carnegie Endowment for International Peace, pp. 85-136.

Sandoz, Yves, Swinarski, Christophe and Zimmermann. Bruno (eds.) [1987] *Commentary on the Additional Protocols of 8 June 1977 to the Geneva Conventions of 12 August 1949,* Martinus Nijhoff Publishers.

亀山陽司［2022］『地政学と歴史で読み解くロシアの行動原理』PHP新書。

栗原浩英［2020］「ベトナムが直面する環境問題をめぐって」『現代アジアと環境問題：多様性とダイナミズム』花伝社。

グランツ，デビッド・M、ハウス，ジョナサン・M［2003］『［詳解］独ソ全史　最新資料が明かす「史上最大の地上戦」の実像』（守屋純訳）学習研究社。

コレンクール，アルマン・ドゥ［1981］『ナポレオン──ロシア大遠征軍潰走の記』（小宮正弘訳）時事通信社。

須藤眞志編著［2005］『20世紀現代史　新装版』一藝社。

玉井良尚［2021］『制水権　軍による水の資源化』国際書院。

陸井三郎編［1969］『資料・ベトナム戦争』（下）紀伊國屋書店。

レ・カオ・ダイ［2004］『ベトナム戦争におけるエージェントオレンジ：歴史と影響』（尾

崎望監訳）文理閣。

〈ウェブサイト〉
Euromaidan Press
　https://euromaidanpress.com/2014/05/24/north-crimea-canal-a-history-of-its-construction/（最終アクセス 2022 年 9 月 12 日）
Expert South
　https://expertsouth.ru/news/voda-po-severokrymskomu-kanalu-nachala-postupat-v-krym/?sphrase_id=3578456（最終アクセス 2022 年 9 月 12 日）
　https://expertsouth.ru/news/glava-kryma-anonsiroval-besplatnoe-polzovanie-vodoy-iz-severokrymskogo-kanala-na-god/?sphrase_id=3240890（最終アクセス 2022 年 9 月 12 日）
New York Times
　https://www.nytimes.com/2022/04/27/world/europe/ukraine-russia-war-flood-infrastructure.html（最終アクセス 2022 年 9 月 12 日）
Radio Free Europe Radio Liberty
　https://www.rferl.org/a/pray-for-rain-crimea-s-dry-up-a-headache-for-moscow-dilemma-for-kyiv/30515986.html（最終アクセス 2022 年 9 月 12 日）
The Whitehouse Barack Obama
　https://obamawhitehouse.archives.gov/the-press-office/2014/08/17/letter-president-war-powers-resolution-regarding-iraq（最終アクセス 2022 年 9 月 12 日）
Ukrainska Pravda
　https://www.pravda.com.ua/news/2020/02/11/7240191/
　（最終アクセス 2022 年 9 月 12 日）
　https://www.pravda.com.ua/news/2020/02/12/7240294/
　（最終アクセス 2022 年 9 月 12 日）
　https://www.pravda.com.ua/articles/2020/02/19/7240920/
　（最終アクセス 2022 年 9 月 12 日）
　https://www.pravda.com.ua/articles/2020/02/19/7240920/
　（最終アクセス 2022 年 9 月 12 日）
　https://www.pravda.com.ua/rus/articles/2022/05/8/7344764/
　（最終アクセス 2022 年 9 月 12 日）
　https://www.pravda.com.ua/articles/2022/05/10/7345180/
　（最終アクセス 2022 年 9 月 12 日）
　https://www.pravda.com.ua/news/2022/06/27/7354962/
　（最終アクセス 2022 年 9 月 12 日）
UNODC
　https://sherloc.unodc.org/cld/uploads/res/document/ukr/2001/criminal-code-of-the-republic-of-ukraine-en_html/Ukraine_Criminal_Code_as_of_2010_EN.pdf
　（最終アクセス 2022 年 9 月 12 日）

ウクライナ政府

https://www.kmu.gov.ua/en/news/249790331（最終アクセス 2022 年 9 月 12 日）

https://www.kmu.gov.ua/en/news/rada-asociaciyi-ukrayina-yes-pidtverdila-nezminnu-
prihilnist-storin-politichnij-ta-ekonomichnij-integraciyi-zayava-za-pidsumkami-
zasidannya（最終アクセス 2022 年 9 月 12 日）

https://www.kmu.gov.ua/en/news/mi-hotili-bi-podavati-vodu-nashim-gromadyanam-u-
krimu-ale-ne-mayemo-tehnichnoyi-zmogi-do-deokupaciyi-pivostrova-denis-shmigal
（最終アクセス 2022 年 9 月 12 日）

クリミア・リアリティズ

https://ru.krymr.com/a/news-oon-poklonskaya-rossia-neset-otvetstvennost-za-dostup-
krymchan-k-vode/30818404.html（最終アクセス 2022 年 9 月 12 日）

https://ru.krymr.com/a/news-krym-defitsyt-vody-v-krymu-rossija-potratit-milliardy-
rublej/30905546.html（最終アクセス 2022 年 9 月 12 日）

原子力百科事典 ATOMICA

https://atomica.jaea.go.jp/data/detail/dat_detail_14-06-02-01.html
（最終アクセス 2022 年 9 月 12 日）

ロイター日本語版

https://jp.reuters.com/article/ukraine-crisis-usa-military-idJPKBN2O422F
（最終アクセス 2022 年 9 月 12 日）

ロシア連邦調査委員会

https://sledcom.ru/news/item/1603212/（最終アクセス 2022 年 9 月 12 日）

PROFILE ●●● 玉井良尚（立命館大学立命館グローバル・イノベーション研究機構専門研究員）
立命館大学大学院政策科学研究科博士課程後期課程修了。博士（政策科学）。京都先端科学大学非常勤講師など
を経て、現職。著書に『制水権──軍による水の資源化』（国際書院、2021 年）など。

ロシアとウクライナは一体か

キーウ市の旧市街とドニプロ（ドニエプル）川〔2019 年 4 月〕（撮影：浦部浩之）

大中　真

　　今回のロシアによるウクライナ侵攻の背景と原因を考察する際に、特に侵攻直後によく言及されたのが、前年の 2021 年 7 月にロシアのプーチン大統領自らが発表した「ロシア人とウクライナ人との歴史的一体性について」と題された「論文」である。その中では、歴史的に見てロシアとウクライナが一体であることは明らかである、だからウクライナはロシアの元に戻らねばならない、とする独善的論理が展開されている。論文の内容自体は学術的評価に耐えうるものではないと多くの専門家や研究者から指摘されてはいるが、突然の軍事侵攻を決断したプーチン大統領の行動原理を解明する一助にはなると考えられている。それにしてもなぜ、ロシアとウクライナは一体だとする言説が唱えられているのか。この小論では、歴史的視点から考察してみたい。

　　『原初年代記（Повесть временных лет）』という記録書がある。『過ぎし年月の物語』とも訳されるが、12 世紀初頭に成立したとされるロシア最古の編年体の歴史叙述である。日本では、第 2 次世界大戦中の 1943 年にロシア文学者の除村吉太郎によって、『ロシヤ年代記』として最初の翻訳が刊行された。本論では、1987 年に國本哲男らによって世に出た翻訳『ロシア原初年代記』を底本とする（以下、年代記と略）。物語は、旧約聖書『創世記』の有名

な叙述、神による大洪水後のノアの子孫から始まる。さらにバベルの塔の破壊後、神は人間を 72 の民族に分けたが、その中の１つがスロヴェン人（スラヴ民族）で、やがてドナウ河沿岸、ヴィスワ河畔、ドニエプル川沿岸などにさらに分化していった。

　同書によれば、現在のキーウ（キエフ）周辺には昔、ポリャネと呼ばれる氏族が住んでいた。彼らにはキー、シチェク、ホリフの三兄弟と妹のルィベヂがいた。人々は、最年長の兄の名に因んで町を作り、その名をキエフと呼んだ、という。年代記には、「町の周りに森と大きな松林があり、獣の狩猟を事としていた。彼らは賢く思慮深い人々で、ポリャネと呼ばれた」と記されており、これがキエフの創建とされる。やがて時代が下り、北方のノブゴロド公国から南下してきたオレーグ公がキエフを中心に新たな国を打ち立てるが、これが882 年に建国されたキエフ大公国もしくはキエフ・ルーシである。ちなみにロシア民謡の「オレーグ公の歌」は、日本でも昔から男声合唱団の愛唱歌として広く親しまれている。オレーグ公はキエフについて、「お前こそルシの町々の母となれ」と語ったと年代記には記されており、ここからルーシ（ロシアの古名）にとってキエフが特別な存在となった。つまりキエフは「全ロシアの都市の母」と称され、現在に至るからである。これが、ロシアとウクライナの一体性説の根拠の１つといえる。

　年代記には数多くの逸話や伝承が収録されており、それぞれが非常に魅力的であるが、10 世紀末から 11 世紀初頭にかけてキエフ・ルーシを支配したウラジーミル大公の受洗の物語は、つとに名高い。当時、ヨーロッパからはるか東方のルーシは「異教の国」であったが、国の統一と強化を図ったウラジーミル大公は、それまでの土着の神々の信仰から新たな宗教の導入を考えた。そんな彼の許に、ボルガリ人が来てイスラームの教えを、次にネムツィ（解らない言葉で喋る外国人）が来てローマ・カトリック教会の教えを、さらにハザール人が来てユダヤ教を、最後にグレキ（ギリシャ人）の哲学者が来てギリシャ正教会の教えを、それぞれ勧めた。思案したウラジーミル大公は、選りすぐった10 人の家臣からなる使節団を諸外国に派遣し、どの宗教が最も優れているかを調査させた。やがて帰国した使節団が報告した言葉が年代記に記されているが、有名な場面なので翻訳版からそのまま引用したい。

「……それから私たちがグレキに到着すると、（人々は）自分たちの神に仕えている所に私たちを連れて行きました。すると私たちは天上にいたのか地上にいたのかわかりませんでした。地上にはこのような光景も美しさもなく、また物語ることもできないからです。あそこでは神は人々と共におられ、彼らの勤行がすべての国にまさっていることだけは間違いありません。私たちがその美しさを忘れることができないからです。あらゆる人間は、もしもうまいものを食べたらその後では苦いものを受けつけません。そのように私たちもここにいることはできないのです」

『ロシア原初年代記』［1987］

　話を聞いたウラジーミル大公はキリスト教徒となるべく洗礼を受け、家臣たちがそれに続いた。988 年のことである。こうしてルーシ（ロシア）はギリシャ正教を国教として採用し、コンスタンティノープルの総主教座から司祭が派遣され、キエフには府主教座が置かれた。キエフ大公国はその後、ヤロスラフ賢公のような有能な君主を戴いて強大化し、キエフはその中心都市として大きく発展した。この 988 年という年号がロシアにとって特別な意味を持つことは、ソ連邦末期の 1988 年、時の指導者のゴルバチョフ書記長がロシア正教会のピーメン総主教をクレムリン宮殿に招待し、過去のソヴィエト体制下における過酷な教会弾圧を謝罪し、政教和解を申し入れたこと、同年に社会主義体制下でありながら大々的な「ロシア正教受洗千年祭」が執り行われたことに象徴される。そして、キエフでの受洗がロシアの受洗とする認識が当然であったことが、ロシアとウクライナの一体性説のもう 1 つの根拠といえる。
　さて、ウラジーミル大公の時代に戻ろう。ヨーロッパ東方のキリスト教大国として繁栄したキエフ・ルーシだったが、やがて分裂と衰退の時代を迎えた。決定的となったのが、13 世紀初頭のモンゴル帝国の襲来である。バトゥ率いる精強モンゴル軍は 1230 年代後半、分裂していたルーシの諸侯国を圧倒的な強さで次々に打ち破り、ついに 1240 年キエフが包囲され陥落、「全ロシアの都市の母」は徹底的に破壊された。そしてキエフ大公国も滅亡した。キエフがキエフたる所以は、全ルーシの政治的、経済的中心であった以上に、府主教座が

置かれた聖都としての権威ゆえだった。しかしモンゴル軍の破壊と略奪で南ロシア（ウクライナ）全体が荒廃した。ロシア史でいう「タタールのくびき」時代の始まりである。混乱と衰退の中、キエフ府主教座は1299年に北東のウラジーミル・スズダリ大公国の首都ウラジーミルへ短期間移動、さらに1326年にはモスクワへと移転した。14世紀前半、急速に力をつけてきた新興国モスクワ大公国の首都である。なお、モスクワの名が初めて文献資料に登場するのは1147年で、キエフの絢爛たる歴史に比べれば新しい。

　府主教座の移転は、ロシアの中心がキエフからモスクワへと変わったことの象徴であった。やがてモスクワ府主教座はコンスタンティノープル総主教座と対立して1448年に事実上独立し、1589年正式にモスクワ総主教座に昇格した（1989年にはゴルバチョフ政権下でロシア正教会総主教制確立400年祭が行われた）。現在まで続くロシア正教会の確立である。そして、この過程を経て「モスクワ第三ローマ論」が唱えられるようになる。モスクワ大公国の君主イヴァン3世は、1453年に滅亡した東ローマ帝国（ビザンツ帝国）最後の皇帝コンスタンティノス11世パレオロゴスの姪、ソフィア・パレオロゴスと1472年に結婚した。さらにこれを機に「カエサル」のロシア語「ツァーリ」の称号を自称、東ローマと同じ「双頭の鷲」の紋章を採用した。ローマ帝国の後継者を自認するこうした動きは、ローマ、コンスタンティノープルについで今やモスクワが第三のローマになったとする説を生み出したのである。いわゆる「聖なるロシア」の観念である。しかし、かつてウラジーミル大公も、キリスト教の導入と共に東ローマ帝国の皇女を妻に迎えて自らの権威づけを図っており、イヴァン3世の行動はそれに倣ったものともいえる。

　21世紀の現在、プーチン大統領は重要な記者会見や国家行事など多くの場面で、モスクワ総主教キリル1世を同席させており、2人は政治的にも近い立場だと指摘されている。2022年2月にロシアがウクライナ軍事侵攻に踏み切った際には、キリル1世は「特別軍事作戦」という名称の軍事侵略に祝福まで与え、これに対しては国外の多くのキリスト諸教会からも批判が寄せられた。2人は盟友だとも、また総主教は大統領のメンターだともいわれているが、ロシアの聖俗両界の最高指導者が揃ってウクライナへの軍事侵攻を実行・支持し

ていることの意味は、極めて重い。ロシア軍はウクライナ各地で国際法を踏み
にじる数々の残虐行為を行っていることが次々と明らかになっており、これま
で本論で見てきた歴史的経緯からしても、プーチン大統領もキリル1世総主教
も、ロシアとウクライナの一体性を完膚なきまでに破壊しようとして行動して
いる、としか思えない。またロシア政府によるウクライナ一部領土のロシア連
邦への一方的「編入」は、滑稽なほど「適正な法手続き（デュー・プロセス）」
を装おうとしているが、筆者から見ると1939-40年にソ連邦が国際法違反を重
ね、バルト諸国を連邦に「編入」した過程に極めて酷似している。まさに「法
的偽装」（廣瀬 2022）と呼ぶに相応しい。

　最後に、現在の両国の正教会の関係について付言したい。1991年12月のソ
連邦崩壊によってロシアとウクライナが別個の独立国家となって以来、ウクラ
イナ正教会はロシア正教会からの自立を図ってきたが、2014年春のロシアに
よるクリミア占領の衝撃により、その動きが加速された。2018年10月にはコ
ンスタンティノープル総主教庁が、ついにウクライナ正教会の独立を承認した。
翌2019年1月にトルコのイスタンブルで挙行された儀式には、ウクライナの
ポロシェンコ大統領も出席し、コンスタンティノープル総主教バルトロメオ1
世のもと、改めて正式にウクライナ正教会の分離独立が承認された。ロシア正
教会は非常に強く反発し、コンスタンティノープルとの関係断絶を一方的に宣
言したが、その理由は、本論を読まれた読者は容易に分かるように、この承認
はロシア正教のアイデンティティの根幹を掘り崩したからである。ロシアによ
るウクライナ軍事侵攻3年前のことである。

　ソ連邦解体からすでに30年以上が過ぎ、歳月が経てば経つほど、旧ソ連に
加盟していた各共和国の国家としての自律性が高まるのは当然である。今回、
プーチン大統領は、軍事力によって強制的に政治境界線を引き直そうとしてい
る。しかし、ウクライナ正教会の分離独立は、宗教の世界でもロシアとウクラ
イナが袂を分かったことを象徴的に表している。プーチン大統領は、「ルース
キー・ミール（Русский мир, ロシア世界）」という思想を抱き、ロシア正
教やロシア語の話される地域を自らの手で統合しようとしている、とも言われ
ている。だが、本論で扱った『原初年代記』の世界、ルーシの統一世界は、す
でに壊れてしまった。一千年という歴史の重みを持つ正教会の分裂による新た

Column

な宗教境界線の線引きは、ドネツクやルガンスクの傀儡「人民共和国」の所属
変更や南部の州の一方的併合によるごく直近の国境線の引き直しなど比較にな
らないほど、決定的な決別である。本論の題名および冒頭のプーチン論文に立
ち戻るならば、ロシアとウクライナはもはや一体ではない、というのが筆者の
結論である。

【参考文献】
（一次資料）
レーベチェフ［1943］『ロシヤ年代記』（除村吉太郎訳）弘文堂書房。
『ロシア原初年代記』［1987］（國本哲男・山口巌・中条直樹ほか訳）名古屋大学出版会。
　［※ 2022 年に新装版が刊行された］

（参考図書・論文）
川端香男里ほか監修［2004］『新版　ロシアを知る事典』平凡社。
栗生沢猛夫 [1995]「モスクワ大公国の成立と発展」『世界歴史体系　ロシア史 1 ──9 〜
　17 世紀』山川出版社。
清水睦夫 [1995]「ロシア国家の起源」同上書。
田中陽兒 [1995]「キエフ国家の形成」同上書。
廣岡正久「20 世紀のロシア正教会──チーホンからアレクシー 2 世へ」北海道大学スラ
　ブ研究センター <https://src-h.slav.hokudai.ac.jp/sympo/Proceed97/hiro.html>（2022
　年 9 月 29 日最終閲覧日）。
廣岡正久［2020］『ロシア正教の千年』講談社学術文庫。
湯浅剛［2022］「ロシア──政治的分断の構造と再協調への課題」岡部みどり編『世界変
　動と脱 EU ／超 EU』日本経済評論社。
和田春樹編 [2002]『新版　世界各国史 22 ロシア史』山川出版社。

（雑誌）
「総特集　ウクライナから問う──歴史・政治・文化」『現代思想』6 月臨時増刊号，2022
　年 5 月。
「臨時増刊　ウクライナ侵略戦争──世界秩序の危機」『世界』957 号，2022 年 4 月。

（学会報告）
廣瀬陽子「力による現状変更──ロシアの論理にどう対抗するか」日本国際政治学会
　2022 年度研究大会共通論題（2022 年 10 月 29 日，仙台国際センター）。

PROFILE ●●● 大中真（桜美林大学リベラルアーツ学群教授）
学習院大学大学院政治学研究科博士後期課程修了、博士（政治学）。一橋大学大学院法学研究科博士後期課程修
了、博士（法学）。ハーヴァード大学歴史学部訪問研究員などを経て、現職。著書に『マーティン・ワイトの国
際理論』（国際書院、2020 年）など。

220

ウクライナ侵略と国際政治

本座談会は、進行形のウクライナ侵攻について、その原因と展開について各分野の専門家が集って2022年8月9日に開催されたものである。すべての見解と予想は、当時の視点によるものであることをあらかじめお断りしたい。なおコロナ禍のため、座談会はハイブリッド形式で開催された（なお編集上の都合により、字句の一部を修正している）。

◆登壇者（登壇順）
山本武彦（早稲田大学名誉教授）
稲葉千晴（名城大学教授）
小泉　悠（東京大学専任講師）
玉井雅隆（東北公益文科大学教授）
足立研幾（立命館大学教授）

◆司会
宮脇　昇（立命館大学教授）
（所属・役職は当日のもの）

〈宮脇〉　みなさまお忙しいところ、本日はお時間を取っていただきまして、本当にありがとうございます。これより「ウクライナ侵攻と国際政治」の座談会を始めます。

　まず、登壇者の紹介をいたします。僭越ながら私のほうから、登壇者氏名の五十音順で簡単に紹介をいたします。

　立命館大学の足立さんは、立命館大学国際地域研究所所長をされており、対人地雷禁止条約、そして国際政治の理論をはじめ多様な観点からご研究をされており、本日は安全保障論、秩序論の観点からお話をいただきます。

　次に、名城大学の稲葉さんです。フィンランドやポーランド、そしてバルト

宮脇　昇（立命館大学政策科学部教授）
早稲田大学大学院政治学研究科博士課程修了。博士（政治学）。欧州安全保障協力機構(OSCE) プラハ事務所現地研究員などを経て、現職。著書に『戦争と民主主義の国際政治学』（日本経済評論社、2021 年）など。

三国でのフィールドワークを長らくされておりまして、今回フィンランドの NATO 加盟についてお話しをいただきます。稲葉さんは、フィンランド及びスウェーデンなどのロシアの軍事研究に大変長らく牽引されております。

東京大学の小泉悠さんは、メディア等でもご存じのかたが多いと思いますが、ロシアの軍事研究をされている気鋭の研究者です。本日はロシアの軍事的観点からお話をいただきたいと思います。

東北公益文科大学の玉井雅隆さんは、OSCE（欧州安全保障協力機構）の研究をされております。今回は OSCE とウクライナ侵攻との関連でお話をいただきたいと思います。

最後に、早稲田大学の山本武彦さんは、安全保障論の観点から経済制裁のことを長らくご研究されております。本日はウクライナ侵攻に関わる経済制裁についてお話をいただきます。

1　ウクライナ侵攻に至る過程

ウクライナ侵攻————4 つの疑問

〈宮脇〉　座談会では、ウクライナ侵攻もしくはウクライナ侵攻に至る過程の話を前半にすすめ、後半はこれからの予想の話をいたします。

それでは、私から問題提起を 4 つ示させていただきます。

大きな問題提起としては、ウクライナ侵攻はなぜ起きたのかと、なぜ止められなかったのかという問いと、止められるものだとすればという前提自体につ

いてです。そこには外交努力があったわけですので、なぜ失敗したのかというのが大きな問いです。4つのポイントがあります。

制裁の失敗

　第1に制裁の失敗についてです。2014年にクリミアの占領とウクライナ東部に対する介入が既に行われていましたが、それに対する制裁が十分でなかったのではないかということです。もちろんロシア側からの対抗制裁もありました。制裁も、ロシアとEU諸国との相互依存も経済の大きな側面であったわけですが、これらの経済のプラスもマイナスも今回のウクライナ侵攻を止めることができなかったのではないかということです。2022年2月24日のウクライナ侵攻後も、西側はもちろんかなり大規模な経済制裁をしたわけですが、それもまだ効いていないのではないかという議論があります。

外交の失敗

　第2に外交の失敗です。それを大きく分けるとミンスク合意の話とNATOの話があると思います。ミンスク合意の話としてはロシアの力による現状変更を契機に、2014年以降、このミンスク合意が第1次、第2次という形でなされたわけです。東部2州に特別自治を求めるということで合意されました。双方不評のようで実行されていないところが多かったといわれます。もちろんウクライナ、ロシア両方ともそのように応酬をしているわけです。

　このようにミンスク合意が不十分だったのではないかという点に加え、OSCEやNATOの方から考えてみます。OSCEには双方参加していますが、ウクライナはもちろんNATOに入っていません。ジョージア、ウクライナが2008年以降かなりステップアップして、NATOとの協力関係が期待されるようになりました。実際にはもちろんまだでしたが、そのような中で2022年2月24日に戦争が開始されました。その後NATOの対面の首脳会議までは1か月を要しました。NATOの中での結束について、バイデンは史上最大だと自賛しましたけれども、本当にそうだったのかという点が検討されるべきではないかと考えます。

軍事の失敗

第3に軍事的失敗です。これは、軍事的予想を西側では当然していたわけですし、ロシアももちろんしました。しかし、それを見誤ってしまったということです。軍事作戦が失敗するのではないかというふうに批判したのは、2022年1月末のこと、ロシアの退役将校たちによるものでしたが、失敗の見通しは限られていました。アメリカは2月24日の前のかなり早い1月22日に在ウクライナ米国大使館員の脱出を開始しました（本書巻末年表参照）。ウクライナやイギリスはそれを批判するわけですけれども、アメリカは早々に逃げる準備をしていたわけです。その点について考えると、アメリカの予想も大きくまた見誤っていたのではないかと思います。このような点で軍事的側面の問題があります。

国際政治の変化

最後に、国際政治学の潮流的な話からしますと、これは国際政治学ということもさることながら国際政治全体が冷戦が終わってから、軍事的な話から経済もしくは環境という形で大きなイシューの取扱い方が変わってきました。1990年代は平和の配当の議論もありましたし、2000年代以降は対テロの話も含めながら安全保障化という議論もございましたが、議論的には新自由主義制度論から次々と構成主義にまで話が広がっていったように思われます。もちろん現実主義的な思考が必要とされていましたし、もちろん軍事力というものは大きな柱でした。それに対して国際政治学もしくは国際政治の全体的な流れが、軍事からほかの方面にシフトしていったということがあると思います。これは別に間違いではなく、それが世の流れだということなのですが、今回のプーチンのウクライナ侵攻はそれにある種冷水を浴びせたということになるかと思います。

このような観点から今後の国際政治については後半に話をしますが、今までの国際政治の在り方もしくは冷戦が終わってからのこの時代状況、新しい冷戦が始まるのかどうかについてもお話をいただければと思います。

それでは山本さんから順にお願いします。

経済制裁にも限界がある

〈山本〉 今から40年前に、単著『経済制裁』を日本経済新聞社から発行しました。もう半世紀前近くなりましたが、その本の中で触れた経済制裁の本質についての考えは、現在も変わっておりません。単に対ロシアだけではなしに、他の地域や問題国に対する経済制裁と本質は同じです。基本は国際関係の秩序を乱す国、例えば侵略を行った国家に対して、侵略された国あるいは侵略された国の同盟国等が侵略国に対して軍事制裁を行い、経済制裁を行うということは現代国際体系が形成された数百年前から実行されてきたことです。そのため、現在も

山本武彦（早稲田大学名誉教授）
1991～2014年、早稲田大学政治経済学術院教授。2014年、同大学名誉教授。博士（政治学）。日本国際政治学会理事などを歴任。著書に『山本武彦著作選集（1）～（4）』（志學社、2020年）など。

なお制裁という国際行動の本質は変わっていないと思います。

　その点から、特に今回のロシアがウクライナに侵攻したことによって実施されている経済制裁に絞って、制裁がはたしてロシアの行動を抑止する効果を発揮したのか、あるいは発揮しようとしているのか、またどのような結果をもたらそうとしているのかという点について、ごく簡単に私の認識を示したいと思います。

　対ロシア制裁は、冷戦時代、すなわち第1次冷戦、特に1949年にCOCOM（対共産圏輸出統制委員会）と呼ばれた国際組織が東西対立の文脈の中で西側世界、特にアメリカの主導によって形成されました。もちろん日本も有力なメンバーでしたが、冷戦が終結する1990年代までこのCOCOMが猛威を振るったわけです。

　そして、冷戦終結が宣言されて後の1991年に、COCOMは解散しました。しかし、ロシアに対する警戒、そして21世紀に入ってからロシアによって起こされた新たな国際行動に対して旧西側諸国、アメリカを中心とする西側諸国がロシアに対する制裁を再発動するという経過をたどってウクライナが独立宣

言をした後、ロシアがウクライナの東部地域に侵略行動を行いました。さらに南部の地域まで侵攻するのに伴って経済制裁が強化されてきました。メディアはこの制裁行動の具体的な内容について報道しないため、なかなか一般に認識しづらい側面があります。先ほど申し上げましたように、軍事的に反撃するという軍事制裁は、核時代に入って軍事制裁を行えば、核戦争にまでエスカレートする危険性が高まって以降、軍事制裁に代わって経済制裁が脚光を浴びるようになります。COCOM が解散して以降も経済制裁が行われ、対ロシアや特に中国を念頭に置いた対中国制裁などが実行されてきています。

　メディアでは報道されませんが、特にアメリカの制裁行動が、日本や西ヨーロッパの国々を牽引するという形で実施され、日本もアメリカの同盟国として対ロシア制裁や対中国制裁にこれまで参加して現在に至っています。

　しかし、この経済制裁がロシアのウクライナに対する軍事介入や、政治介入に対して抑止効果やドンバス地域からの撤退、あるいは停戦のイニシアチブを取る形で効果を現したかというと、そうではありません。対ロシア制裁の規模と内容を精査してみますと、必ずしもロシアに対して経済的に痛撃を与えているわけではありません。柔らかい表現を使いますと、制裁は極めて生ぬるい実施で覆われてきたということです。

　特にヨーロッパとロシアとの関係を見てみますと、第１次対ソ連経済制裁、それから現在の第２次対ロシア制裁、このプロセスの中で展開されてきたアメリカとロシア、西ヨーロッパとロシアとの間の経済相互依存関係の深まり、特にロシア産の天然ガスあるいはロシア産の石炭に対する依存度が急激に高まってきています。例えばバルト海を経由して西ヨーロッパに天然ガスを輸送するノルドストリーム・パイプラインです。また、新たな天然ガスパイプラインとして注目されているノルドストリーム２に見られるような天然ガスの供給計画をストップするという脅し、すなわち西側世界による対ロシア制裁への報復の脅迫を行うという、この相互作用が近年ますます強調されてきています。特にノルドストリーム１に見られるロシア天然ガスへの依存、ロシアへのエネルギー資源の依存、そしてロシアから見れば西側世界、特にヨーロッパや日本による産業協力、とりわけターンキー・プラントと呼ばれるようなロシアの産業基盤を強化するようなシステム的経済援助がこれまでの旧ソビエト、それから現

在のロシアと西側世界との相互依存関係を形成してきました。ここまで相互依存が深まると、対ロシア経済制裁といっても西側世界も本気で対ロシア制裁を断行できるかといえば、経済制裁の実質的効果を上げるのは難しいという現状を私は指摘したいと思います。

この戦争は泥沼化する

〈山本〉ウクライナ侵攻をめぐる対ロシア制裁の効果が果たして現れるかどうか、つまり経済制裁によってロシアがウクライナから全面撤退するかといえば、必ずしもその保障はないということを結論として申し上げざるを得ないのです。ロシアの対ウクライナ侵攻を完全に抑止するという意味では、西側世界が果たして現在まで築いてきた対ロシア経済相互依存のネットワークを全面的に切断するだけの決意、勇気があるかというと私は結論的に言えばないと思います。それだけ西側世界の対ロシア経済相互依存体系はばらつき現象と、そして構造的にそう簡単には撤退できない、深いコミットメントの構造が出来上がっていると私は見ております。したがって、ウクライナ侵攻は、これから激しくなるというよりはむしろずるずると長引いて、そして全面的な解決のシナリオを描き出すことが難しい泥沼の状況へと陥っていくのではないかというふうに悲観的に見ております。

　では、ウクライナ侵攻の収束にどのような好転機を見いだすことができるのかというと、これはまた非常に難しいです。仲介者がどの国になるのか、あるいはどの国際組織になるのかという点が注目されようかと思いますが、特に個別アクターとして国を想定するならばどの国もウクライナ侵攻の収束に向けた仲介能力を持つ国はないですし、EUにしてもその能力を欠いています。それだけEUとロシアとの相互依存は現在までのところ深まっているのです。そう簡単にはEUも介入できないし、ましてやアメリカもできない、日本にはその能力もないし、また意思もないです。そのため、ウクライナ侵攻の泥沼化、これは非常に悲観的な見方ですが、ここ数年間といったら長過ぎますが、しばらくの間のウクライナ侵攻後の展開を見通す際の悲観的な結果になるのではないかと思っております。

〈宮脇〉COCOM のお話から冷戦後の対ロシア警戒の話で、ロシアとの相互依存がなかなか切れないという点につきまして詳しくお話をいただきまして、どうもありがとうございました。

それでは稲葉さん、よろしくお願いします。

開戦時のポーランド、リトアニア、フィンランドの動揺

〈稲葉〉2022 年 2 月 25 日、戦争勃発の翌日に、私はワルシャワ空港に降り立ちました。街の中心のセントラムに停車している市電の写真（写真 1）を撮りました。ワルシャワ市内の全ての交通機関に小さなウクライナ国旗がつけられています。ロシアの軍事侵攻に抵抗する隣国ウクライナをポーランドが全面的に支援するという意思表示です。街の中心で、多くのウクライナ人が戦争反対のデモをしていました。私は自国の国旗を持った若いウクライナ人のカップルに声をかけ、写真（写真 2）を撮らせてもらいました。彼らは戦争が終わることを切に願っていました。一方で戦争が起きたと言いながらも、金曜日の夜のレストランはどこも満員で、ポーランド人の家族や若者たちは、1000 キロ以上離れた戦場の出来事を頭の隅に追いやり、楽しそうに食事をしていました。

翌 26 日に車に乗ってワルシャワ郊外を走っていますと、ガソリンスタンドの前に 3 キロも 4 キロも車列ができ、ドライバーたちがガソリンを入れる順番を待っていました。いつポーランドに戦禍が飛び火するかと恐れ、不安感が膨れ上がったポーランド人は買いだめに走っています。ワルシャワ大学の教授たちとも話しましたが、彼らも戦争の行く末を不安視しており、ポーランドが巻きまれる大規模な戦争に発展しないことを祈っています。

戦争勃発当日（2 月 24 日）、私はビリニュス大学主催の杉原千畝関連の国際会議に出

稲葉千晴（名城大学都市情報学部教授）
早稲田大学大学院文学研究科博士課程修了。博士（法学）。東洋英和女学院短大助教授などを経て、現職。著作に『第二次大戦下リトアニアの難民と杉原千畝』（監修、明石書店、2020 年）など。

写真1　　　　　　写真2

席するため、リトアニアの首都に滞在していました。朝食の席でリトアニア人の友人は、妻の姉がウクライナに嫁いでいると語り、彼女の家族の呼び寄せを計画していました。1991年に独立を達成するまでソ連の一共和国だったリトアニアでは、ウクライナ人との結婚も少なくなく、戦禍にまみれた国に住む親せきを心配する声が高まっています。国際会議が始まると、招待されたリトアニア外務次官がロシアの不当な攻撃を非難し、戦闘の終結を国際社会に訴えると力説していました。リトアニア人もロシアの暴挙に不安を隠せません。

　ワルシャワからフィンランド経由で帰国する予定でした。ですが、EUが対ロシア制裁の一環として、3月初めにロシア航空機の域内通過を禁止しました。ロシアも対抗措置としてEU加盟国航空機の国内通過を禁止します。フィンランド航空の日本行きの便もすべてキャンセルとなり、私は1週間ヘルシンキで足止めされました。3年間留学し、2年間客員教授として住んだ旧知のフィンランドです。古い友人たちから意見を聞きました。ロシアの脅威が高まった現在、フィンランドは非同盟政策を止めて西側と同盟すべきだ、と主張する友人が多かったようです。スウェーデンでも同様の議論が沸き上がっていました。フィンランドの安全保障政策が大転換するのではないかと考えるようになりました。ロシアのウクライナ侵攻が、遠く離れた北欧の勢力地図を塗り替えるかもしれません。帰国後にフィンランドの日刊紙『ヘルシンギン・サノマット』のネット購読を始めました。また杉原千畝によって救われた難民に関心を持っ

写真3

ていたため、第2次大戦後ヨーロッパ域内で初めて発生した大規模なウクライナ難民にも注目しました。

その後の難民たち

〈稲葉〉6月末のワルシャワ中央駅です（写真3）。難民であふれかえっていることを予想していましたが、難民受付デスクは手持無沙汰で、ほとんど難民がおりません。受付で聞きましたら、ポーランドへの難民の流入は一段落して、多くの難民は帰国したとのことでした。8月初旬の国連難民統計では、900万人以上のウクライナ人が難民となって祖国を離れたものの、すでに350万以上が、自宅が安全になった、あるいはぜひとも自宅に帰りたいという理由で帰国しています。

「ウクライナ難民統計（UNHCR　HP　8月初旬）
　・ウクライナから逃れた総難民数：917万人
　・本国に帰還した難民数：357万人
　・ヨーロッパ（ロシア・ベラルーシ除く）：397万人
　・各国の登録難民数（EU内移動自由のため暫定）
　　ロシア：163万人
　　ポーランド：122万人
　　ドイツ：89万人
　　チェコ：39万人
　　トルコ：15万人
　　イタリア：14万人
　　スペイン：12万人
　　イギリス：9.5万人
　　フランス：9.2万人

230

ルーマニア：8.4 万人

　モルドバ：8.4 万人

　スロバキア：8.1 万

　※リトアニア：5.9 万人　アメリカ合衆国：7.5 万人　日本：1,472 人

　7 月初旬ポーランドに滞在中の難民は、統計では 120 万人ほどに過ぎません。ただし戦争勃発前のポーランドに、ウクライナ人労働者が 300 万人も働いていました。そうした人々を合計すると、いまだ 400 万人以上のウクライナ人がポーランドに滞在しているそうです。実際ポーランドの友人に聞くと、ワルシャワ（首都圏で人口 300 万人）の街中ですれ違う 10 人に 1 人が、ウクライナ語あるいはウクライナなまりのポーランド語をしゃべっているそうです。

　ワルシャワ中心から 20 キロほど南西にあるナダジンの難民キャンプです（写真 4）。幕張メッセのような広大な国際展示場の一角を借りた 2 万人収容のキャンプに、7 月初めの時点で、ほぼ母親と子供だけ約 2,300 名が収容されていました。サッカーコートのような広い室内に簡易ベッドが数えきれないほど並べられ、一度に千人が食事できる食堂、休憩室、子供たちの遊具場、図書館、アスレチック・クラブ、美容院、薬屋やキオスクなどがあります。総合病院に劣らない医療チームが常駐しており、カウンセラーやセラピストもいます。子供たちに勉強を教える臨時の学校や保育園が設置され、本国で教員や保母を務めていた難民が運営に協力しています。キャンプを出て仕事ができるように、ハローワークやアパート紹介窓口もありました。希望者は他のEU 諸国行きの無料バスで自由にキャンプを離れることができます。人身売買の危険があるという理由でポーランド軍が厳重に警備しており、セキュリティーは万全です。ポーランド政府と EU が 6.7 億ズオチ（約 300 億円）を拠出して、キャンプを整

写真 4

写真5　　　　　　　　　　　　　　　　写真6

備しました。ワルシャワのあるマゾヴィア県の職員とボランティアが中心となって運営しています。難民による利用はすべて無料です。これほど規模が大きくはないものの、ポーランド中に数多くの難民キャンプが設置されています。

　ところがナダジン難民キャンプの周辺を見る限り、ほとんど歩いている人がおりません。今年3月から5月にかけて雪崩のように流入してきた難民の流れは、戦況が好転したため一段落しました。難民たちもどうにか仕事を見つけ、キャンプを出て、つてを頼ってプライバシーが守られるアパートに引っ越していきました。受け入れ側のポーランドでは、6月になると当初の施設不足が解消され、逆にだぶつき気味です。難民支援の形態も、難民に支給してきた公共交通機関の無料パスを止めるなど、第1段階の「緊急支援」は終わりました。彼らに仕事や住居を世話する第2段階の「定住支援」に移行しつつあります。ただし戦争が終わらない限り、子供の安全を重視する母親たちが帰国できるはずもなく、第3段階の「帰還支援」を始めるのは遠い話です。

　リトアニアにおけるウクライナ難民の状況もポーランドと同様です。2022年6月下旬にリトアニア第4の都市シャウレイの近郊クルシェナイを訪れ、難民たちと対談した時の写真です（写真5）。以前は高校の寮だった5階建ての古い小さなアパートに、母親と子供80家族ほどが住んでいます（写真6）。母親たちの話を聞くと、すぐには帰国できないので、プライバシーのない難民キャンプを出て、郊外の無料アパートに滞在しているとのことでした。目下の彼女たちの願いは、本国でしていた仕事（公務員・会社員・自営業・農業など様々）

と同様のものをリトアニアで見つけて、より広いアパートに引っ越すことだそうです。しかし希望する職種に就きたくても、言葉の壁があって実現できていません。彼女たちは語学学習も含めた幅広い就業支援を求めています。日本も含めた国際社会からの新たな「定住支援」が、難民たちに必要とされています。

〈宮脇〉侵攻が始まったときにいらっしゃったのがポーランド、リトアニア、フィンランドでご経験されたことをご紹介いただき、どうもありがとうございました。

　それでは小泉さん、よろしくお願いいたします。

2014年は「耐えられる制裁」だった

〈小泉〉本日、ロシアの話をいたします。まずロシアが今回戦争を始めた張本人であるわけです。先ほど宮脇さんからいただきました問題提起に即して申しますと、1つはなぜロシアを抑止できなかったのかと、我々側の問題が問われる部分があると思います。1回、2014年にロシアがクリミアを占領したりであるとか、ドンバス地方で紛争を引き起こしたりであるということをやっていて、それに対して西側社会は経済制裁をかけているわけですね。その経済制裁の中身というのは、アメリカとEUが第1次、2次、3次の経済制裁パッケージを発動しておりますけれども、基本的にこれから先新たな新規プロジェクトをできないようにするという制裁だったわけです、特にエネルギー開発に関しては。日本は、やはり安倍政権下で対ロ交渉という問題を抱えていたため、ほとんど実質的なことをやらなかったと。加えて、一部グランドファーザー条項がありましたから、その制裁発動前にもう契約が締結できているものは、将来プロジェクトも

小泉　悠（東京大学先端科学技術研究センター講師）
早稲田大学大学院政治学研究科修士課程修了。外務省情報統括官組織専門分析員などを経て、現職。著書『「帝国」ロシアの地政学』（東京堂出版、2019年）でサントリー学芸賞受賞。

やっていいよということになったわけです。その代表格がドイツのノルドスト
リーム２であり、日本も参画しているヤマルとかギダンの北極圏での天然ガス
プロジェクトであったのだろうと思います。

　色々な制裁をかけたのですが、ロシアにしてみれば「耐えられる制裁」、こ
のぐらいだったら何とかなるという制裁にすぎなかった。そのため、１つの理
由は、そういった2014年のときの我々自身の対応の中途半端さが、このぐら
いだったら大丈夫だろうというような認識をロシアに抱かせてしまったという
部分はあると思います。

ウクライナの軍事力が向上していた

〈小泉〉それからもう１つの理由として、抑止といったときに経済的制裁と軍
事的制裁があるというお話、山本さんからあったとおりですが、ウクライナ自
身の持っている軍事的能力というのが、この８年間では非常に上がっていたと
いう点があります。2014年にはウクライナ軍は本当に冗談のような軍隊しか
持っていなく、ロシア軍相手に完全に負けたわけです。東部のドンバスのほう
では、死闘を繰り広げたわけですが、あれはウクライナ軍とロシアに支援され
た親ロ派武装勢力が戦っていて、これで大体どっこいどっこいぐらいなのです。
ところどころこの親ロ派が決定的に不利になると、ロシア軍がわっと入ってき
て、こうなるともうウクライナ軍は全く手も足も出なかったのです。だから、
デバルツェボの戦闘やイロバイスクの戦闘では、もうウクライナ軍は手も足も
出ないぐらい、完膚なきまでにロシア軍にやっつけられるということを繰り返
していました。その結果が第１次ミンスク合意や第２次ミンスク合意で、ウク
ライナにとって非常に不利な停戦合意になったわけです。

　ところが、これをウクライナ側は相当の安全保障上の問題とも認識したし、
屈辱であるとも認識したので、なりふり構わぬ軍事力増強をこの８年間進めて
きたわけです。その中の負の側面としては、アゾフ連隊みたいな明らかにネオ
ナチ的な傾向がある人たちを軍隊の中に取り込まざるを得なかったことです。
それがプーチンによって、ウクライナはネオナチ国家だという言いがかりをつ
けられる材料になってしまったというのが１つあると思います。

　もう１つは、苦しい財政の中でも相当頑張って軍事力の改革を進めたことで

す。特に運用に関しては完全な統合運用体制に移行しておりまして、NATO
スタンダードの軍隊をつくるのだと、かなりこれに成功したわけです。訓練も
かなりNATOスタンダードになりましたし、常時アメリカの軍事顧問団がい
るという体制になりました。ただ、金がないので装備更新が最後までなかなか
進まず、ぼろぼろのままの軍隊、装備のまま戦わなければいけなくなったとい
うことはありました。アメリカの軍事顧問団が常時いるということもやはり、
これもプーチンの言いがかりにつながるわけです。ウクライナはアメリカの支
配下にあるのだということを去年7月の段階でプーチンは言っていて、根拠と
しては、アメリカの軍事顧問団がいるからだというわけです。ただ、明らかに
その軍事的な抵抗力自体は、ウクライナはこの8年間で急激に上がったわけで
すね。

　ウクライナは人口で見ると旧ソ連で第2位なのですが、実は軍隊の規模も旧
ソ連の第2位なのです。およそ20万人弱の正規軍とその他準軍事部隊が10万
人ほどいますから、30万人ほど持っています。30万人の軍隊がいる国という
のは旧ソ連ではなかなかほかにありません。ロシアは90万人ぐらい、ウクラ
イナは30万人ぐらいで、旧ソ連の場合は、ほかの国は多くても5、6万人、下
手すると国によっては1万人もいないという国が大部分です。そのため、ウク
ライナは非常に軍事大国なのです。この8年間、軍改革も進めてきたし、それ
に戦争が始まる3週間前には、ゼレンスキーが大規模な軍改革プランを発表し
ています。徴兵制を廃止する代わりに職業軍人を10万人増やすと、これによ
って50個連団を増設するということを言っていました。

　だから、メッセージングとしてはウクライナのロシアが攻めてきた場合の軍
事的なコストを思い切り高めてやるということです。2014年や15年の初頭の
ときのような簡単にはいかないというメッセージングを繰り返していたのです
が、どうもそれが全くプーチンに伝わっていなかったということは言えると思
います。だから、後から議論になるかもしれませんが、かなりウクライナをな
めていないとこういう侵攻作戦にならなかったと思うのです。開戦初日からヘ
リボーンでキエフを取りに行くし、国境の周辺に集まっているロシア軍もどう
も攻撃軸同士の連携をしないでばらばらに攻めていきました。だから、ほんの
一発蹴飛ばせばウクライナが簡単に瓦解するという前提でないと、こういう侵

攻作戦にならないような気がします。

プーチンは利益で動いていないため抑止が効かない

〈小泉〉もう1つ、ロシアからの視点に関していえば、そもそもなぜロシアが
こんなことをしたのかということが論じられなければいけないと思います。私
は合理的選択論のようなもので、今回の話をうまく説明できないような気がし
てなりません。つまり1つは、制裁の効果は限定的だとは言っても確実に経済
にダメージを受けるということは、プーチンは分かっていたはずです。

　それからさっきのNATOのお話で、フィンランドやポーランドの話があり
ました。やはりロシアがこのような振る舞いをすれば、東ヨーロッパの態度が
非常に硬化するであるとか、スウェーデン、フィンランドがNATOに加盟す
るとか、いいことが1つもあったように見えないのです。

　他方で、2021年夏からプーチンが長らく言い続けてきたことは、民族主義
の話です。ロシアとウクライナとベラルーシは、同じルーシ民族の三位一体だ
という論であります。本来分けられないものだったのに共産主義時代に民族別
共和国という制度が導入されて、あたかも3つの別々の民族であるかのように
ソ連の中で色分けされてしまった、その色分けのままソ連が崩壊してしまった、
という言い方をプーチンは2021年7月12日の論文から繰り返しているわけで
す。

　ただ、この内容自体は別に驚くようなものではなくて、ロシアのナショナリ
ストがよく言う話です。しかしプーチンがあからさまにこのウクライナやベラ
ルーシをロシアの一部とみなすようなことを紙に書いて、大統領府のサイトに
まで載せるということを行ったのは2021年の7月です。それ以降のプーチン
の言説というのが、非常に民族主義的な方向に傾斜していくような気がするわ
けです。

　それと同時に、このままでいくとウクライナが西側に完全に支配されてしま
うとかという話をロシア、プーチンは繰り出してきます。だから、仮にトゥキ
ディデスの恐怖、利益、名誉というモデルに基づくのだとすれば、どうも今回
プーチンは利益で動いていないのではないかと考えます。名誉と恐怖のような、
さらに非合理的な部分に突き動かされているのではないかという気がします。

だとすると、やはり古典的な抑止のモデルでそもそもプーチンを抑止できたのかということは、改めて問題になってくると思います。

　加えてそれに関して、やはりごく普通の外交が不十分であったとか、あるいはウクライナ自身がさらにロシアに対してうまく立ち回って戦争を回避できなかったのが悪いとか、あるいは元コメディアンのゼレンスキーがポピュリスト的な政治家であって、彼の振る舞いが戦争の原因であるみたいないろんな議論があります。しかし、私はそれに関して枝葉の話のような気がしてなりません。そういった抑止や合理的な戦争回避のようなものを超えたプーチンの情念で始まってしまった戦争である以上、なかなかこれは簡単には回避できなかったのではないかという気がします。

　そうすると、例えば日本の安全保障に引きつけたときに、例えば中国のような国が、つまり強力な核抑止力を持っていて、多少の制裁を食らっても耐えられるような持久力を持った国が損得抜きで台湾はやるといったこととか、南シナ海は我々のものだと言い始めたときに、果たして完全にそれを事前に抑止できるという目算が立つかどうか、その振る舞いをある程度抑止するとか、その公算をある程度下げるということは可能かもしれないが、やはり抑止というものは時に破れるという前提で、我々の安全保障を考えなければいけないということをこの戦争は教えているのではないか、というのが私の感想です。

〈宮脇〉小泉さんからは、2014 年の制裁が中途半端だったということ、この 8 年間でウクライナ軍がレベルアップをして、ウクライナが弱いという前提で介入したロシアの失敗があったのではないかという点と、そして合理的な選択論では説明がやはり難しいというところで、その結果、古典的な抑止の効かない戦争ではないのかというご示唆をいただきました。ありがとうございました。

　それでは玉井さん、よろしくお願いします。

ウクライナに OSCE は関与してきた

〈玉井〉私の専門は、OSCE です。したがいまして、OSCE の立場から今回のウクライナ侵攻というものを振り返ってみようということでお話をさせていただきます。

ここにおられる皆さんは、OSCE（欧州安全保障協力機構）が何かというのはもうご存じだと思うので飛ばしますが、ご承知のとおり OSCE というのはヨーロッパの様々な枠組みの中で1番大きな枠組みです。例えば EU があり、NATO があり、欧州審議会があり、その他があって、その中で OSCE というのが1番大きい枠組みだということです。これがしばしばの多層的な安全保障という形で様々なデュプリケーションというものが、ヨーロッパの平和と安定をもたらしてきたという議論がしばしばなされてきました。

　OSCE というのは、例えば EU のような経済的な共同体でもなければ、NATO みたいな軍事的な共同体でもなく、言ってしまえばフォーラムです。この形で週に1回、常設理事会がウィーンで開かれています。おそらく OSCE の機能として1番重視されるべきなのが、週に1回開かれる常設理事会で、そこで各国の大使が集まって様々な話をします。当然ここにはロシアの大使もウクライナの大使もいてアメリカ大使もいますが、会議や、会議の前後にも話をします。

玉井雅隆（東北公益文科大学国際教養コース教授）
立命館大学国際関係研究科博士課程修了。博士（国際関係学）。横浜市立大学国際教養科学部講師などを経て、現職。著書に『CSCE 少数民族高等弁務官と平和創造』（国際書院、2014 年）など。

　OSCE とウクライナ自身の絡み合いというのは、実は以前からあります。1992 年の独立以降、ウクライナの国づくりに対しまして OSCE は、様々に参画しています。さらに 96 年、クリミア自治共和国設置にあたりましては、少数民族高等弁務官が仲裁に入って、ラウンドテーブルを開いて自治共和国をつくっています。ただし、これに関しましては少数民族高等弁務官が後に述べますとおり、基本的に少数民族高等弁務官というのはマイノリティに対して領域的な自治権を与えるというのに非常に後ろ向きで、これは唯一の例外だと述べています。なぜかというと、領域的自治に権限を与えてしまうと、それが分離独立につながりかねない、それが国家間紛争につながりかね

ないということで非常に消極
的でした。この少数民族高等弁
務官の懸念は、後の 2014 年に
現実になります。

写真7

　そのほか、クリミアで紛争が
起きた後には OSCE の SMM
（特別監視団）と呼ばれるモニタ
リング・ミッションが派遣され
ました。2022 年は、モスクワ人的側面メカニズムという人権メカニズムに基
づいてラポルトゥールが派遣され報告書が公表され、それに対してロシアが怒
って「モスクワ人的側面メカニズム」はもう古い、としばしば言ったりもして
います。

　ところが、OSCE の各メカニズムというのは全加盟国の合意が要りますので、
ロシアが反対したら使節団も閉鎖せざるを得ません。そのため、1994 年から
名称が変わってウクライナに使節団が置かれていたわけですが、これが 2022
年の冬に閉鎖が決定しました。SMM に関しても 2022 年の春にロシアの反対
で閉鎖となりました。OSCE 側はこれをぜひとも継続したいと考え、一生懸命
ロシアを、議長国（2022 年はポーランド）が非常に説得していたわけです。し
かし、残念ながら継続ならずということになってしまいました。ちなみに
SMM は写真 7 です。

ロシアは OSCE に不信感を持つ

〈**玉井**〉その一方で、OSCE とロシアの関係を見ると、OSCE が仲介的役割を
果たし得たのかどうかという点に関しまして、私は若干懐疑的です。それはな
ぜかというと、ロシア側が OSCE に対してかなりの不満を持っていました。
この不満を持っているというのが昨日今日に始まる話ではなく、実は 90 年代
からずっとありまして、OSCE がその西側の価値観で占められているというこ
とです。例えば選挙監視の回数に関しても、例えば OSCE の諸機関、諸メカ
ニズムの人事のトップに関しても、西側諸国で占められていてロシアの言い分
を全然聞いてくれていないのではないかということです。この状況は、実は

OSCE の内部では、恐らく East of Eden から取られたのだと思いますが、その East of Vienna と West of Vienna という形で、ロシアはしばしば問題提起をしています。OSCE が非常に政治的になり過ぎて西側の言い分しか聞かない、俺たちの言い分も聞いてくれ、俺たちは生徒ではないという言い方をしばしばしているわけでございます。

このように OSCE に対してロシア側には非常に不信感があって、SMM の閉鎖、あとウクライナ調整官事務所の閉鎖、さらにモスクワメカニズムに基づくラポルトゥールの派遣、これがさらにロシアの反発を招きました。これはモスクワ人的側面メカニズムというのが本来はソ連の主導でつくられたため、モスクワメカニズムと言うのですが、それにロシアが反発するという非常に面白い構図になっています。さらに OSCE 側から言いますと、先ほど少し申し上げましたが、OSCE の議長トロイカというのがあります。それは前議長国、現議長国、次期議長国の 3 か国からなるトロイカであり、これは EU と一緒の型式ですが、現議長国は間の悪いことにポーランドなのです。

なぜ間が悪いのかというと、これはいい悪いは別ですが、ポーランドというのがウクライナに武器供与をしているということです。これはロシア側の言い分をそのまま流すので、私はロシアに対して賛成しているとかそういうことではありませんが、議長国ポーランドは常設理事会の議論で全ての参加国に、公平に被差別的な参加の機会を厳密に付与すべきだということを言っています。何が言いたいのかというと、本来中立であるべき仲裁者になれたかもしれない OSCE の、よりによって議長国が片方のウクライナに関与して武器を流しているというのは中立ではなかったのです。結局これが OSCE に対するロシアのもともとあった不信感というのが、さらに火に油を注ぐような形になってしまったという形になっています。

そのあたりが、OSCE が今回のウクライナ紛争に関してなかなか介入が難しい点です。先ほど申し上げたようにヨーロッパには複合的な枠組みがある中で、ポーランドはご存じのとおり OSCE の参加国であると同時に EU の加盟国、NATO の加盟国なのです。今回の事態では、それが逆に働いてしまいます。EU の加盟国であり、NATO の加盟国であるポーランドがなぜ OSCE の議長国で仲裁できるのか、これがロシア側の言い分というか、本音になってきます。

もちろん複合的な枠組みというのが平和維持に貢献したのも間違いはありません。20年間のヨーロッパの平和に、冷戦後のヨーロッパの平和に恐らく非常に寄与したのは間違いないのですが、今回はそれが逆さに働いたということです。OSCEというのもなかなか動くのが難しいという現状になってきています。

　さらに悪いことに次期議長国、2023年の議長国が北マケドニアなのです。果たして仲裁できるかどうかというのがまた、今度は人的資源の面で非常に難しいということでいうと、OSCEは現在なかなか難しい立場に立たされています。

　総じて、OSCEの視点からウクライナ侵攻を見ると、OSCEがなぜ仲裁者になり得なかったのか、SMMも派遣し2014年から22年に至るまで紛争をある意味防ぎました。その意味でいえば、もちろんSMMがあるから防げたというふうな言い方というのは少し不適切かもしれませんが、7年間、曲がりなりにも何とかやってこられたのは、恐らく1つの成果だろうと思います。ただロシア側にはOSCEに対してもともとEast of Vienna問題、非常に西側の価値観で占められているという不信感というものが見られたわけです。

　そのため、デプリケーションというのが悪いほうに働いたと思います。ただし、もしかしたらEast of Vienna問題をもう少し何とかできていればウクライナ紛争を防げたかもしれません。これは少し分からないですが、ロシア側の不満を和らげるということを考えていけば何とかできたのではないかという気はしなくはないです。

　OSCEのできることをもう1回考えてみると、OSCEはそもそも1975年、こちらのフィンランディアホールで開かれたヘルシンキ宣言から始まっていて、ヘルシンキ宣言は東西の対話なのです。フォーラムとしてのOSCEというオリジナルを考えたときに原点回帰を、おそらくすべきなのではないかと思います。ですから、先ほども申し上げました常設理事会で毎週毎週話をして、毎週、残念ながらロシアが言葉を選ばずに言うとものすごい批判をされています。しかし、そこでも恐らく水面下では接触とかはしているだろうということで考えると、フォーラムとしてのOSCEという役割は一定程度果たしているのかなということになります。

　ただし、これ以上何かOSCEの立場からできるのかというと、なかなかフ

ォーラムとしての OSCE という原点回帰がまず求められるのではないのかと思います。

〈宮脇〉玉井さん、どうもありがとうございました。

　OSCE がもちろんロシアを含めたヨーロッパの安全保障の秩序形成をずっとやってきています。玉井さんのお話であったように SMM あるいは様々なミッションがウクライナで活動していたわけです。今回の危機においてポーランドが議長国であったということもあり、うまく機能せず仲裁も難しく、以前から言われているウィーンの東の問題が顕在化したというお話でした。どうもありがとうございました。

　それでは足立さん、よろしくお願いします。

リベラルな国際秩序が揺らいでいた

〈足立〉私はこの地域の専門ではないので、それぞれの地域にフォーカスを当てた非常に解像度の高いお話を聞かせていただいて、とても参考にそして勉強になりました。私は地域的には専門がありませんで、国際政治学のどちらかというと理論的研究をしています。皆さんのお話とは違った観点で解像度をぐっと落として、一歩引いたところから何が言えるのかということで、少しだけお話をさせていただければと思います。

　私は、ウクライナ侵攻がなぜ起きたのかということに関しては、大きく分けると３点ほどあると思います。１点目は、リベラル国際秩序の揺らぎということです。今回のことを考えたときにウクライナとロシアにフォーカスを当てるのに加えて、もう少し大きな構図の中でも考察する必要があると私は考えております。対等な主権国家間の、法の支配に基づく国際秩序というような意味でのリベラル国際秩序は、戦争違法化、不戦条約からスティムソンドクトリンを経て、国際連合で戦争違法化が強化されてくる中で、戦争ではなくて国際法とか、国際制度、規範によって秩序をつくっていこうとして形成、強化されてきました。ただし、そもそもこういう秩序は、それを下支えする力というか、パワーを必要とし、ルール違反する国を未然に防ぐあるいは違反国を罰するという、そういったことと表裏一体なわけです。

242

このリベラル国際秩序を下支えするパワーが全般的に低下、弱体化している状況は、アメリカの相対的な力が落ちてくる中で見られる上に、国際秩序を下支えする意思の低下というのもかなり顕著にこの間見られてきたのではないかと思います。クリミアの話も先ほどから出ていますが、国際社会は厳しい姿勢は示していましたが、結局軍事介入はしなくて経済制裁、それも先ほどから皆さんからお話がありましたように、かなり中途半端なものにとどまっていました。アフガニスタンにおけるカブール陥落のときも軍事介入しないと、バイデン政権において繰り返し言及されるなど、アメリカが国際社会の揺らぎに対して積極的に介

足立研幾（立命館大学国際関係学部教授）
筑波大学大学院国際政治経済学研究科博士課程修了。博士（国際政治経済学）。金沢大学法学部助教授などを経て、現職。著書に、『国際政治と規範』（有信堂高文社、2015年）など。

入しない姿勢は明確に見えています。国際社会全体として、リベラル国際秩序を下支えするパワーと意思が弱っているというのがかなり明確に見えつつあったのではないか、これが今回の件を考えるうえで重要な背景の１つなのではないかと思います。

ロシアに対する軍事的抑止力は弱かった

〈足立〉２つ目ですが、小泉さんから2014年以降、ウクライナは軍事的にはかなり強化をしていたというお話がありました。ただ、ロシアが本気になって攻撃しようと思ったときに止めるだけの抑止力があるかというと、それは恐らくない。ロシアはウクライナと１対１で見れば圧倒的に強いので、ロシアをもし軍事的に抑止できる可能性があるとすれば、それはNATOの介入があるかもしれないという軍事的な曖昧性が存在することだと思います。ウクライナとロシア１対１だとなかなか軍事的に抑止することは難しい状況だったと思います。
　NATOの介入があり得るというのが少しでもロシアの計算に入ってくれば、ロシアの軍事行動を抑える可能性があったと思うのですが、この点に関しまし

ては、アメリカも西ヨーロッパの国々も軍事的に介入しないということをかなりはっきりと言ってしまっていました。それが軍事的な抑止力を大きく低下させてしまうというか、ロシアの計算の中でNATOは来ないだろう、アメリカは来ないだろうと思わせてしまうことになってしまいました。それでももちろんウクライナの軍事力は上がっておりましたので、軍事的抑止力が皆無だったとは言いませんが、抑止力を大きく傷つけてしまったというか、ロシアがいざ行くとなったときに抑えるものが弱くなっていたという側面があるのではないかと感じております。

経済制裁が機能する条件が欠けていた

〈足立〉経済的抑止力の話も山本さんや小泉さんのお話の中でも少し出てきましたが、そもそも経済的抑止力が機能してロシアを止めることができるような構図になっていたのかどうかということを考える必要があるのではないかと思います。もちろん経済的相互依存関係はロシアとヨーロッパ諸国の間で深まっていましたが、大事なのは脆弱性がどちら側にあるかという点です。ヨーロッパ諸国とロシアの間の相互依存関係について言えば、圧倒的にヨーロッパ諸国の脆弱性が高い。ロシアから天然ガスが来ないということになると、ヨーロッパ諸国はかなり困る状況になるので、そういった中で経済的な関係を突然切ってしまうというか、全面的に切断する決意がないというふうに山本さんがおっしゃいました。そうすると経済制裁というのは中途半端なものにならざるを得ないので、これに、ロシアによるウクライナ侵攻抑止を期待するのはかなり難しかったのではないかと思います。

　経済制裁が機能するためには幾つか条件が必要になります。まず、国際社会が一致して抜け道をつくらないというのが非常に重要です。それから経済制裁をされた側がダメージを被る構造になっているという、輸入の依存度が高いなんていうのはそういった典型だと思いますが、そういう状況が必要です。それから経済制裁が直接的に影響を与えるのは国民生活に対してで、その国民の不満の声を受けて為政者が政治を改めるというようなメカニズムがあるかどうか、つまりそういう国民の不満の声を反映するような仕組みになっているということも大事だと思います。あるいは経済制裁を発動する側にとっても、発動する

244

側の不利益が発動される側の不利益より小さくなければやれないというか、強い制裁をかけることができなくなってしまいます。

こういう観点から見たときに、ロシアをめぐる状況はどうだったのかということを考える必要があるかと思います。ロシアに関しては、制裁を国際社会が一致してかけられるような状況にあったのかというとなかなかそうではないだろうし、実際に制裁を発動した後も国連による制裁というわけではありませんでした。制裁参加国が今でも40少しほどしか多分ないと思うので、そうするとなかなか制裁は機能しづらい状況にあるのではないかと思います。ロシアの歳入のかなりの程度が天然ガスとか原油なので、制裁に参加していない中国やインドがそれらを買い支えてしまえば、制裁がロシアにダメージを与えることにはなかなかならない。欧州諸国も、ロシアの天然ガスに対する依存をなくすことは短期的には厳しい状況にあります。

また、ロシアは原油や食料は相当程度自給ができるので、そういった意味で輸入依存度というのは低いと言えば低いわけです。そうすると制裁の効力があまりでにくい状況にあったのではないかと思います。それでも制裁すれば一定程度市民生活に影響は出ます。しかし、そういう人々の不満を反映する政治の仕組みになっているかというと、政治的には選挙はもちろんありますが、いわゆる民主的な選挙とは言いがたい、というと少し語弊があるかもしれませんが、なかなかそういった国民の不満を受けて政策を転換するような政治体制になっているとは言いがたい。だからロシアに対してはそもそも経済制裁が効きにくい構図になっている。しかも、制裁をかける側も相当のダメージを被ってしまう状況にあるので、制裁に及び腰になるというか、中途半端な制裁になる。これは先ほどから山本さんや小泉さんがおっしゃっているとおりなのかなと思います。

そうしたことを考えますと、制裁もあるいは経済的相互依存関係の構図もロシアの行動を止めるようなものにはなっていないのではないか。また先ほど指摘した通り、軍事的抑止力という意味でもロシアを止めるほどの強さはない。リベラル国際秩序自体もかなり揺らいでいるという状況になると、いざロシアが行くぞと思ったときには、なかなか止められない構図になっていたのではないかと思います。もちろん軍事行動をとればロシアにも少なからずダメージも

被害もでますから、ロシアが軍事行動をとることは合理的ではないというのは小泉さんのご指摘で、私もそこは全面的に賛成をしています。それでも、一歩引いたところから見てみると、そもそも軍事的抑止力や経済制裁の脅し、経済相互依存関係によって、ロシアの軍事行動を抑止するというのは実は結構難しい状況だったのだと思います。そのため、少し非合理的な考え方をする、プーチンの情念のようなものが出てきて、やるぞと思ったときにはやれてしまうというか、やってしまうハードルがかなり低い状況にあったということは言えるのかなと思います。

リアリズムの重要性は変わっていない

〈**足立**〉国際政治学上の位置づけに関していいますと、宮脇さんが冒頭の問題提起でおっしゃったとおりで、冷戦終焉以後、国際政治学理論の中では、確かに軍事的なリアリズムという観点が後景に退いて、構成主義（コンストラクティビズム）というようなものが前へ出てきたりする状況はありました。これも宮脇さんがおっしゃったとおりですが、パワーが重要ではなくなったという話ではなく、冷戦終焉後、国家間戦争の蓋然性が下がる中で国家の行動を説明する要因として、パワーの要素の重要性が少し下がったということにすぎなかったと思います。そういう中でアイデンティティや規範の重要性というのが非常に注目を浴びたという潮流はあったわけですが、パワーはずっと重要であったことに変わりはありません。理論的にも例えばネオクラシカル・リアリズムのようなパワーに焦点を当てた理論の発展というのも 2010 年代以降も見られます。理論的に言っても、リアリズムの重要性というのは下がっていない、あるいは状況によっては規範やアイデアが強く出るときとパワーの要素が強く出るときがあって、今回はパワーの要素が強く出たということかもしれません。

　ただし、今回、パワーの要素が強く出たロシアの行動の背景には、これも小泉さんがおっしゃったとおりですが、合理的な利害関係の計算によって行動したというよりは情念の部分が強かった面があるのかもしれません。そういう意味ではコンストラクティビズム的な国家指導者の意識とか、認識とか、世界観とか、そういったものへと注目せざるを得ない。理論的に何か大きな変化があったというよりは、軍事的抑止が効きにくくて経済制裁が効きにくい構図の中

246

で、そういった認識を持った指導者が出てくると、今回のようなことが起こるということです。そしてひとたび、軍事行動が始まると、パワーを中心に分析していく必要が出てくる。これまで発展してきたリアリズム的な発想や、コンストラクティビズム的な発想を併せ見ることによって、今回の事例も十分に分析できる状況なのかなというふうに私は考えております。

〈宮脇〉お話をうかがい、国際秩序の揺らぎの話、そして軍事的な抑止力、具体的な抑止力の観点から、これらがプーチンの情念に勝てないというような状況をつくっていったのではないかということと、基本的にはパワーをめぐる議論が後景になりつつ、パワーがもちろんこの間もずっと重要であったわけです。また、かつクラシカル・リアリズムのようにそれを説明しようとする理論もあったというお話をいただきました。

2　ウクライナ侵攻後の世界と将来について

〈宮脇〉後半は、ウクライナ侵攻後の世界と将来について、どう変わるのかという話に入ります。今度は小泉さんから順にお願いします。

ウクライナ軍のほうが多い

〈小泉〉今後に関してはなかなか予測することは難しいのですが、1つは純軍事的な状況、この戦争はどこまで続くのかということです。もちろん始まる前の時点では、やるかやらないか分かりませんが、始めたらロシア軍が圧勝するだろうというのが大方の評価であったわけです。ところがやってみると、現時点でもう半年近く戦争が続いているというのは、さっき申し上げたウクライナ軍が旧ソ連第2位の軍事力を持っているということであるからにほかならないわけです。しかもウクライナは今、戦時動員をかけていますので、もともと軍隊と準軍隊合わせて30万人ぐらいあったのですが、今全部ひっくるめると100万人ぐらい戦っているというふうにウクライナ側は言っています。そのうち

70万人がウクライナ軍で、残りが内務省とか、警察とかを武装させて戦わせているといいます。それに対してロシア軍が大体正規軍15万とその他治安部隊とか、あと親ロ派武装勢力とか全部ひっくるめて30万人ぐらいで戦っているというふうに見られていたのです。どのぐらい損害が出ているかということがはっきりしないのですが、単純な数だけでいうとウクライナ軍のほうが実は3倍ほどいます。だからこれは簡単に負けない、しかし、やはり火力であるとか装甲戦力であるとかを考えると、その装甲戦力を考えると圧倒的にこれはロシアのほうが強いし、この半年間の戦闘で両方とも重装備を大量に失っているわけですね。

ウクライナはかなり西側から軍事援助をもらえているのですが、数が十分ではありません。ロシア側は古くてもよければ倉庫からほぼ無限に出てくるわけです。グーグルアースとか見ると明らかに軍隊の駐屯地ではなくて、古い装備にいっぱいカバーをかけて置いてある敷地というのがあります。日本の近所で言えばサハリンの南の辺にありますが、ああいうところから古い装備は幾らでも出てくるので、やはりロシア軍は数では足りないのですが、火力ではなかなか打ち負けないという関係です。なので、この侵攻をどこかで急激に崩すような大国間のパワーバランスの変化というのがないとなかなか戦争は終わらないのかなと思っています。

その均衡を崩す決断というのは、西側においてはウクライナに本当に戦争に勝てるだけの装備を渡すかどうかということです。現状はハイマースとかを渡してロシア軍の火力を制圧するというところまでは踏み込んできましたが、やはりロシア軍の野戦軍をやっつけて押し返す、2月24日のラインまで、つまりゼレンスキー大統領が勝利条件としている2月24日のラインまで戻すということをやるためには、西側がもう一段軍事援助を規模と範囲を拡大しなければいけないと思います。

ロシアは動員をかけていない

〈小泉〉 一方、ロシアのほうもこの先勝つのだとすれば、やはり今動員をかけていませんが、総動員を行って兵隊の数を増やすしかありません。一応、現在、人口統計上でいうとロシアで5年以内に兵役を終えた人というのは200万人い

ます。彼らに動員をかければ、ウクライナの倍の軍隊をつくることができるわけです。装備は古いかもしれませんが。なので、そういうことをロシアがやるかどうかに僕はかかっていると思いますが、この半年、プーチンは何回も総動員をかけるのではないかと言われながらかけていません。それはやはりあまりにも国民の受けが悪過ぎるからだと思います。

ちなみにグーグルの検索窓に、動員（モビリザーツヤ）という言葉を入れると、モビリザーツヤいつとか、対象とか、そういう言葉が一緒にサジェストされてきます。だから国民もやはりいつか動員がかかるのではないかということを非常に恐れているのですが、そうであるがゆえにプーチンはなかなかその話を言い出せていないと思います。

それから、そういうことを考えて西側とロシア側、両方とも今の戦争を負けたくはないのですが、エスカレートさせることにも非常に慎重な部分があって、そういうことを考えてもこの戦争はかなり長く続くのではないかということを、最初のほうで山本さんがおっしゃいましたが、私もそうだなと思っています。

もう少し長期的な見通し、ヨーロッパの秩序みたいな話をすると、東西対立のときほど厳しい断絶にはならないのかもしれないですが、この前のNATOのマドリードでの首脳会合への決定された即応部隊を30万人まで増やすとか、新しいNATOの戦略概念の内容なんか見ても、やはり西側はもう完全にロシアを敵とみなすようになりました。ロシアも恐らく、近く軍事ドクトリンを改定すると思うのですが、これはかなり厳しい内容になるだろうというふうに見られています。

ロシアは60点国家として耐えられる

〈小泉〉それでは、それにロシアは耐えられるのかという話です。例えば人口や経済力、様々なランキングでロシアは、大体世界トップ10前後を行ったり来たりしているような国です。これまではそうだったのですが、例えば世界トップ15、20ぐらいまでロシアの順位が落ちていくということは考えられると思います。今回こういうことをやってしまったことによってです。ただそれでロシアがこの先、例えば全く強力な軍事力が持てなくなるとか、その軍事力などを背景に大国として振る舞うことができなくなる、という感じもやはりしな

いわけです。

　先ほども少しどなたかのお話でありましたが、様々な資源の自給力は彼らにはあるわけです。ちなみに最近ロシアで売られている車がエアバックなし、ABS（横滑り防止装置）なしという車が堂々と市場に出回っている。だから40年前のような車でよければ彼らは造って自給できるわけです。全部60点は取れるのです、あの国は。70点、80点、90点を目指し始めると、駄目ですが、60点は取れる子たちなので、60点国家でよければロシアは恐らくこの先も我々の目の前にあのようなロシアは居続けるのだと思います。そのことを念頭に置いて、やはり長期的にロシアと付き合っていくしかないのかなという感じがしています。

〈宮脇〉ロシア、ウクライナ側、両方ともエスカレートできない事情があり、そしてロシアは今後、大国として地位が下がるかもしれないが、残るのではないかというお話でした。

　それでは稲葉さん、お願いします。

フィンランドの NATO 加盟

〈稲葉〉「フィンランドの NATO 加盟とその後：歴史の教訓に背を向けたと思わせ二枚腰外交」というテーマで、フィンランド外交政策の転換について話をさせていただきます。

　フィンランド（以下、Ｆと略）は、第2次世界大戦時に2度にわたりソ連と戦いました。1939年11月末から40年3月までの「冬戦争」では、どこの国からも支援を受けずにソ連軍の攻撃を耐え抜き、休戦に持ち込みました。自らの独立を維持するためヒトラーと手を結び、41年6月の独ソ戦開始時から、「継続戦争」として再びソ連と戦いました。しかし44年春にはソ連の反攻にさらされ、同年9月にはヒトラーと手を切り単独講和に踏み切りました。Ｆは赤軍による占領を免れたものの、国土の10分の1をソ連に併合されました。強大なソ連・ロシアと1,300キロもの国境を接するＦは、資本主義体制を維持できたとはいえ、冷戦期に非同盟を貫き、親ソ的な外交政策をとらざるをえませんでした。ソ連崩壊後も同様の安全保障政策を2022年初頭まで続けており、

世論調査では、国民の８割ほどが非同盟を支持していました。

　2022 年２月 24 日のロシアによるウクライナ侵攻は、Ｆの安全保障政策を根本から動揺させました。第２次大戦後はじめて、ヨーロッパ域内で全面的な軍事衝突が起きました。ウクライナは NATO に加盟していないがため、ロシアの軍事侵攻にさらされても、西側から効果的な軍事支援を受けられません。もし仮にウクライナの次に標的としている国がロシアにあるとすれば、NATO に加盟していないＦではないか、という恐怖心が国民の中に芽生えました。中立国スウェーデン（以下、Ｓと略）の人々も、戦略的に重要なバルト海に浮かぶゴットランド島がロシアに占領されるのではないかと恐れ、パニックに陥りました。しかしＦとＳは、ウクライナへの支援を人道的なものに限定していました。そうした中で２月 26 日にドイツがウクライナへの武器支援に踏み切ります。潮目が変わり、27 日にＳ、28 日にＦも、欧州安全保障協力機構の枠組みに則り、ウクライナへの武器支援を始めました。それは、サンナ・マリンＦ首相によれば「交戦国へ軍事支援しないという安全保障原則の歴史的転換点」であり、ロシアとの地政学的（近隣）友好関係から離脱することを意味しました。２月 28 日のＦ国営放送の NATO 加盟世論調査では、加盟賛成 53% 反対28% と民意が逆転します。

　Ｆでは、伝統的に右派諸政党が NATO 加盟に賛成、左派が反対の姿勢を示してきましたが、安全保障に関する議論を活発化させます。世論調査の結果に背中を押されて、３月４日サウリ・ニーニストＦ大統領は渡米してジョー・バイデン米大統領と面会し、NATO 加盟を打診します。全加盟国が承認しない限り申請国の加盟は認められませんが、バイデンはＦとＳの加盟に積極的で、その場でマグダレーナ・アンデションＳ首相に電話しました。そして、加盟申請から承認までの期間におけるＦとＳの安全を NATO が保証すると申し出ます。３月５日アンデション首相がヘルシンキを訪れ、Ｓも NATO 加盟の議論を始めると約束しました。

　３月 11 日、ニーニストはウラジーミル・プーチン大統領に電話して、ＦのNATO 加盟についてロシア側の理解を得ようと試みました。残念ながらプーチンを説得できず、やむをえずニーニストは外務省に命じて NATO 加盟法案の準備を始めます。それにしても、ロシアへの配慮を忘れないところがＦの特

筆すべき点です。4月9日には、FとSの外相がNATO加盟共同作業を開始しました。両国の目標は、6月末のマドリッドでのNATO首脳会談までに同時に加盟申請をすることです。6月初めまでにF議会内で加盟賛成の意見集約がすすみました。

　5月17日にF議会でNATO加盟投票が行われ、賛成票が200票中188票に達しました。議員94%の賛成によって、FはNATO加盟申請に動き出します。Sも同様です。ところがトルコは、FとSがトルコ反体制派を支援しているとして、両国の加盟に難色を示しました。両国はトルコ国内での人道上の配慮が必要だとして、同国の主張に承服していません。結局トルコが態度を軟化させ、6月29日のNATO首脳会談で、全加盟国30か国がFとSの加盟申請を受け入れることで合意します。全加盟国が批准すると、正式にFとSの加盟が認められます。8月初旬の時点で既に23か国が両国のNATO加盟を批准済みです。トルコは批准と引き換えに厳しい要求を出しており、それがかなえられないと批准手続が遅れる可能性があります。とはいえ、加盟申請中もFはアメリカ軍との共同軍事演習を始めており、両国の安全保障はNATO加盟で強化されました。

謎のロシア観光ビザ発給数増加

〈稲葉〉Fは西側との同盟にかじを切りました。少なくともロシア側は、Fの対応を反ロシア的とみなし、F向けの全エネルギー輸出をすべて止めてしまいました。両国間の貿易も、EUの輸出規制と相まって、ほとんど止まっています。Fは国内で利用する全エネルギー（電気・ガス・石油など）の3分の2以上をロシアからの輸入に頼っていました。今日エネルギー危機に直面し、代替エネルギーの手当てに苦労しています。NATO加盟は、Fが安全保障だけでなく経済でもロシアと敵対することを意味するのでしょうか。

　7月末から8月上旬までの『ヘルシンギン・サノマット』紙に見られるロシア人への観光ビザ発給問題を紹介させてください。2022年7月初旬にコロナ禍終息を理由に、Fはロシアの人への観光ビザの発給を再開しました。Fとロシアとの航空路は、3月初めから止まったままです。3月末にサンクト・ペテルブルクとヘルシンキを結ぶ高速鉄道も運航を停止しました。船舶航路も止ま

っています。唯一閉鎖されていないのは自動車道だけで、1日に10本以上の
バスが両都市間を結んでいます。EUの制裁品目でなければトラックによる貨
物輸送も継続されており、バスや自家用車でFに入国してしまえば、EU内の
移動は一切制限されません。

「ロシア人への観光ビザ発給実績表」（2022年5~7月）を見てください。

ロシア人への観光ビザ発給実績
（90日間、シェンゲン協定国への旅行自由）
　2022年5月　　9,800人（永住権者の親族・友人を含む）
　　　　　　6月　　12,300人
　　　　　　7月　　16,000人

　Fがロシア人向けに発給した観光ビザの数が、限定的なものの5月から徐々
に増えていき、7月下旬で1万6,000人を超えました。申請数と発給承認数も
わかっています。ビザ発給申請書が、モスクワのF大使館あるいはサンクト・
ペテルブルクの総領事館に、7月末の時点で週末を除いて毎日1000通以上提
出されています。それでも2019年と比べると、申請数は以前の15%に過ぎま
せん。7月の審査実績もわかっています。11,000件の申請に対して9,500件が
承認されています。簡単に言えば、申請するとほとんど通るという状況です。
一方、バルト三国は観光ビザの発給を停止しました。エストニアは留学ビザま
で禁止しています。バルト三国を経由してロシア人がEUに入ることは不可能
となり、Fへの申請数が増えたわけです。

　ところが8月3日の「東部国境における税関での不審携行物」という記事に
よると、通関における問題が発覚しました。旅行者の荷物をチェックしたとこ
ろ、ドローンやGPS機器など2,500件中100件の不審携行物が見つかりました。
2月末以降EUはロシアへの輸出規制を行っており、1件300ユーロ以上の物
品、電子部品、家電品、武器に転用可能な携行物は全て輸出禁止となっていま
す。F国内では、ロシア人への観光ビザをほぼ無審査で発給するのは問題では
ないかという議論が沸き起こりました。同じシェンゲン協定国なのに、バルト
三国と較べて審査が緩すぎると、F政府は国内で批判されました。

　8月3日にF主要閣僚会議が大統領の別荘で開かれました。ですが議論は紛糾します。Fの発給する観光ビザはシェンゲン協定国へのビザでありますから、Fだけで決定するのは難しいという結論になりました。といいますのも、ギリシャやスペインのロシア人への観光ビザ発給数は、Fよりもはるかに多いからです。だからといって、野放図な発給はEU全体の安全保障の観点からも許容できません。結局F外相は、同日暫定的なロシア人へのビザ発給手続きを、審査を厳しく制限すると約束しました。しかしF一国では詳細を決められないとして、8月中はこれまでどおりの審査を続けることになりました。とりあえず態度を保留して、8月末のチェコでの拡大EU外相会談で協議します。その結果、9月初めからビザ発給審査が厳しくなりました。申請数の半分以下しか承認されません。

　Fのロシアへの姿勢を分析してみましょう。FはNATOに加盟して反ロシアという姿勢を鮮明にする一方で、観光ビザの発給や、国境をまたいだ交流に関しては、ロシアに最低限の門戸を開いています。つまりFは全面的な反ロシアになったのではなく、どこかで強大な隣国と敵対せず、なんとか決定的な対立を避けたいと、ロシア側に積極的にアピールしているのです。F政府は、国民の反ロシア感情をくみ取りながら、バルト三国とは異なり、実際にはロシアとの友好的な関係を続けていきたいと願っております。それをロシア人への観光ビザ発給問題から垣間見ることができます。

ポーランドは絶対に譲歩しない

〈稲葉〉私が6月末にポーランドで会ったのは、ロシア脅威論を振りかざすポーランド人の友人でした。なんと彼は、ウクライナ国防省より依頼を受けて、世界中から武器を買い集めて、ポーランド経由でウクライナに輸送しています。資金はすべてウクライナ国防省から出ています。つまりポーランドは、直接ウクライナに軍事支援するだけでなく、ウクライナが必要とする武器を代理店として購入して、秘密裏に輸出しています。だぶついた武器を売る側も、直接ウクライナに売り渡すとロシアとの関係を傷つけるため、第三国経由を欲しているそうです。

　ウクライナは、国境が戦争勃発以前の線にもどるまで、戦争を続けると主張しています。実現するかどうかはともかく、ドンバス地方だけでなくクリミア半島もロシアから奪還すると意気込んでいます。一方で国際社会の中でも早期の戦争終結を望む西側のグループは、ウクライナ領の一部をロシアに割譲するなど、妥協案を模索しています。しかしポーランドやバルト三国はウクライナの主張を支持して、絶対に譲歩しないと強弁しました。2月24日以前の状態に戻さない限りウクライナは戦争を続ける、それをポーランドは断固として支援すると言っています。なぜかと言えば、もしここで譲歩したら、次にロシアがバルト三国やポーランドへ触手を伸ばしてきたとき、西側は譲歩するという悪いシグナルをロシアに送ることになるからです。だからこそ、彼らは非常に強硬な姿勢を崩していません。少しでも弱気な姿勢を見せると、各国政府の国内支持基盤が揺らいでしまうと恐れているのかもしれません。

〈宮脇〉フィンランドとスウェーデンがNATOの加盟の手続を進めながら、その一方でロシア人の入国が非常に増えた結果、色々なものがロシアに流入しているのではないかということと、フィンランドの経済的観点からの関心が高く、隣国としての関係を維持したいというお話だったかと思います。一方でポーランドやバルト三国が対ロシア強硬路線を崩さない理由もわかりました。どうもありがとうございました。

　それでは玉井さん、お願いします。

ウクライナの再建を OSCE が支援する

〈玉井〉ウクライナ侵攻の今後ということで、OSCE の立場から話をさせていただきます。事ここに至っては、OSCE の出る幕は、なかなかないと思います。一応 OSCE には紛争が起きる前のメカニズムはあります。紛争が起きる前にこの異常な軍事行動が見られたときのバレッタメカニズムとか、あとウィーンメカニズムとか、そのようなメカニズムがあります。ロシアは一応それに抵触しないような形で動いていたという話を聞いたのですが、ただそれでも止められず、紛争が起きました。実際に紛争が起きると、OSCE にはそれを止めるメカニズムはありません。ただし、戦争・紛争はいつか何らかの形で、絶対に終わらないというのは恐らくないだろうと。ということで考えてみたときに、先ほども申し上げましたが常設理事会、ここでどれだけお互いに話合いをして妥協ができるか、恐らくここが非常に重要なポイントになってきます。これが同じヨーロッパの国際機構でも EU にも NATO にもできないことで、OSCE にしかできないことなのです。全ヨーロッパの枠組みは OSCE しかありません。だから、そういう意味でいうと OSCE の重要性というのは恐らくより重要視されてもいいのではないのかと思いますが、日本ではなかなか報道されないという少し残念な現実があります。

　もう１つ、OSCE の役割として、紛争が終わった後、ウクライナの再建があります。ご承知のとおりウクライナというのが決して紛争発生前から治安がいい国ではあったのかというとそういうこともなく、なかなか様々な問題を抱えている国で、それで現在ウクライナ国内で武器が蔓延している状況です。ここで紛争が終わったらどうなるのかというのは、これは普通に考えれば分かる話で、国をもう１回再建しましょう、武器を回収しましょう、立て直しましょう、恐らく経済的なことは OSCE の役割ではないです。その代わり政治的役割、様々な使節団を送り込みます。例としては OSCE の OMIK（コソボ使節団）があります。OMIK はコソボの立て直し、さらにボスニア・ヘルツェゴビナでも使節団が 1995 年から展開して今に至るまで、ともすれば２つの陣営に分かれがちなボスニアの「かすがい」役を果たしています。ただし、これは国連と一緒にやっています。

そのような形で、国の立て直し、そして停戦監視に、国連がどこまでは入れるかが分かりません。国連が入りにくいようなところでも OSCE はヨーロッパの問題ということでいろいろ入っていけるわけです。ですから、そのような紛争が終わった後の停戦監視や、ウクライナという国の立て直し、国のつくり直し等々で恐らく活躍を見せられるのではないのかという気がします。

　ですから、紛争を何とか終わらせるための話合い、そして紛争が終わった後の国家再建という形で恐らく貢献ができるのかなという気はします。ウクライナ紛争がどう決着つくのかというのは、先ほど申し上げました議長国の関係で、なかなか OSCE が仲介するというのは簡単ではないのだろうとは思います。ただ、そのような形で当事国同士の話合いはできるだろうとなります。

　ただし、これはロシアが OSCE にとどまればとしての話です。もしとどまらなかった場合どうするかとなると、また少し話が変わってくるため、難しいところではありますが、現時点の情報でいうと恐らく私はそのような見通しを持っています。

〈宮脇〉OSCE が仲介者の役割がどういう形ならばできるかというところで、色々な条件を含めてお話しいただきまして、ありがとうございます。

　それでは足立さん、よろしくお願いします。

19 世紀型と 20 世紀型の 2 つの秩序

〈足立〉私は、この地域の専門というわけではありませんので、ウクライナ、ロシアの関係に関しての見通しについてお話しすることというのはできないというか、その能力を持ち合わせていません。そこで、やはり一歩引いたところから今回のウクライナ侵攻が世界にどのような影響を与えるのかという点を考えてみたいと思います。このウクライナ侵攻後の世界を考えるときによくされる議論というのが、力による現状変更というか、ロシアの侵攻を認めてしまうこと、あるいはロシアが勝利してしまうようなことがあると、19 世紀型の国際秩序に戻ってしまうのではないかというものです。実際プーチン自身の発言には、典型的に 19 世紀の思考が表れているのではないかというようなことがよく指摘されます。そういった意味で 19 世紀型の大国主導の国際秩序と、先

ほど私が申し上げたリベラル国際秩序と申しますか、対等な主権国家間で法の支配に基づいて形成する国際秩序、という2つがぶつかり合っていて、今後どちらが優勢になるかという議論がされることがあります。

　私自身はそういう捉え方はあまり的を射ていないのではないかと考えています。確かに20世紀型の国際秩序といいますか、リベラル国際秩序と言われるようなものはかなり弱っていると思います。それを支えるパワーも弱り、それを支える意思も弱っているところがあるというのは否定し難いと思う一方で、19世紀型の国際秩序を支持する国、そうなりたいと思っている国はどれぐらいいるかというとかなり怪しいと思います。ロシアが確かにそういった行動を取っている側面はあって、プーチンがそういった発想を持っているように見える発言をしているのは確かです。かといって、それを積極的にほかの多くの国が支持するという可能性は低く、限定的な国しか賛同しないのではないかと思います。これが世界全体を覆うような秩序の原理にはなっていかないだろうというのが私の考え、見方であります。

　20世紀型の秩序は揺らいでいます。とはいえ、このロシアによるウクライナ侵攻が起こった後で、国連等は非難決議等は採択して、国際社会として力による現状変更というのは認めないという意思は一定程度示しています。そういった意味で20世紀型の国際秩序が完全になくなるわけでもない。ただし、20世紀型の国際秩序に関しますと、支えるパワーや意思が弱まっているだけでなく、正統性もかなり弱まっているのではないかと思います。国際法に反するような行動をアメリカ自身が取るというようなことがイラク戦争をはじめとして見られる。あるいはこれは日本であまり報じられてないかもしれませんが、ロシアに対する国連決議などの投票行動を見ていますと、アフリカの国々などは結構反対したり、棄権したりしているわけです。そういったところを見ると、必ずしも全面的にロシアが悪いとか、リベラル国際秩序が良いとか言っているわけでもないかもしれません。これはアフリカ専門の同僚が指摘をしていたのですが、国連の人権理事会においてロシアの理事国資格停止を求める決議に対しては、アフリカの国々の多くは賛成していません。反対9、棄権24、不参加11ということで、50数国中44国がロシアの理事国資格停止には賛成していない、そういう状況があるわけです。アメリカや西ヨーロッパ諸国が民主主義と

か人権といった「普遍的な価値観」を前面に押し出して法の支配に基づく秩序を維持すると主張していることに対して、アフリカ諸国なんかは過去のヨーロッパ諸国の植民地支配の経験も踏まえながら、一歩引いた立場を取っているのかなと思います。そういった意味で、欧米主導のリベラル国際秩序といいますか、20世紀型の国際秩序は、それを支えるパワーも意欲も弱まり、そして正統性も弱まっていると思います。

混沌とした「新しい暗黒」になる

〈足立〉それでは、どうなるかという話です。冷戦が終わって以降長らく冷戦後の世界はどうなるのかという議論がされ続けていて、いまだにその姿が見えないというのが実際のところかなと思います。「新しい中世」と言われるような、非常に多様な主体が動き回りながらも、一定程度普遍的な価値観に基づいて秩序が、冷戦終焉後できてきているのではないかというような議論があります。しかし、どうも民主主義、人権という価値に関する正統性というか、信頼度が弱まっている。全面否定するわけじゃないのですが、アメリカやヨーロッパ諸国が言っているようなそれに対しては少し一歩引いて見るような状況が強まりつつあるようにも思います。一定の価値観、規範が普遍的に共有されて、それに基づいて多様な主体が秩序をつくるということはかなり難しい状況になってきているように思います。それが今回のロシアのウクライナ侵攻によっても明確に見えるようになってきた側面があるのではないかというのが私の考え方、感じ方です。

　19世紀型の、あるいは20世紀型の国際秩序は、国家が基本アクターです。しかしその前提自体もかなり揺らいでいます。「新しい中世」もそういう議論ですが、多様な主体が行動する、玉井さんが先ほどからおっしゃっているOSCEのような国家間の機構というか、国家からやや独立して動くような機関や、NGOなど、かなり多様な主体が国際情勢に影響を与えていることは間違いありません。今回の戦争の実態もハイブリッドと言われるような形で、国家ではない主体も入っているし、軍事ではない手法も使ってやっています。やはり国家間で軍事力を中心に秩序をつくるとか、大国主導で秩序をつくるとか、あるいは対等な国家間で法の支配に基づいて秩序をつくるというような19世

紀型、あるいは 20 世紀型秩序はいずれももう限界に来ていて、そういう意味では秩序の在り方自体がかなり大きく変わるのではないか。あるいは、既に変わりつつあったわけですが、それがはっきりと見えるようになってきたのかもしれません。もしかしたら、今回の事例は、そうした変化を象徴的に示す現象というか事例というふうに今後見られるようになるかもしれないというような印象を持っています。

　今後のことは分かりませんが、普遍的な価値や規範の共有はなく、何の合意もなく多様な主体がグローバルに入り乱れるような、極めて暗澹とした状態になるかもしれません。「新しい中世」論というのは、中世のポジティブな面、つまり多様の主体がいるけれども、教皇などの普遍的な権威の下で一定の秩序が存在するという側面に注目する議論です。しかし、中世というのは、実は疫病も蔓延し、魔女狩りのようなことも行われ、価値観が多様化する中で秩序が乱れた側面も少なくなく、暗黒時代と言われることもあります。今回の件をきっかけに、価値観が多様化している中で多様な主体が入り乱れて秩序がつくっていけなくなるような、「新しい暗黒」ともいうべき状況に陥っていってしまうかもしれないというような危惧があります。そうならないために何をするべきか。リベラル国際秩序を立て直すのか、民主主義とか人権という価値観に対する懐疑の目が強まっているのだとすれば、アメリカやヨーロッパ諸国もそれを立て直すために何をすべきか、そうしたことを考えないといけないのかもしれません。そもそも国家中心で、法やあるいは力によって秩序をつくるということ自体が曲がり角に来ているのかもしれないと思います。何も結論めいたことは申し上げられないのですが、言われているような 19 世紀型国際秩序 vs 20 世紀型国際秩序ではなくて、より何か混沌としたものになりそうな気配が色々なところに見えるという印象を私は受けています。

〈**宮脇**〉20 世紀型秩序、19 世紀型秩序というような議論を踏まえて、今世紀、このウクライナ侵攻後の秩序がまた新たなそれらとはやや違った形になるのではないかと。それらの存在意義についても少し弱く、低くなっていくのではないか、そしてその価値観や規範的な実情というものの将来についても言及されました。ありがとうございました。

それでは山本さん、よろしくお願いします。

考えられないことを考える

〈**山本**〉いま、大変面白い問題提起を足立さんにしていただきまして、そこで気がついたことですが、これは稲葉さんの専門とも関わってきますが、新しい国際秩序がヨーロッパで形成される過程の中でウクライナ侵攻事件が進んできたという認識を持っております。「新しい中世」と言うべきかどうかは別として、例えばフィンランドと、それからスウェーデンがNATOに加盟申請を行うと。およそ冷戦時代考えられもしなかったような事態が起きているということに私はある意味で大変な衝撃を受けています。ソ連・フィンランドの関係、これは長いロシアとの緊張関係の中から生まれてきたフィンランドの中立の選択、伝統的な中立、この2つの異なった道を歩んだ北欧2か国がNATOに加盟するという、およそ冷戦時代には考えられなかったことが起こっています。

つまり、ヨーロッパにおける国際秩序の大変動が起りつつあるのではないかという印象を強く持っております。予測不可能な事態が進行しつつあるし、また、今後思いもしなかったような事態、例えばロシアがNATOに加盟するなんてこともあり得ないシナリオではないと思うことがあります。

それはドンバス地域における近年の戦闘状況、それからウクライナ侵攻等々の動きを見ていますと、ウクライナは主権国家として1991年に独立を宣言しましたが、その後の展開はヨーロッパにおいて新しい国際秩序が形成されようとしているかに見える。その中でNATOという冷戦時代の産物も変容を余儀なくされており、私は今後さらに変貌を遂げつつあるように認識しております。

このような展開は、NATO対ロシアという冷戦時代の対抗認識から我々はそろそろ抜け出さないと、近い将来のヨーロッパにおける国際秩序の再編の方向を見失ってしまうのではないかという印象を持っております。ヨーロッパにおける国際秩序そのものが大きく変動しつつあります。NATOは変わった、EUも変わった、このように大きな認識の転換を促したのがフィンランドとスウェーデンのNATO加盟申請ではないかと思っています。

これは稲葉さんの専門分野ですのでお聞きしてみたいと思いますが、いずれにしても国際秩序そのものがヨーロッパで大きく変動しつつあります。それが

グローバルな秩序変動につながっていくかどうか、それは1つにはロシアと中国との間の急接近、そしてラテンアメリカにおけるキューバの位置づけが変わりつつある点からもみてとれます。まさに「考えられないことを考える」（Thinking about the Unthinkable）という表現がありますが、そのことを改めて現在のヨーロッパにおける秩序変動を見ながら感じているところであります。

〈宮脇〉シンキング・アバウト・ジ・アンシンカブルというお話がありましたとおり、NATO や EU が次々と変わりつつあるということで、ロシアのNATO への将来的な加盟の可能性のお話や、あるいは今後の世界がどう動くかという話について大きなお話をしていただきました。ありがとうございました。

3　パネル・ディスカッション————戦争の行方は？

〈宮脇〉これからはディスカッションに入ります。足立さんから秩序論的な話があり、論点としては休戦協定や、戦後処理などの話をあわせて、二段階あると思います。まず、この座談会であったとおり、戦争の行方は非常に混沌としておりますし、エスカレーションはできないとしても、それは逆に長期化する可能性もあるということが示唆されているのではないかと思います。そのような観点から戦後処理や休戦協定はまだ考えるのに時間的な余裕がありませんが、あり得るとしたらどういう戦後処理や秩序形成が予想されるのかということ、これらの点について皆さんのお話をお伺いできればと思います。

新しい冷戦か？

〈宮脇〉その次の論点としては世界的秩序がどうなっていくのかということです。新しい秩序とが 19 世紀、20 世紀とはまたやや違ったものになっていくのではないかということだと思います。

特に「新しい中世」の後に「新しい冷戦」という議論が今出ています。これ

は2014年に山内昌之さん（東京大学）から第2次冷戦の指摘が中東研究の立場から既になされています。今回のロシアと西側やNATOとの関係について、今後、冷戦的なものを予想するという動きもあります。もちろん20世紀の冷戦とは大分様相が違うのは誰の目にも明白であって、特にイデオロギー的な価値対立というものは明確ではないのが今次の状況だと思います。とはいえ、その「冷戦的」な文脈について今後の展開、あるいはどういう見方をするべきなのかというところで考えていければと思います。

　先ほどお話があったようなロシアのNATOとの関係についても、将来変わり得る話ですし、1990年代にロシアのNATO加盟の示唆も少しありました。1990年代からNATOが次々と加盟国を増やし、2022年のフィンランド、スウェーデンのように中立国までのみ込んでいくという形でNATO自体が変質する可能性もあるということです。ロシアもまた当然この戦争を経て変質する可能性があります。プーチンは2014年にロシアのG8の加盟資格停止になり、2022年に至っては「新しいG8」をつくるというような掛け声をしておりますし、G20の場はロシアと西側諸国との対立の場になっています。中国では当然ながら戦略的なパートナーシップの下にロシアとの軍事演習が盛んに行われていますが、もちろん中国国内ではいろんな懐疑論、消極論もあるわけです。西側においては、民主主義諸国が冷戦後、その民主主義が盤石なものに思われつつ、特に2010年代からややそれに懐疑論が非常に広がっていて、2011年以降の「アラブの春」の失敗や、シリア難民の危機なども乗じて、民主主義という制度に対する懸念というものが度々出るような危機がありました。そうした観点から、今次のウクライナ侵攻後の世界秩序についてもお話しいただければと思います。

どこに転機がくるのか？

〈小泉〉 皆さん、色々な議論ありがとうございます。最後に山本さんから考えられないことを考えるのだという、頭を柔らかくして考えろという檄かなと思って受け止めました。その一方で、今我々が見ていること自体が少し前まで考えられないことだったのではないかという感じもしています。

　もう20年前の話ですが、山本さんのゼミにいたときに私が「西側」という

言葉を使ったら君は頭が古いねと、冷戦時代の西側という言葉をまだ使うのかというようなことを言われたような覚えがあります。

〈山本〉そんなことを言いましたか……。

〈小泉〉20年たってみて、まさかロシア軍の機甲部隊がウクライナに大挙して攻め込んでいくとか、米中が本当に戦争になるかということを大真面目にそこで語り合うかということ自体が、私は20年前に大学生だった身からすると隔世の感があるなと思います。まさに今、我々はアンシンカブルな世界に住んでいるのではないかという感じがします。

　それが例えば2010年代ぐらいにポスト冷戦的な秩序があったのかどうか分かりませんが、ポスト冷戦的なものから潮目が変わって、ちょうどその頃からグレートパワーコンペティションのようなことが言われるようになっていきました。その中で我々はまだしばらくの間、この少し前のスタンダードで言うところの、アンシンカブルな世界の中で生きていくのではないかという感じがしています。NATOが対ロ抑止にまた傾き始めるとか、スウェーデンやフィンランドがNATOに入るとかというのもそうです。しばらくこの惰性、慣性は続くような気がしています。その先に、それこそ山本さんがおっしゃるロシアがNATOに入ってしまうような大転換の世界や、中国をめぐる立場大転換の世界というのがあるのかもしれません。しかし、政策を立てるときの視野に入るような短期・中期ぐらいの世界というのは、そこまでの大展開にはまだ距離があって、少し前の基準で言うところのアンシンカブルがしばらくは続いていくのかなと思います。それもどこまで極まっているかまだ分からないわけです。今回はロシアがウクライナに急に攻めていってみんな驚いていますが、それが例えば欧州でまだまださらに考えられないような事態が起こるとか、中国、台湾海峡をめぐってさらに考え難いようなことが起こるということもあると思っています。

　そのため、どのぐらいまで今の路線がエスカレートするのかということと、先ほど山本さんがおっしゃった観点で、どこかで転換点があるとするならば、つまりさらなるアンシンカブルな世界に移っていくとするならば、それはどこに転機が来そうなのか、そんな話を最後に中長期の見通しとしてみてもいいのではないかと思いました。ありがとうございます。

30年前のロシアで感じた強さ

〈稲葉〉今から30年前、1992年8月に私がモスクワに1か月住んでいたときの話をいたします。ソ連崩壊直後の混乱で、アフリカの発展途上国よりひどいのではないかというくらい、首都モスクワが荒廃していました。ロシア人の友人は1年以上給料の遅配が続き、歴史学の博士号を持つインテリにもかかわらず、白タクの運転手をしていました。ハイパーインフレでルーブル紙幣が紙切れと化し、貨幣経済がガタガタになる中、ロシア人は米ドルの闇両替と物々交換で生計を立てていました。街全体が煤けて見え、道路は穴ぼこだらけで、インフラもひどいものでした。東側陣営の盟主も地に落ちたと感じました。ところが現地で生活するロシア人は苦境にもめげず、たくましく生活していました。それ以降、年1回モスクワを訪れると、少しずつではありますが、街のインフラが改善され、人々の生活も向上しました。プーチン時代に入ると、街も明るくなり、人々の生活も安定したようでした。困難の中でもしぶとく生きているのを目の当たりして、ロシア人は逆境に強いと感じました。2022年2月ロシアは大規模な軍事侵攻を断行したもののウクライナの保護国化に失敗し、逆に欧米から経済制裁を受け、現在苦境に陥っています。しかし、そこからロシア人の強さが発揮されるのではないでしょうか。ロシア人のたくましさは変わりません。戦争はまだ終わらないような気がします。

フィンランドは非同盟を捨てて NATO に加盟し、同国の安全保障政策は大転換したように見えました。それは民衆がロシアの脅威を目の当たりにして、西側と軍事同盟を結ぶという選択肢を選んだと言えます。しかし長大な国境を接する隣国から逃れることはできません。同国政府は将来の NATO 弱体化のリスクも考慮して、ロシアとの決定的な対立を回避する道を探っています。それがロシア人への観光ビザ発給問題で見え隠れします。国際政治の荒波に翻弄される小国は、生き抜くために対立する大国の一方だけに加担することのない、バランス感覚を身に着けています。フィンランドは NATO に入っても、ロシアの安全保障上の脅威とならないよう、注意深く立ち回っています。スウェーデンも中立を捨てたといっても、NATO の基地を国内に設置せず、ロシアの脅威とならないよう配慮を怠りません。私は歴史を研究している者として、フィンランドやスウェーデンのような小国の安全保障政策の根本は変わらないと感じています。

歴史の教訓

〈玉井〉戦後処理はどうなるのか、先ほども申し上げましたとおり、そこから先は OSCE の出番というふうな形でやっていくのだろうと思います。どういう形で戦争が終わるかというのは正直なところ、私もそれは専門ではないので分かりません。ただいつかは終わるだろうと思います。それでは、終わった後、どういう形にせよ、戦後処理でウクライナの再建という点で OSCE は絶対に活躍するだろうと思います。先ほどの稲葉さんのお話を引き継いで申し上げますと、ヨーロッパというのは歴史が一直線であることが分かります。今回チェコで抗議デモなどをやっていて、あれはかなりプラハ市などが頑張ってやっています。なぜかといえば、チェコは、ウクライナ人労働者を紛争が起きる前から受け入れていて、チェコ自身が好景気で人が足りずどうしようということで、ウクライナから受け入れているという話を聞きました。

　もう 1 つ言えば、チェコでは「プラハの春」と今次の侵攻を被せて考える人が多いです。私はどちらかの立場に偏る気はないのですが、圧倒的な暴力というものにどのように立ち向かっていくのか、チェコの人は一切武器を持ちませんでした。今回ウクライナの人達は武器を持って立ち上がりました。その差だ

と思いますが、多くの人には、そういうところでかなり心に響くものがあったようです。

YouTubeで、プラハでのロシア大使館への行き方という面白い動画があります。ただし、デモをしてはいけません等の注意書きがあって、要するにしろということなのですが、そのようにチェコの人たちらしく歴史を重ね合わせるという意味でいうと、先ほどの稲葉さんのお話はもっともだなという気がします。

転じて日本のことを考えたとき、時として対外的に強硬的な意見がしばしば出てきます。ただフィンランドの外交というのは、前から思うに、本当に見習うものがあって、根本的な価値観というものを絶対に維持しつつ、しかし隣に大国があることは変わらないというものです。だからそこで上手くやっていくということ、東アジア情勢でもそうですが、我が国の隣国が大国であることには間違いがありません。その地理的条件は絶対変わらないので、そこでどのようにポスト・ウクライナの時代を生きていくのか、恐らくポスト・ウクライナの秩序の中で我が国がどのように生きていけばよいかを考えると、本当にフィンランドを我が国も見習うべきではないかと、前々から実は思っています。

もう一度繰り返しますが、1975年8月にフィンランドのフィンランディアホールに集まった人たちが誰一人として15年後には冷戦が終焉しているとは当然予想していなかったのです。誰一人として予想していなかったのが、結局ベルリンの壁が潰れてプラハでも100万人が集まってデモが起き、政権が潰れました。そのように考えれば、アンシンカブルであるというのは時としてアンシンカブルではなくなるというのが恐らく歴史の教訓だろうと思います。OSCEの研究をしていて、そのように私は考えるものであります。

戦争が続いてしまう

〈足立〉今、宮脇さんからいただいた2点について、両方若干のコメントをさせていただきます。まず戦後処理ですが、そもそも双方が納得する落としどころがあるのかというとかなり難しく、この戦後を安定的なものにしていく落としどころというのは、私は地域の専門家ではないのでなかなか難しいように見えてしまいます。そのあたりをどうするのかというのは非常に大きな鍵になっ

てくるのかなと思います。恐らく戦争自体も簡単には終わらず、長引くだろうというのは皆さんがおっしゃったとおりだと私も思います。負けたくないけれども、エスカレートさせたくないというのを小泉さんがおっしゃいましたが、まさにそのような状況だと思います。ということは、ずるずると戦闘が続きながらも外からの関与がある限りは資源が枯渇しないので、本当にいつまでも戦闘が続いてしまう、というか続けられてしまう。戦後処理の前に戦後処理の青写真を描きながら戦争の終わらせ方を今考えないといけないですが、まだそれができていないという印象を持っております。このあたりもしほかの方で何かこんな方向性なら終わらせられるのではないかとか、戦後処理の方向性があるのではないかということがあれば、ぜひ教えていただけたらと思います。

民主主義の秩序の見通し

〈足立〉戦後処理について私が考えたもう1つのことは、今後の世界像についてです。シンキング・アバウト・ジ・アンシンカブルというのを山本さんがおっしゃいましたが、冷戦が終わってしばらくの間というのは、人権や民主主義に基づいて世界がかなりいい方向に向かっていくのではないかという楽観的な見方が強かったと思います。それについて言えば、今民主主義そのものに対する懸念というのがかなり広がってきている状況があります。それから民主主義を牽引していると言っていた国々が正統性に欠ける行動を取ってしまって、信頼性を失っている状況があります。さらにはデジタル技術の発展も影響していると思いますが、実際に成熟した民主主義国とされた国々の間でも民主主義が後退しているような現象が見られています。トランプ大統領の出現というのはまさにその典型かもしれませんが、それはアメリカに限ったことではなくて多くの国で見られ、SNSを使って分断を煽るような形で権力を奪取しようという政治家が、成熟した民主主義国でも目立つようになっている状況があります。どのような秩序原理や秩序観に基づいて秩序をつくっていくのかというのが、一国レベルでも国際レベルでも見通せない状況になっているのではないか。

シンキング・アバウト・ジ・アンシンカブルということでいうと、権威主義のほうがコロナの対応なんかを見てもうまくいっているのではないかということが言われたりしています。民主主義と権威主義で、権威主義のほうが良いの

ではないかというような議論が出てくるというのも、今までになかった現象だという気がしております。そういった意味でも、どのような形で秩序をつくるかというのをいま一度、民主主義そのものが良いか悪いか、あるいはどういう民主主義であればより広く支持が得られるのかということも含めて、考え直さないといけない、そういう時期に来ているのかなというような印象を持っております。

楽観論と悲観論

〈山本〉シンキング・アバウト・ジ・アンシンカブルという言葉を改めて思い出してみて、今後の国際秩序は、やはりなかなか見通せないと思います。特にヨーロッパで一種の混沌が支配しつつあるという現象を、ウクライナをめぐる国々の間の相互作用の中から見てとって、このような言葉を使ってみたわけです。それと同時に将来、国際組織、国際機構が広がっていって国々のパワーが衰退していくだろうと、20世紀が終わる直前の1990年代から21世紀の初め頃にかけても議論されたことを思い出したわけです。

確かにあの頃、21世紀の時代は主権国家体系の時代から国際組織、国際機構がより力をつけて主権国家の相互作用のマイナスの力学、特に紛争とか戦争で武力を使った殺戮を回避する方向に向かうのではないかという、一種の楽観論があったと思い出しつつ、シンキング・アバウト・ジ・アンシンカブルということを考えたわけであります。つまり当時の一種の期待を込めた新しい国際体系、国際システムが21世紀に入り20年たった現在、全く変わっていないではないか、ほとんど本質は変わっていないではないかということです。確かに国際組織はEU、NATOあるいは国連といったような組織化の渦の中で主権国家の力が相対的に弱まったことは事実です。しかし、反面、ウクライナ侵攻に見られるような紛争が依然として絶えない。

ラテンアメリカにしてもしかり。例えばキューバを見ましても、ラテンアメリカにおける紛争の最大の要因の1つがキューバ革命以後のラテンアメリカにおける社会主義の浸透をめぐって、特にアメリカを中心に懸念が広がりました。しかし、21世紀に入ってむしろアメリカにとってキューバは、地政学的、地経学的に非常に貴重な存在という認識を今アメリカが持ち始めているというこ

とを考えますと、あの当時と比べて変わったという印象を受けます。

　こうした大きな変化を過去50年間を通して我々は見てきたわけです。今後の50年を見通す上でもその時々の力関係の配分を十分に考慮しながらも、将来、楽観的な展望も同時に持つべきではないか、悲観論が浸透することは必ずしも好ましいことではないのではないかと思います。

　我々は過去を振り返って未来を展望するという視座が必要であって、映画のタイトルにもなりましたが、バック・トゥ・ザ・フューチャー（Back to the Future）という言葉が使われたことがあります。その後、同名の映画が出たことはみなさんご記憶にあろうかと思いますが、それから数十年経った現在、改めてバック・トゥ・ザ・フューチャー、いったん過去に戻って、そして国際体系の微妙な変化というものを逐一見ながら将来を見通していくという、ある意味では楽観的な視座を持ちながらも、慎重に悲観的な展望をも持ち合わせなければいけません。つまり言い換えますと「楽観論＋悲観論＝将来」の国際秩序展望といえば格好つけのいい表現になりますが、私はそんなことを今考え、将来も考えていかなければならないと思っております。

戦争と戦後の処理

〈宮脇〉　皆さん、どうもありがとうございました。最後に少し小泉さんにお伺いしたい点があります。それは戦争と戦後の処理について少しどういう形になるのかということです。もちろん青写真もないし、見えづらいわけですが、先ほどの山本さんの過去の話を参考にしてみます。例えば朝鮮戦争（1950年開戦）のときは、1953年になって休戦協定ができたわけですが、その後現在に至るまで厳しい対立が続いています。1974年には、キプロス内戦の際にトルコ軍が介入し、TRNC（北キプロス・トルコ人共和国）をつくり、南北間にグリーン・ラインという分断線がつくられました。そういう形で戦争が終わるのか、つまり、国境線とは異なる分断線が何らかの形で引かれて終わる可能性があるのかということです。

　あるいはもう1つのパターンとして、アメリカの対テロ戦争のように、さんざん空爆をして一時的に勝ったりしたが、一進一退が続いて結果的にトランプ政権のときに撤退を決め、バイデン政権のときに現実に撤退が完了したら、そ

の後すぐにカブールがタリバン政権によって奪回されてしまいました。そういう形で結局ロシア軍が全体的に引く形で終わるのでしょうか。いろいろな可能性があると思うのですが、小泉さんの予想を忌憚なくお伺いできればと思います。

プーチンは戦争をやめない

〈小泉〉 よくこの戦争の落としどころはどこなのかというお話がありますが、やはり落としどころは妥協だと思います。問題はプーチンが何か妥協的な発想を持っているかどうかというところだと思っています。戦争が始まる前、それから戦争が始まった後のプーチンの発言を見ていて、私は彼に妥協の色が全く見えないという気がしています。それはプーチンが持っている民族主義的な野望の部分に関わります。ロシア、ウクライナ、ベラルーシは本来三位一体だとか、ゼレンスキーはネオナチであって虐殺をやっているとか、核兵器を実はつくっていて国際安全保障上許してはならないとか、アメリカの生物兵器研究の拠点になっているとか、どの話を取ってきても今のウクライナのゼレンスキーの政体を解体するまで彼はやめないと言っているように見えます。

ウクライナ東部のほうで大分攻勢が停滞しているのですが、その中でもロシアのラブロフ外務大臣やペスコフ大統領報道官は、ウクライナの脱ナチ化ということをあえて言ってきます。だからどうもロシア側にどこかで適当なところで落としどころをつけようという気があるように見えません。このことを考えても、やはりこの戦争は相当激しく、しかも長く続くのではないかと思います。

先ほど朝鮮戦争の話がありましたが、あれは3年やったわけです。独ソ戦は4年やっていると、お互い多分ロシアもウクライナもそのぐらい戦争ができてしまう程度の体力はあって、そうなると本当にもうどちらが最後まで立っていられるかというような話になりかねないと思います。ましてや本当に国際社会が割って入って止めに行けるのか、少なくともこの半年は止められなかったわけです。止まらないのであれば、私はロシアの侵略を成功させないという方向で国際社会が関与したほうが現実的なのではないかと思っています。

つまり、ウクライナに対する軍事援助をさらに思い切ってやるということです。思い切ってやるときにロシアがさらなるエスカレーションがかからないよ

うに、西側からのカウンターエスカレーションをかけながら大規模な軍事援助を行うということです。

日本の貢献

〈小泉〉もう1つの展望は、どこかの時点で戦争が終わった時、日本としてやれることというのはあるのだろうということです。例えば、今ウクライナの地雷原がイタリアの国土面積とほぼ同じぐらい広がってしまっていますから、農業を復興するためには地雷除去が必要になるでしょう。穀物輸出を安全に再開するためには黒海の機雷除去も必要でしょうし。この辺は日本が戦後復興に貢献できる部分だと思います。さらに、ロシアが破壊した都市部を何とか復興することは、多分お金の問題なので日本も相当できることがあると思っています。

　最後に、今回のロシアのウクライナに対する侵略というのは、これ1回ではない可能性があると思います。このプーチン的な権力が続いている限り、いずれまた軍事力を再建して同じようなことをしてくる可能性というのは、残念ながら今のロシアの振る舞いを見ていると排除できない気がしているため、どのようにこの先のロシアの抑止を続けていくかについては、日本が西側の一員として一緒に考えられることだろうと思います。しかも、それを中国の抑止と連動させるような、ユーラシアの東西を連携させない話、これも私はもう1点、日本が真剣に考えなければいけないことだろうと思っています。

*

〈**宮脇**〉これで座談会を終わります。ウクライナ侵攻後の世界を考えるに際して、一刻も早くこのウクライナ侵攻、戦争が終わり、多くの人々の命が1人でも多く救われることを願いますとともに、今回のロシアによるウクライナ侵攻というものが国際法違反であり、そしていかなる理由があっても許されるものではないということを最後に確認して終わりたいと思います。

　みなさま、どうも協力ありがとうございました。

あとがき

　進行形の事象を認識し文字にすることは、ジャーナリズムにとっては当然の作業であるが、アカデミズムでは必ずしも容易な作業ではない。歴史的評価が定まらない事象に対する注意を払いつつ、自らがその事象の歴史的評価を下す使命に気づくためである。

　歴史をつくるとはこうした事象に果敢に挑むことである。ウクライナ侵攻の重要性を説明するアプローチにはいくつかある。その筆頭が国際政治学である。法律学は事象の解釈ができても原因を求めることはしない。経済学は原因を金融や財政に求めることができるが戦争原因が経済構造に左右されると考えるのは旧時代のものである。権力関係を真正面から考え、国際制度の絡まりの中でおきたこの事象を一番正確にとらえるのが国際政治学であることに異論がある者は、少ないであろう。

　ウクライナ侵攻は、歴史の転換点となった。その過程にあってその分水嶺がどれほどの険しさ、高さなのか、まだ全容は分からない。しかし岐路となったことは疑う余地はない。かつて、周恩来はフランス革命の意義について問われたときに、「語るにはまだ早い」と返答したという。しかし十分な説明が難しいとしても、間違いなく何か重要なことが起きたと即座に断言することが可能な出来事もある[1]。ウクライナ侵攻が1989年の東欧革命と同じくらい重要な出来事であることは、疑いようがない。それではウクライナ侵攻の誘因はどこにあったのか。ウクライナ侵攻の非道を難じると同時に、その誘因を問うところに本書の学術的使命がある。誘因をつきとめることができれば、われわれは次の危機に準備するだけでなく、抑止したり解消したりする努力にエネルギーを割けるのではないか。

　こうした使命感が本書に一貫しているわけではない。しかし執筆者・登壇者

---

1) "History," in *The Dictionary of World Politics*, Macmillan Library Reference; 1st Edition 1991.

はすべて冷戦期に生を受け、冷戦と関わりながら、あるいは夢想しながら机に向かっていた。20世紀の冷戦にも緩急の波があり、多くの戦争が挟まっていた。イデオロギー対立は厳しかったが、それが全てでもなかった。こうした歴史をわれわれは再度想起する必要がある。そのことがウクライナ侵攻の全体像を見えやすくすると確信している。

　メディア報道や一時の企画ではたどり着けないほど、ウクライナ侵攻の深層は深い。この深さに対応できるのは、国際政治学に依拠した紙媒体の力である。感情にも感傷の波にも流されず、依って立つ柱となって本書を読者に捧げたい。そのために、本書は学術書でありながら一般的な装いとし、多くの読者に親しんでもらえるよう努力したつもりである。

＊　　＊

　本書第2部の登壇者の一人である山本武彦先生（早稲田大学名誉教授）には、早稲田大学出版部の紹介をはじめ本書発刊まで応援をいただいた。本書第2章執筆の浦部浩之先生（獨協大学教授）からは、ウクライナの選挙監視に何度も通った折の貴重な写真の数々を頂戴できた。編者は、数年前からCSCE研究会の一員として碩学から若手までの研究にふれ、ウクライナ侵攻についても多くの議論を交えることができた。本書が魅力的であるならば、それはこれらの先生方のおかげである。また本書は、立命館大学国際地域研究所重点プロジェクトの成果の一部であり、同所長の足立研幾先生（立命館大学教授）から応援をいただいた。同時に立命館大学グラスルーツ実践支援制度からの援助も得たことに深謝したい。

　ウクライナ侵攻から数か月もたたないうちに、本書に寄稿を快諾され、実際に原稿をいただいた先生方のご協力に深謝したい。さらに急なことにもかかわらず、ベルリンで研究中のウクライナ出身のマリア・シャギーナ博士とロシア史に造詣の深い大中真先生（桜美林大学教授）からも協力を得られたことは、光栄なことであった。第2部の座談会では、コロナ禍にもかかわらず登壇者に東京や山形から多忙な予定の合間を縫って京都に駆けつけていただいたことを厚くお礼申し上げたい。

　原稿の校正や座談会の写真撮影に際しては院生・学部生の協力を得たことに

感謝する。急な企画にもかかわらず丁寧な編集作業を担っていただいた早稲田大学出版部の武田文彦氏に、深甚の謝意を表したい。

　最後に、戦火のなかで落命されたすべての人々のご冥福を祈念するとともに、一刻も早く平和と正義がウクライナに戻ることを願う。

　　　2022年12月

編　　者

ウクライナ侵攻関連年表

　本年表は、ウクライナ侵攻に関する事項のうち主要なものと本書の内容に関連するものを1997年～2022年12月までの期間、とりわけマイダン革命以降について抽出したものである。2021年までと2022年1月以降の2部に分けている。主要な事項のみ**太字**で記した。

I　1997年から2021年まで

年月		日	事　項
1991	8	24	「8月クーデタ」失敗をうけてウクライナが国家主権宣言
	12	8	ベロベーシ合意でウクライナ、ベラルーシ、ロシアがソ連からの離脱を表明
		25	**ソ連解体**
1994	7	10	ウクライナ大統領選挙（決戦投票）でロシアとの経済協力を訴えたクチマが勝利
1996	6	28	**ウクライナ最高議会、憲法を採択。クリミアは「自治共和国」に**
	11	14	ベラルーシで憲法改正の国民投票。ルカシェンコ大統領の権限強化へ
1997	5	15	NATO（北大西洋条約機構）とロシア、「基本文書」に調印
1999	3	12	NATOに3カ国加盟（ポーランド、チェコ、ハンガリー）
		24	NATOによるユーゴスラビア空爆（6月まで）
	6	1	OSCE（欧州安全保障協力機構）ウクライナ・ミッションに代わり、プロジェクト調整官をキーウにおく
2000	5	7	**プーチンが露大統領に就任**
2004	3	29	NATOに7カ国加盟（エストニア、ラトビア、リトアニア、スロバキア、スロベニア、ブルガリア、ルーマニア）
	5	1	EU（欧州連合）の東方拡大（キプロス、チェコ、エストニア、ハンガリー、ラトビア、リトアニア、マルタ、ポーランド、スロバキア、スロベニア）
	11	21	ウクライナ大統領選挙でロシアとの関係を重視するヤヌコビッチの当選発表に対してユシチェンコ派の抗議運動。翌月再投票によりユシチェンコが当選（**オレンジ革命**）
2008	8	7～16	南オセチア戦争（ジョージア・ロシア戦争）
2009	4	1	NATOに2カ国加盟（クロアチア、アルバニア）
2014	2	18	**マイダン革命**
		21	ヤヌコビッチウクライナ大統領と反体制派指導者との和解合意
		22	ヤヌコビッチ逃亡、ウクライナ議会、ヤヌコビッチを解任
		23	ソチ五輪閉幕（2月7日開幕）
	3	5	**露、クリミアへ軍事介入を開始**
		6	EU緊急首脳会議、3段階の対露制裁方法を示す

年月		日	事　項
2014	3	13	メルケル独首相、露によるクリミアでの住民投票の中止をはじめて要求
		16	クリミア住民投票実施。ロシア併合が「多数」の結果となるが、ウクライナや西側は反発
		18	プーチン露大統領演説（クリミア「再統一」を発表）
		21	EU・ウクライナ連合協定の調印 OSCE の SMM（ウクライナ特別監視団）派遣開始（2022 年 2 月 28 日まで） クリミア併合の法的手続きをロシア議会が完了
	5	11	**ドネツク、ルガンスク人民共和国（D/LPR）独立宣言**
		25	ウクライナ、ポロシェンコが大統領に選出
	7	2	ノルマンディー形式対話：停戦を求める
		17	マレーシア航空 17 便、親露派勢力がドンバス上空で撃墜
		末	EU、対露経済制裁に踏み切る
	8	17	ノルマンディー形式対話：ウクライナ危機を協議
		23	メルケル、ウクライナへのエネルギー確保のための財政支援を表明
	9	5	ミンスク合意 I NATO 首脳会議、NATO 即応展開部隊の編成を決定
		16	**ウクライナ最高会議、ドネツク・ルガンスク東部両州の特定地域で 3 年間の暫定自治権の供与を承認**
2015	2	5	メルケル、オランド仏大統領とキーウを訪問、ポロシェンコとウクライナ和平に向けた協議
		6	メルケル、オランドとモスクワを訪問、露大統領とウクライナ和平に向けた協議
		8	メルケル、オバマ米大統領とウクライナ和平に向けて協議
		9	メルケル、ハーパー・カナダ首相とウクライナ和平に向けて協議
		11	ドイツ・フランス・ウクライナ・ロシア 4 首脳によるノルマンディー形式協議
		12	**ミンスク合意 II**
2016	7	8〜9	NATO ワルシャワ首脳会議、ウクライナ包括的支援パッケージの一部としてウクライナ支援策決定
2017	6	5	NATO にモンテネグロが加盟
		8	ウクライナ議会、NATO 加盟を外交、安全保障政策目標とする法律採択
	9	1	EU とウクライナの連合協定発効
2018	12	15	ウクライナ正教会、露正教会からの独立を決定
2019	1	6	コンスタンティノープル総主教、ウクライナ正教会の独立文書を授与
	2	7	**ウクライナ憲法改正（将来的な NATO 加盟を目指す方針を明記）**
	4	21	**ウクライナ大統領選挙でゼレンスキー当選**
	5	20	ゼレンスキー、大統領に就任
	7	26	ウクライナ議会選挙、大統領新党が過半数を大幅超え

年月		日	事 項
2020	3	27	NATO に北マケドニア加盟
	7	22	ドンバスでの停戦合意成立
2021 前半〜	4	12	露軍部隊集結
		上旬	国境地帯での露軍の集積が始まる
	7	5	露、「国家安全保障戦略」改定
		12	プーチン論文「ロシア人とウクライナ人の歴史的一体性」発表
	8	23	南部クリミア半島の奪還を求める第1回「クリミア・プラットフォーム」開催
	10	下旬	国境地帯での露軍の集積が再び始まる
	12	15	露、米に2条約案手交（安全を保障する露米条約と、露連邦とNATO加盟国の安全保障措置の関する協定）
	12	17	露、米との条約案公開（97年以前の配備に戻す、バルト3国を除く旧ソ連との軍事協力をしない、欧州への核兵器配備停止）
		21	プーチン、欧米に『軍事的措置』警告

Ⅱ　2022 年 1 月から 12 月まで

年月		日	事 項
2022	1	10	露の安全保障に関する露米実務者会合
		21	ラブロフ露外務大臣・ブリンケン米国務長官会合
		22	米国務省がキーウの大使館の避難準備開始
		24	英外務省、22日の米国務省の決定に時期尚早として批判
		28	レオニード・イワショフ露退役大将が痛切に訴え：ウクライナに軍事圧力かけるプーチンに辞任要求
	2	1	ゼレンスキーウクライナ大統領、軍改革プラン発表
		10	ウクライナ、マクロン仏大統領のキーウ訪問時に「フィンランド化」の用語を示唆
		20	露とウクライナが電話会談、OSCE 交え直接協議へ：ミンスク合意履行が「侵攻」左右か
		22	露、ドネツク人民共和国（DBR）とルガンスク人民共和国（LPR）の国家承認、ミンスク合意はもはや存在しないと言明
		24	露、ウクライナ侵攻（特別軍事活動）開始
		25	国連安全保障会議、ウクライナ侵攻終結を呼びかける決議案に露拒否権行使（賛成11/反対1/棄権3（中印 UAE）） NATO 首脳会議（オンライン）
		26-27	独、ウクライナに武器供与
		26	バイデン米大統領、「第3次世界大戦か制裁か」とコメント
		27	ベラルーシでロシアの核配備を可能とする憲法改正の国民投票で賛成多数 ショルツ独首相、国防費を GDP 比2%に引き上げると表明 国連安全保障理事会、総会緊急特別会議招集に関する決議採択
		28	OSCE 監視団、ウクライナ特別監視団（SMM）の活動終了、「露が認めず」と声明

年月	日	事　項
2022　3	2	露、キーウのテレビ塔、南部原発攻撃 露、日本や EU、米など 48 カ国を「露に対する非友好的な活動をする国」に指定 →対外債務返済のルーブル化 **国連総会、露・ウクライナの侵攻を最大限強く非難する決議採択**（141/5/35）
	3	石油貯蔵庫攻撃 IOC（国際オリンピック委員会）、ロシア・ベラルーシのパラリンピック出場認めず ザポリージャ原発で火災（サポロジエ） 2 回目の停戦交渉（1 回目は 2 月 28 日）成果なし
	4	露、BBC・VOA・DW へのアクセス遮断、戒厳令の恐れから露からフィンランドへ避難始まる 露上院、露軍に対する虚偽情報を意図的に流した場合、最大 15 年の刑とする法案採択
	5	避難のための停戦発効、しかしマリウポリでは砲撃続く（人道回廊「マリウポリ・ボルノバハ」） トラス英外相、露と NATO の紛争化を懸念 露は戦略核抑止軍に特別警戒態勢 アエロフロート全国際便運休を発表 ブリンケン、ウクライナは敗れないだろうと主張
	6	露で Apple、H&M、IKEA の営業中止に続きサムスン、ZARA も一時店舗閉鎖 **VISA、マスターカード（露銀行決済）の海外利用停止**
	7	日本外務省、露を危険情報のレベル 3 に（渡航中止） トルコ、チャブシオール外相が仲介提案 中国、海外派兵根拠法の整備方針を習主席が発表
	8	**米、対露石油輸入禁止**（米の輸入量の 8％を占める） **ゼレンスキー、英議会でビデオ演説**
	9	チェルノブイリ原発が電源喪失と発表 人道回廊再開、6 ルートで 露、マクドナルド店舗閉鎖
	10	ウクライナ・ロシア、開戦後初の外相会談（トルコ・アンタルヤ）
	11	プーチン、露から撤退する外資の資産接収方針、EU・ベラルーシを国際銀行間通信協会（SWIFT）から排除、露の航空会社の締め出しに加え、海送も対象とすると方針発表 YouTube 全世界で RT、スプートニク等の接続不可に（暴力指定） 米、対露に最恵国待遇剥奪方針
	12	ウクライナ空軍がベラルーシ空爆、と露が主張
	13	露、ポーランド国境近くのウクライナ軍事基地空爆
	15	ポーランド、スロベニア、チェコの三国首相、鉄路でキーウ訪問 ウクライナ－ロシア間、オンライン外交交渉 露、米・カナダへの対抗制裁、欧州審議会脱退通告
	16	日本、対露最恵国待遇停止 ジョンソン英首相、サウジアラビア訪問
	18	米中首脳会談（オンライン）

年月		日	事 項
2022	3	20	露、マリウポリのウクライナ軍に投降勧告、キーウの商業施設にミサイル攻撃
		21	露、日本に平和条約交渉中止を通告 **ゼレンスキー、停戦合意の領土に関わる問題を国民投票に付すと発表** 米、「露が化学兵器使用の兆し」と警告
		23	チュバイス露元副首相、辞任報道 米大使館員国外追放（報復措置）、天然ガス輸入はルーブルのみと発表、ロスコスモスもルーブル払いに 国連安全保障理事会で露提案、露と中のみ賛同、13 カ国が反対あるいは棄権 EU、天然ガスの 80% を翌冬貯蔵の方針化
		24	**ブリュッセルで G7、NATO・EU 首脳会談** バイデン、露軍を戦争犯罪と認定、G20 から露を外すようインドネシアに求める。「制裁は抑止にならない」と発言し米高官発言と矛盾、1.3 兆円を食糧支援へ **国連総会の人道支援決議（GA/12411 号）に賛成 140 カ国**となり、露孤立が浮き彫り（ウクライナ侵攻の人道的結果に関して露を批判する決議採択） ウクライナ、各地で反転攻勢
		25	バイデン、ウクライナ国境付近訪問時、天安門事件になぞらえる
		26	**バイデン、ポーランド訪問** 露軍、「攻撃第 1 段階終了、東部集中」を言明
		29	**露・ウクライナ、トルコで停戦交渉開始** 中露外相会談（北京）
		30	プーチン・ショルツが電話会談、ガスプロムバンク振込についてユーロ決済を維持
		31	ラブロフ、北京でアフガニスタンのムッタキ外相と会談、タリバン政権承認を発表。 露、チェルノブイリ撤退開始 露、OSCE 議長国ポーランドを批判
	4	1	メドベージェフ前露首相、農産品輸出を「友好」国に限定する可能性を示唆 ウクライナ、マリウポリに人道回廊設置
		7	G7、対露石炭輸入禁止 国連総会、露の人権理事会の資格剥奪を決議
		8	ジョンソン、キーウ電撃訪問、欧州委員長も
		11	マリウポリで化学兵器使用の疑惑 ルカシェンコ・プーチン会談
		13	黒海艦隊の旗艦「モスクワ」沈没 スウェーデン・フィンランド首脳会談、両国の NATO 加盟申請に合意 露はバルト海周辺に核配備を示唆
		18	露、ウクライナ東部攻撃開始
		20	**G20、ジャカルタで財務相・中央銀行総裁会談、露も出席**
		25	露、ウクライナの鉄道施設攻撃（6 カ所）
		26	EU、リトアニアの企業への財政支援 国連安保理拒否権説明責任を求め、国連総会決議（A/77/L.52）コンセンサスで採択 **国連事務総長、モスクワでプーチンと会談**

年月	日	事　項
2022　4	26	マリウポリからの民間人退避に、国連と赤十字国際委員会が支援で合意 露、ヘルソン州全域を支配下に置いたと宣言。サリド元ヘルソン市長を新知事に ウクライナ防衛諮問会議
	27	露、ポーランドへのガス供給停止
	28	国連事務総長、ウクライナ訪問、露はキーウにミサイル攻撃
	30	露、ロスコスモス社長が国際宇宙ステーションの運営から撤退表明 ウクライナ、マリウポリの製鉄所から女性・子ども数十人が退避（親露派地域経由 ～5/1）
5	1	露、ヘルソン州でルーブルへの切り替え開始
	2	日本、林外相がモンゴル・カザフスタン・ウズベキスタン訪問から帰国 対露協調ならず
	4	露、岸田首相を含む日本人63人を入国禁止措置
	8	G7、対露石油禁輸措置
	9	米、レンドリース法署名
	10	ラブロフ、アルジェリア訪問
	11	ラブロフ、オマーン訪問 ヘルソン州の露側当局者、露への併合を要請 ジョンソン、スウェーデンとフィンランド訪問、安全保障宣言に署名
	13	オースティン米・ショイグ露両国防相、電話協議（2月18日以来）
	15	ハルキウ（ハリコフ）周辺をウクライナ軍が奪還
	16	モスクワでCSTO（集団安全保障条約機構）首脳会談 マリウポリ製鉄所陥落
	17	国際刑事裁判所、ウクライナ戦争での戦争犯罪めぐり「過去最大」調査チーム派遣
	18	北欧2国、NATO加盟申請 米、3ヶ月ぶりにキーウの大使館再開
	22	ゼレンスキー、ウクライナから男性の出国求める請願書に反対姿勢 ウクライナ議会、露軍の象徴「V」「Z」マーク使用禁止を決議
	25	クレバウクライナ外相、「NATOは何もしていない」と非難 ウォロジン露下院議長、サハリン2（石油・天然ガス開発事業）出資比率検討 露財務省、ルーブルで国債利払い トルコ、フィンランドとスウェーデンのNATO加盟巡り協議（28日に一転賛成へ） プーチン、ヘルソン・ザポロジエ州の露国国籍所得を簡素化し、支配強化
	30	EU、露産原油禁輸で合意、ハンガリーに配慮し禁輸対象を海上輸送限定 脱露を阻む核のゴミ：使用済み核燃料や劣化ウランを積極的に引き受け 露、オランダ・デンマークへの天然ガス供給停止へ トルコ、国連との3者（トルコ・ウクライナ・ロシア）協議提案
6	1	欧州で記録的インフレの報道相次ぐ
	4	EU、露石油禁輸発動「年内に90%停止」
	5	露、キーウにミサイル攻撃

年月		日	事 項
2022	6	6	露外相、周辺3カ国（ブルガリア・北マケドニア・モンテネグロ）が上空飛行拒否のため、セルビア訪問断念
		9	親露派のドネツク人民共和国裁判所、ウクライナ外国人雇い兵に死刑判決
		12	露、支配地で旅券配布、これに対しゼレンスキーは「逃亡切符」と批判
		15	ゼレンスキー、6月末開催のG7及びNATO首脳会議の参加方針を表明 NATO、ウクライナ防衛支援を話し合う関係国会合を開催 シュトルテンベルクNATO事務総長、新戦略概念の採択を目指す方針を明言
		17	EU、ウクライナを加盟候補国と認定するよう勧告 ジョンソン、侵攻後2度目のキーウ訪問 トカエフカザフスタン大統領、ウクライナ親露派を承認せず
		23	EU、ウクライナを「加盟候補国」として認定
		25	露軍、ウクライナ各地にミサイル攻撃 ウクライナ東部セベロドネック陥落により、露の「完全な占領下」 ウクライナ原子力規制局、露軍がハルキウの核施設を砲撃と発表 露軍、核搭載可能兵器をベラルーシに供与すると表明（数ヶ月内に）
		27	米、ウクライナに地対空ミサイル供与へ サンドゥモルドバ大統領、ウクライナ訪問 G7、露を強く非難しウクライナへの支援を「必要な限り継続する」と表明
		28	OSCE議員会議代表団、ウクライナ訪問 ゼレンスキー、国連安全保障理事会で露を「テロリスト国家」と非難
		29	**NATO、北欧2国加盟承認容認で合意し、露を事実上の「敵国認定」また、中国を「体制上の挑戦」と批判**
		30	バイデン、ウクライナ追加軍事支援表明 プーチン、フィンランドとスウェーデン両国にNATO軍事施設が置かれれば、相応の対抗措置を取ると表明、ウクライナの小麦輸出のための航路に同意。サハリン2を露側に無償譲渡せよと圧力 ロシアの反対により、OSCEのウクライナ・プロジェクト調整官の任期終了となる
	7	1	ユネスコ、ボルシチの料理文化（ウクライナ）を無形文化遺産に 米、ウクライナに高性能防空システム供与へ
		5	フィンランド、EU制裁履行で露の貨物車両押収 露、「戦時経済体制」法成立へ NATO全30カ国、フィンランドとスウェーデンの加盟議定書に署名
		8	露、敵寝返りに最長懲役20年
		9	ゼレンスキー、駐独大使らを解任、「通常の外交慣行」と弁明
		11	ウクライナ、駐カナダ大使を本国召還し、独露結ぶパイプラインのタービン返却に抗議 露、独に天然ガスを送る主要パイプライン供給を一部停止
		12	EU、ウクライナに1370億円金融支援決定
		13	ウクライナ、北朝鮮の親露派国家承認に反発し、断交 EU、露飛び地カリーニングラードへの鉄道での制裁貨物輸送におけるリトアニア通過再開を認める

284

年月	日	事　項
2022　7	15	米独首脳会談、バイデンとメルケルは対中露の提携を確認
	17	ウクライナ、情報機関・検察トップを停職処分
	23	露、黒海のオデッサ港攻撃（穀物輸出再開合意の直後）、ブリンケン、これを強く非難
	26	ウクライナ国営ガス会社、債務支払期限守れず、露侵攻後初の債務不履行
	28	独、10月から消費者にコスト負担求めるガス賦課金導入を計画 モルドバ、非常事態宣言延長
	29	英国防省、露の民間軍事会社ワグネルが露正規部隊とほぼ同じ役割を担わされていると示唆 EU、捕虜50人超死亡に対し「ロシアの残虐行為を非難する」と表明 メドベージェフが「戦後のウクライナ領」地図を投稿 米露外相電話会談、拘束の米国人解放や穀物輸出などを巡り協議
	30	ゼレンスキー、東部ドネツクからの避難命令 露大使館、ウクライナ兵に「屈辱的な死を」と主張
	31	露、ウクライナ南部で「大規模」砲撃
8	3	米、フィンランド・スウェーデンのNATO加盟議定書を批准
	4	露、ASEANと外相会議
	5	露、ザボロジエ原発に砲撃、一部損傷、放射線上昇なし
	8	グテレス国連事務総長、ウクライナ侵攻「停戦困難な状況、当面は人道支援で」
	9	米国務省、ウクライナの地雷除去支援へ
	11	ゼレンスキー、原発攻撃は「最大の犯罪」
	16	クリミア半島の露軍の弾薬庫で爆発
	17	グテレスがキーウ訪問、ゼレンスキーと会談
	21	米英独仏首脳が電話会議、ウクライナ原発の安全確保を求める
	23	クリミア「脱占領」へ国際会議、第2回「クリミア・プラットフォーム」に日欧首脳ら参加
	25	プーチン、兵力13万人増の大統領令
	26	NPT（核拡散防止条約）会議、露の合意拒否により最終文書採択できず ザボロジエ原発、送電網に再接続
	30	IAEA（国際原子力機関）調査団、ゼレンスキーと会談：原発の損傷具合を確認へ
9	2	露、独へのガス供給を無期限停止
	5	独、「原発を2023年4月まで2基稼働」と発表
	6	米、露を「テロ支援国家」指定見送り アデエモ米財務副長官、「露産石油価格上限にコンプライアンス体制必要」と主張 トラス英首相就任、エネルギー価格高騰等への対応確約（10月25日よりスナク新首相）
	7	露、モンゴル経由の中国へのガス供給を協議
	11	モスクワ、サンクトペテルブルクでプーチン辞任要求の動き

年月		日	事 項
2022	9	13	ショルツ、露によるこれ以上の併合を「認めず」と電話会談でプーチンに警告
		15	上海協力機構首脳会議にあわせて、中露首脳会談 OSCE 議長と事務総長、拘束された OSCE 職員に対する「法的手続き」に対して、即時釈放を要求
		16	プーチン、モディ印首相と会談、モディは「戦争の時でない」と苦言
		20	毎日新聞によると、国連加盟国の一部が「ウクライナ疲れ」と報道される
		21	**プーチン、軍の部分動員令に署名「西側の核の脅しに対応」と主張**
		28	親露派幹部、露への編入要請の構えに欧米等が非難強める
		29	露、20 万人超が国外脱出か、動員令後 1 週間で周辺国に
		30	国連安全保障理事会、「住民投票」非難する議案を否決：露が拒否権 **露、4 州「編入」の住民投票後に一方的編入宣言**
	10	6	バイデン、冷戦以来初の「世界最終核戦争」の危機にあると言明
		8	クリミア大橋の爆発事件発生、プーチン、クリミア大橋で安全確保命令、クリミア大橋が一部再開 露捜査委員会、クリミア大橋で爆発のトラックは露で登録と表明
		9	露、軍にヘルソン撤退を命令
		10	ウクライナ全土に一斉攻撃：クリミア大橋爆発に報復か
		12	国連総会、露による「併合」非難決議を採択し 143 カ国が賛成
		13	メルケル前独首相、当時の露産ガス輸入増に「全く後悔していない」と主張
		14	マスク氏、ウクライナ向けのネット接続費を米政府に請求
		18	ウクライナ支える米の大規模な軍事支援に下院院内総務マッカーシー議員（共和党）が否定的
		19	プーチン、併合した 4 州に戒厳令
		29	露、ウクライナのクリミア攻撃を受け、ウクライナ産穀物の輸出合意停止
		31	露国防省、部分的動員の全活動を停止
	11	3	IAEA、露が主張した「汚い爆弾」は確認されず、根拠なし
		4	米分析サイト、北朝鮮から露に列車で砲弾供給の可能性あり
		5	アブドラヒアンイラン外相、ウクライナ侵攻前に露への無人機供与認める
		6	ゼレンスキー、無人機供与のイラン非難「テロ行為に加担」と主張
		8	アメリカ議会中間選挙、下院は共和党過半数維持
		15	ポーランド東部にミサイル着弾、ウクライナによる発射と
	12	2	OSCE 外相会議がポーランドで開催、ラブロフ露外相は入国できず
		21	ゼレンスキー訪米、バイデンと会談、米議会で演説

（出所）AFPBB News、BBC News、NIKKEI Asia、ロイター、『朝日新聞』、『毎日新聞』、『産経新聞』などの記事をもとに山本章太郎が作成。地名表記についてはウクライナ語あるいはロシア語をもとにした。なお本年月表作成にあたっては、本書執筆者の小泉直美氏および山上亜紗美氏より協力を得たことに編者より謝意を表したい。

ウクライナ侵攻はなぜ起きたのか
国際政治学の視点から

2023年2月10日　初版第1刷発行

編著者……………宮 脇　昇
発行者……………須 賀 晃 一
発行所……………株式会社 早稲田大学出版部
　　　　　　　　　〒169-0051　東京都新宿区西早稲田 1-9-12
　　　　　　　　　TEL03-3203-1551　http://www.waseda-up.co.jp
本文ＤＴＰ…………株式会社ステラ
装　丁……………佐 藤 篤 司
印刷・製本…………シナノ印刷株式会社